GRUNDRISSE DES RECHTS

———

Gerrit Manssen · Staatsrecht II

D1666413

Staatsrecht II

Grundrechte

von

Dr. Gerrit Manssen

o. Professor an der Universität Regensburg

3. Auflage

Verlag C. H. Beck München 2004

Verlag C. H. Beck im Internet:
beck.de

ISBN 3 406 520626

© 2004 Verlag C. H. Beck oHG
Wilhelmstraße 9, 80801 München
Druck und Bindung: Nomos Verlagsgesellschaft
In den Lissen 12, 76547 Sinzheim

Satz: Druckerei C. H. Beck Nördlingen

Gedruckt auf säurefreiem, alterungsbeständigem Papier
(hergestellt aus chlorfrei gebleichtem Zellstoff)

Vorwort zur 3. Auflage

Die freundliche Aufnahme des Buches hat schneller als erwartet eine Neuauflage erforderlich gemacht. Im Vergleich zur 2. Auflage wurden einige wichtige Entscheidungen des Bundesverfassungsgerichts eingearbeitet. Trotz mehr als 60 zusätzlicher Randnummern liegt der Ehrgeiz des Autors nach wie vor nicht darin, den Lesern möglichst viel möglichst breit zu präsentieren. Die Aufgabe eines Grundrisses wird dahingehend verstanden, eine Konzentration auf das für studentische Leser Wesentliche anzustreben. Verzichtet wurde deshalb auf alles, was für das Erlernen der grundrechtlichen Argumentationsfiguren, die für das Lösen von staatsrechtlichen Fällen verlangt werden, nicht unbedingt erforderlich ist.

Der geschichtliche Teil (§ 1) wurde an einigen Stellen neu gefasst. Meiner Kollegin *Sibylle Hofer* danke ich für hilfreiche Hinweise hierzu. Dank gebührt erneut meinen Mitarbeitern am Lehrstuhl für vielfältige Unterstützung.

Regensburg, Dezember 2003   *Gerrit Manssen*

Inhaltsverzeichnis

Teil II. Allgemeine Grundrechtslehren

Teil III. Freiheitsrechte

Teil IV. Gleichheitsrechte

Teil V. Anhang

Abkürzungsverzeichnis

Teil I. Grundlagen

§ 1. Geschichte der Menschen- und Bürgerrechte

I. Die Entwicklung außerhalb Deutschlands

Der erste Abschnitt des Grundgesetzes trägt die Überschrift „Die 1
Grundrechte". Das Grundgesetz garantiert dort und an einigen
anderen Stellen (Art. 33, 38, 101, 103, 104 GG) dem Einzelnen
subjektive öffentliche Rechte. Der Staat darf in gewisse Rechtsgüter nicht oder nur unter bestimmten Voraussetzungen eingreifen und muss bestimmte verfahrensrechtliche Anforderungen beachten, wenn er in grundrechtlich geschützte Sphären eingreifen
will.

Die im Grundgesetz gewährten Grund- und grundrechtsgleichen 2
Rechte sind jedoch keine „Erfindung" der Verfassungsväter (und
-mütter) des Grundgesetzes. Viele Rechte, die heute im Grundgesetz garantiert sind, haben sich in einer langen verfassungsge-
schichtlichen Entwicklung herausgebildet.

1. Die Herausbildung des Grundrechtsschutzes in der englischen Verfassungstradition

Das erste wesentliche Datum in der Geschichte der Grundrechte 3
ist die sog. **Magna Charta Libertatum** (große Urkunde der Freiheiten) von 1215. Hierbei handelte es sich um einen Vertrag zwischen Krone auf der einen und Adeligen und Geistlichen auf der
anderen Seite, denen damit bestimmte Privilegien eingeräumt
wurden. Berühmt geworden ist vor allem der Art. 39, wonach kein
freier Mann ergriffen, gefangen genommen, aus seinem Besitz ver-
trieben, verbannt oder in irgendeiner Weise zugrunde gerichtet
werden darf, nicht gegen ihn vorgegangen oder ihm nachgestellt

werden darf, es sei denn, auf Grund eines gesetzlichen Urteiles seiner Standesgenossen und gemäß dem Gesetz des Landes.

4   In eine ähnliche Richtung wie Art. 39 der Magna Charta geht die **Habeas-Corpus-Akte** von 1679. Sie stand im Zeichen des Konflikts zwischen dem Englischen Parlament und dem König Charles II. (1649–1685). Die Habeas-Corpus-Akte enthält prozedurale Garantien bei Freiheitsentziehungen. Sie verbietet vor allem, Verhaftete willkürlich zu behandeln und verlangt, dass sie dem Richter vorzuführen sind. Den Abschluss der sog. Glorious Revolution bildete dann die **Bill of Rights** von 1689. Neben den grundlegenden Rechten des Parlaments finden sich in ihr auch einzelne Individualrechte, etwa das Petitionsrecht.

5   Die genannten Garantien sind nach wie vor geltendes englisches Verfassungsrecht. Das Grundgesetz enthält in Art. 2 Abs. 2 Satz 2 und 104 ähnliche Gewährleistungen. Diese englischen Verbürgungen beruhten jedoch anders als die Grundrechte des Grundgesetzes auf einem Vertragsgedanken. Die Vorstellung von dem Einzelnen kraft seines Personseins zustehenden Rechten ist erst später entwickelt worden.

2. Grundrechtsschutz in amerikanischen Verfassungsdokumenten

6   Als erste Grundrechtserklärung im modernen Sinne gilt die **Bill of Rights** von **Virginia** vom 12. Juni 1776. Sie ist Ausdruck des naturrechtlich aufklärerischen Denkens der Neuzeit. Der Mensch verfügt danach über angeborene und unveräußerliche Rechte von Freiheit und Gleichheit. Sie können durch den „Gesellschaftsvertrag" zwar eingeschränkt, nicht jedoch aufgehoben werden. Die Bill of Rights von Virginia war Vorbild für weitere Menschenrechtserklärungen anderer Staaten Nordamerikas.

7   Die amerikanische Bundesverfassung von 1787 enthielt zunächst keine der Bill of Rights von Virginia vergleichbaren Menschenrechte. Sie wurden erst im Jahr 1791 in Gestalt von 10 Zusatzartikeln (amendments) eingefügt und durch weitere Zusatzartikel ergänzt. Der erste Zusatzartikel enthält die Grundrechte der Religionsfreiheit, der Meinungsäußerungs- und der Pressefreiheit sowie

die Versammlungs- und Petitionsfreiheit. Mit dem 14. Zusatzartikel von 1868 wurden die für die weitere Rechtsentwicklung
bedeutsamen „Due Process-Clause" und „Equal Protection-Clause"
in die Verfassung aufgenommen. Die „Due Process-Clause enthält
generalklauselartige Gewährleistungen, die von der Rechtsprechung in dem Sinne verstanden werden, dass in ihr die meisten der
von der Bill of Rights gewährleisteten Rechte enthalten sind. Bei
der „Equal Protection Clause" geht es vor allem um die Garantie
von Gleichheit (u. a. Verbot von Rassendiskriminierungen in öffentlichen Anstalten).

3. Die französische Menschen- und Bürgerrechtserklä-
rung von 1789

Ein besonders wichtiges Dokument für die Entwicklung der 8
Grundrechte ist die französische **Menschen- und Bürgerrechtserklärung** von 1789. Ähnlich wie die Bill of Rights of Virginia
beruht die Erklärung auf der Vorstellung von den Menschen kraft
ihres Personseins zustehenden unveräußerlichen Rechten. Nach
Art. 1 der Deklaration sind die Menschen frei und gleich. Gesellschaftliche Unterschiede können nur aus dem Gesetz begründet
werden. Die französische Menschen- und Bürgerrechtserklärung
enthält viele moderne Menschenrechte. Dies beginnt bei prozessualen Rechten (Anklage, Verhaftung oder Gefangennahme nur in
den durch das Gesetz bestimmten Fällen und in den von ihnen
beschriebenen Formen, Rückwirkungsverbot für Strafgesetze, Un-
schuldsvermutung für Angeklagte). Auch materiell wesentlichen
Grundrechte sind in der Deklaration enthalten, etwa die Gleichheit
der Menschen, die allgemeine Handlungsfreiheit, und vor allem die
Meinungsfreiheit. Indirekt, nämlich als besondere Ausprägung der
Meinungsfreiheit garantiert, wurden auch die Presse- sowie die
Gewissens- und Religionsfreiheit. Gewährleistet wurde vor allem
auch das private Eigentum. Die aktuelle Verfassung der französischen Republik vom 4. Oktober 1958 nimmt in ihrer Präambel
Bezug auf die Menschen- und Bürgerrechtserklärung, die somit
geltendes französisches Verfassungsrecht ist.

II. Grundrechtsentwicklungen in Deutschland bis 1933

9   In Deutschland sind erste Grundrechtsgarantien in den **früh-konstitutionellen Verfassungen Süddeutschlands** anzutreffen. Sie wurden jedoch den Untertanen von den jeweiligen Monarchen gewährt und beruhten damit auf einem gänzlich anderen Grundverständnis als die Menschenrechtserklärung etwa in Frankreich.

10   Die **Paulskirchenverfassung** von 1848/1849 enthielt in ihrem Abschnitt VI „Die Grundrechte des deutschen Volkes". Damit war zum ersten Mal ein für ganz Deutschland bestimmter Grundrechtskatalog konzipiert worden. Er umfasste vor allem liberale Freiheitsverbürgungen wie die Freizügigkeit und die Berufsfreiheit (§ 133), die Meinungs- und Pressefreiheit (§ 143), die Freiheit der Religionsausübung (§ 145), die Versammlungsfreiheit (§ 161) und die Vereinigungsfreiheit (§ 162). Ebenso wurde das Eigentum für unverletzlich erklärt. Sehr detailliert wurden die Beschränkungsmöglichkeiten geregelt. Enteignungen beispielsweise sollten nur aus Rücksichten des gemeinen Besten, nur aufgrund eines Gesetzes und gegen gerechte Entschädigung zugelassen werden (§ 164). Schließlich enthielt § 137 einen allgemeinen Gleichheitssatz. Vorgesehen war schließlich die Möglichkeit einer Verfassungsbeschwerde (§ 126g). Der Grundrechtsteil galt seit Dezember 1848 als Reichsgesetz, wurde jedoch nach dem Scheitern der Verfassung durch Bundesbeschluss aufgehoben.

11   Die **Preußische Verfassungsurkunde** vom 31. Januar 1850 enthielt einen Grundrechtskatalog, der im Wesentlichen dem der Paulskirchenverfassung nachgebildet war. Die klassischen liberalen Grundrechte wurden garantiert. Der Gleichheitssatz, wonach alle Preußen vor dem Gesetz gleich sind (Art. 4), wurde jedoch nicht als Verpflichtung des Parlamentes zur Schaffung von Rechtsgleichheit, sondern als Verpflichtung der Exekutive zur Rechtsanwendungsgleichheit ausgelegt. Damit war der Gesetzgeber nicht an den Gleichheitssatz gebunden. Interessanterweise spricht Art. 3 Abs. 1 GG heute immer noch von der Gleichheit „vor" dem Gesetz. Die Verfassungsinterpretation unter dem Grundgesetz versteht diese Bestimmung jedoch als allgemeines Gleichheitsrecht, an das auch die Gesetzgebung gebunden ist (Art. 1 Abs. 3 GG).

Die **Verfassungen des Norddeutschen Bundes** von 1866 und **12**
des **Deutschen Reiches** von 1871 beinhalteten keine Grundrechte. Die **Weimarer Reichsverfassung** von 1919 enthielt hingegen einen ausgedehnten Grundrechtskatalog. Im zweiten Haupt-
teil wurden die Grundrechte und Grundpflichten der Deutschen in
fünf Abschnitten und rund 60 Artikeln geregelt. Am Anfang stand
der Gleichheitssatz (Art. 109). Ebenfalls enthalten waren die klassischen Freiheitsrechte, wie die Freiheit der Person (Art. 114), die
Meinungsfreiheit (Art. 118) oder die Eigentumsgarantie (Art. 153).
Die Grundrechtsgarantien der Weimarer Reichsverfassungen waren unverkennbar Vorbild für die Grundrechte des Grundgesetzes.
Die Weimarer Reichsverfassung selbst knüpfte im Wesentlichen an
die Paulskirchenverfassung von 1849 an.

Trotz eines umfangreichen Grundrechtskataloges war die recht- **13**
liche Wirksamkeit der Grundrechte in der Weimarer Reichsverfassung beschränkt. So war die Bindung des Gesetzgebers an die
Grundrechte (siehe heute Art. 1 Abs. 3 GG) noch nicht allgemein
anerkannt. Es fehlte weiterhin die Möglichkeit, wegen Verletzung
von Grundrechten ein Verfassungsgericht anzurufen (siehe heute
Art. 93 Abs. 1 Nr. 4a GG: Recht für jedermann, Verfassungsbeschwerde zu erheben). Die Freiheitsrechte konnten zudem nach
Art. 48 Abs. 2 WRV vom Reichspräsidenten in Notsituationen
außer Kraft gesetzt werden.

III. Grundrechte unter dem Grundgesetz

Die wesentlichen grundrechtlichen Garantien des Grundgesetzes **14**
sind seit 1949 weitgehend unverändert geblieben. Dort, wo der
verfassungsändernde Gesetzgeber Änderungen vorgenommen hat,
sind wegen des Zwanges zur politischen Kompromissfindung teilweise sehr unübersichtliche (technische) Normenkomplexe entstanden, die dem ursprünglichen Formulierungsstil der Verfassung
nicht entsprechen (siehe etwa Art. 16a GG).

Für die Auslegung der Grundrechte des Grundgesetzes ist vor **15**
allem das Bundesverfassungsgericht zuständig. Die Rechtsprechung
des Gerichts hat den heutigen Stand der Dogmatik ganz maßgeb-

lich geprägt. Die oft sehr knappen und interpretationsoffenen Bestimmungen des Grundgesetzes wurden dadurch für die Rechtsanwender handhabbar. Die Kenntnis entsprechender Entscheidungen ist deshalb für das Verständnis dieses Rechtsgebietes unabdingbar.

16   Gleichwohl geht es beim Studium von Grundrechtsdogmatik nicht primär darum, Entscheidungen des Verfassungsgerichts zu lernen oder gar zu meinen, man könne im Wege der Deduktion aus verfassungsrechtlichen Bestimmungen quasi selbständig zu den vom BVerfG gefundenen Ergebnissen gelangen. Vielfach lassen sich andere Ergebnisse vernünftig begründen und vertreten. Dies zeigen schon die in den letzten Jahren zunehmenden Sondervoten einzelner Richterinnen und Richter oder sogar divergierende Entscheidungen beider Senate.

17   Wichtiger als Ergebnisse von Entscheidungen sind deshalb die verwendeten Argumentationsfiguren. Dabei sind die Figuren wichtig, die Bedeutung für die allgemeine Dogmatik haben. Mit ihnen können die ständig auftretenden neuen verfassungsrechtlichen Fragestellungen angegangen und Lösungen zugeführt werden. Vernachlässigenswert sind hingegen solche Argumentationsstrukturen, die erkennbar von dem Bemühen gekennzeichnet sind, ein gewünschtes Ergebnis abzusichern.

18   **Literatur zu § 1:** *Doerfert, Carsten,* Freiheitsschutz nach englischem Recht, JA 1997, S. 255 ff.; *Hofmann, Hasso,* Zur Herkunft der Menschenrechtserklärung, JuS 1988, S. 841 ff.; *ders.,* Die Grundrechte 1789–1949–1989, NJW 1989, S. 3177 ff.; *Kühne, Jörg-Detlef,* Die französische Menschen- und Bürgerrechtserklärung im Rechtsvergleich mit den Vereinigten Staaten und Deutschland, JöR 1990, S. 1 ff.; *Pieroth, Bodo,* Geschichte der Grundrechte, Jura 1984, S. 568 ff.; *Ziekow, Jan,* Deutsche Verfassungsentwicklung und sozialer Liberalismus, JuS 1986, S. 107 ff.

§ 2. Einteilung der Grundrechte

I. Der Begriff Grundrecht

19   **Fall 1:** A möchte sich um ein Mandat im Bundestag auf der Liste der A-Partei bewerben. Sein Arbeitgeber verweigert ihm die Gewährung von Urlaub, was vom Arbeitsgericht bestätigt wird. A erhebt unter Berufung auf Art. 48 Abs. 1 GG Verfassungsbeschwerde. Mit Erfolg?

Die Begriffe „Grundrecht" und „Menschenrecht" sind ver- **20** wandt, jedoch nicht identisch. Im Sinne der neuzeitlichen Verfassungsentwicklung versteht man unter einem Menschenrecht das dem Menschen kraft seiner Geburt gegebene Recht auf Respektierung seiner individuellen Rechtsgüter wie Leben, Freiheit, Gesundheit und Eigentum. Die Grundrechte sind hingegen die in der Verfassung niedergelegten Menschenrechte.

Ein Grundrecht im Sinne des Grundgesetzes kennzeichnet sich **21** dadurch, dass ein subjektiv-öffentliches Recht vorliegt, das in den ersten Abschnitt der Verfassung aufgenommen worden ist. Unter einem subjektiv öffentlichen Recht versteht man die einem Einzelnen verliehene Rechtsmacht, von einem Träger öffentlicher Gewalt ein Tun oder Unterlassen zu verlangen. Grundrechte sind also nicht nur Programmsätze, sondern unmittelbar geltendes Recht. Dies bringt vor allem Art. 1 Abs. 3 GG zum Ausdruck.

Subjektiv-öffentliche Rechte außerhalb des ersten Teiles bezeich- **22** net man als sog. **grundrechtsgleiche Rechte.** Hierzu gehören:
- Widerstandsrecht (Art. 20 Abs. 4 GG),
- Anspruch auf Zugang zu jedem öffentlichen Amte (Art. 33 Abs. 2 GG),
- demokratische Rechte wie die des aktiven und des passiven Wahlrechts (Art. 38 GG),
- prozessuale Rechte (Art. 101–104 GG).

Die Bedeutung der Begriffsbestimmung wird in Art. 93 Abs. 1 **23** Nr. 4a GG deutlich. Eine Verfassungsbeschwerde zum Bundesverfassungsgericht kann nur von demjenigen erhoben werden, der geltend macht, durch die öffentliche Gewalt in einem seiner Grundrechte oder in einem seiner grundrechtsgleichen Rechte verletzt zu sein. Sonstige Rechte, die die Verfassung gewährt, können mit der Verfassungsbeschwerde nicht verfolgt werden. Solche sonstigen Rechte sind beispielsweise:
- Rechte des Wahlkreisbewerbers nach Art. 48 GG
- Rechte der Abgeordneten nach Art. 46 GG.

Allerdings reicht es für die Zulässigkeit einer Verfassungsbeschwerde aus, wenn sich der Beschwerdeführer jedenfalls auf die Verletzung eines Grundrechts oder grundrechtsgleichen Rechts beruft.

24   **Lösung Fall 1:** Verfassungsbeschwerde kann nach Art. 93 Abs. 1 Nr. 4a
GG nur erheben, wer geltend machen kann, in einem Grundrecht oder einem
der genannten grundrechtsgleichen Rechte verletzt zu sein. Hierzu zählt
Art. 48 Abs. 1 GG nicht. Die Verfassungsbeschwerde ist deshalb unzulässig.

II. Freiheits- und Gleichheitsrechte

25   **Fall 2** *(BVerfGE 58, 137 ff.):* Im Bundesland H mussten von allen im Land
erschienenen Druckerzeugnissen Pflichtexemplare an das Land abgeführt werden. Hiergegen erhoben verschiedene Verleger Verfassungsbeschwerde, die
extrem teure Druckwerke in sehr geringer Stückzahl herstellten. Liegt ein
Freiheits- oder Gleichheitsverstoß vor?

1. Prüfungsaufbau bei Freiheitsrechten

26   **a) „Interner" Prüfungsaufbau eines Freiheitsrechts.** Bei den
Grundrechten des Grundgesetzes wird zwischen Freiheits- und
Gleichheitsrechten unterschieden. Die meisten Grundrechte sind
Freiheitsrechte. Bei ihnen geht es darum, dass dem Grundrechtsträger bestimmte Freiräume garantiert werden, in die der Staat nicht
oder nur unter bestimmten Voraussetzungen eingreifen darf (z.B.
das Recht, seine Meinung zu äußern, entsprechend eigenen Glaubensüberzeugungen zu handeln, einen Beruf auszuüben etc.). Hieraus ergibt sich folgender Prüfungsaufbau:

27 – **Schutzbereich:** Teilweise wird statt von „Schutzbereich" auch
von „Gewährleistungsbereich" gesprochen. Hierbei wird zwischen persönlichem und sachlichem Schutzbereich unterschieden. Sachlicher Schutzbereich bedeutet: Steht die angeblich betroffene Rechtsposition oder das angeblich betroffene Recht
unter dem Schutz eines Grundrechtes? Ist dies nicht der Fall,
braucht die staatliche Maßnahme von vornherein nicht an dem
Freiheitsrecht geprüft zu werden.

28   **Beispiel:** Die Eltern des Kindes K weigern sich aus Gewissensgründen,
ihre Kinder auf eine Gesamtschule zu schicken. Der Schutzbereich des Art. 4
GG ist nicht berührt, weil die Frage, auf welche Schule die eigenen Kinder
gehen, vielleicht das elterliche Erziehungsrecht, nicht aber das Gewissen betreffen.

Beim persönlichen Schutzbereich geht es hingegen um die 29
Grundrechtsträgerschaft. Einige Grundrechte (z. B. Art. 8, 9, 11,
12 GG) stehen nur den Deutschen im Sinne des Grundgesetzes
zu (siehe Art. 116 GG). Ausländer können sich insoweit nur auf
die allgemeine Handlungsfreiheit des Art. 2 Abs. 1 GG berufen.

– **Eingriff:** Wirkt die staatliche Maßnahme negativ auf das ge- 30
schützte Recht oder die geschützte Rechtsposition ein? Hierbei
geht es um die Abgrenzung des Wirkungsbereichs des Grundrechts. In einer komplexen Gesellschaft treffen viele staatliche
Maßnahmen die Grundrechte vieler. Von einem Eingriff lässt
sich dann sprechen, wenn die Beeinträchtigung einigermaßen
erheblich ist oder final auf das entsprechende Rechtsgut zielt.

– **Verfassungsrechtliche Rechtfertigung:** Liegen die Voraus- 31
setzungen für einen Eingriff in das Grundrecht vor? Dafür muss
zunächst der Eingriff überhaupt erlaubt sein. Des Weiteren muss
(im Regelfall) ein formelles Gesetz (Parlamentsgesetz) vorliegen.
Schließlich müssen die besonderen Anforderungen des entsprechenden Gesetzesvorbehaltes eingehalten werden. Weiterhin sind
die allgemeinen Eingriffsvoraussetzungen zu beachten (Übermaßverbot, Wesensgehaltsgarantie des Art. 19 Abs. 2 GG, Zitiergebot des Art. 19 Abs. 1 Satz 2 GG).

Eine grundlegende Unterscheidung in der Grundrechtsdogmatik 32
wird damit dahingehend getroffen, ob ein Grundrecht „berührt"
oder „verletzt" wird. Wird ein Grundrecht „berührt", bedeutet dies
nur, dass der Schutzbereich einschlägig und der Staat damit besonderen Rechtfertigungspflichten unterliegt. Wird ein Grundrecht
hingegen „verletzt", ist die entsprechende Maßnahme rechtswidrig.

b) Prüfungsaufbau bei mehreren einschlägigen Freiheits- 33
rechten. Oft kommen bei einem grundrechtlichen Fall mehrere
Freiheitsrechte als Prüfungsmaßstab in Betracht. Wichtig ist dann
vor allem, dass die allgemeine Handlungsfreiheit (Art. 2 Abs. 1 GG)
als Auffanggrundrecht am Schluss geprüft werden muss. Vorher
sind die entsprechenden Spezialgrundrechte anzusprechen.

In welcher Reihenfolge die Spezialgrundrechte geprüft werden,
ist jedenfalls in Prüfungsaufgaben meist gleichgültig. Zwar versucht
die Rechtsprechung der Verfassungsgerichte gelegentlich, irgend-

welche Vorrangverhältnisse in bestimmten Sachverhalten zu definieren. Recht überzeugend und nachvollziehbar ist das im Allgemeinen aber nicht. Deshalb sollte jedes Grundrecht, das möglicherweise in Betracht kommt, einzeln angesprochen werden.

2. Prüfungsaufbau bei Gleichheitsrechten

34   Neben den Freiheitsrechten stehen die Gleichheitsrechte. Gleich-
heitsrechte gibt es nur wenige. Das wichtigste enthält Art. 3 GG.
Weitere Gleichheitsrechte sind:
- Gleichstellung von ehelichen und nichtehelichen Kindern (Art. 6
  Abs. 5 GG);
- gleicher Zugang zu öffentlichen Ämtern (Art. 33 Abs. 2 GG);
- Gleichheit des aktiven und passiven Wahlrechts (Art. 38 Abs. 1
  Satz 1 GG).

35   Bei Gleichheitsrechten wird nicht nach Schutzbereich, Eingriff
und verfassungsrechtlicher Rechtfertigung gefragt. Vielmehr wird
untersucht, welche Differenzierungen der Staat vornimmt. Diese
Differenzierungen müssen sich dann durch die Unterschiede in den
entsprechenden Vergleichsgruppen rechtfertigen lassen. Daraus ergibt sich (vereinfacht) folgendes Prüfungsschema:
1. Liegt eine Beeinträchtigung des allgemeinen Gleichheitsgebotes
   vor?
2. Verstößt die Differenzierung gegen ein besonderes Gleichheitsrecht (z. B. Art. 3 Abs. 3 GG)?
3. Ist die Differenzierung im Hinblick auf den allgemeinen Gleichheitssatz (Art. 3 Abs. 1 GG) willkürlich oder unverhältnismäßig?

3. Verhältnis von Freiheits- und Gleichheitsprüfung

36   Für ein freiheitliches Staatswesen besteht ein Vorrang der Freiheit vor der Gleichheit. Gleichheit lässt sich eher in diktatorischen
Systemen erreichen. Daher kommt den Freiheitsrechten gegenüber
den Gleichheitsrechten eine vorrangige Bedeutung zu. Aufbaumä-
ßig werden deshalb i. d. R. zuerst die Freiheits- und dann die
Gleichheitsrechte geprüft. In der Rechtsprechung des BVerfG werden Gleichheitsfragen zudem oft als Eingriffsprobleme behandelt,
so dass die Prüfung des Gleichheitssatzes gar nicht auftaucht. Bei

Prüfungsarbeiten sind hingegen umfassend alle Grundrechte anzusprechen.

Lösung Fall 2: Nach Auffassung des BVerfG liegt ein Verstoß gegen 37
Art. 14 Abs. 1 GG vor. Es handelt sich zwar nicht um eine Enteignung nach
Art. 14 Abs. 3 GG, wohl aber um eine mit dem Übermaßverbot nicht vereinbare Inhalts- und Schrankenbestimmung (Art. 14 Abs. 1 Satz 2 GG), da die
Verleger mit extrem teuren Druckwerken unverhältnismäßig stark belastet
werden. Ein Verstoß gegen Art. 3 Abs. 1 GG wurde vom BVerfG nicht geprüft. Er ließe sich jedoch annehmen. Verleger von „Massenware" und Verleger von Kleinauflagen werden verschieden stark belastet. Es gibt keine Unterschiede zwischen den beiden Gruppen, die diese Verschiedenbehandlung
rechtfertigen könnten.

III. Jedermann- und Deutschengrundrechte

Fall 3: Der Nigerianer N bittet in der Bundesrepublik um politisches Asyl. 38
Gemäß § 56 AsylVfG darf er sich nur im Bereich der kreisfreien Stadt G aufhalten. Wird dadurch in Grundrechte des N eingegriffen?

Die Grundrechte stehen nicht unterschiedslos jedermann zu. 39
Vielmehr unterscheidet das Grundgesetz zwischen Deutschen- und
Jedermann-Grundrechten. Jedermann-Grundrechte werden teilweise auch als „Menschenrechte" bezeichnet. Der Begriff Menschenrechte ist jedoch zu vermeiden, da er doppeldeutig ist (vgl.
§ 2 I). Wer Deutscher ist, richtet sich nach Art. 116 Abs. 1 GG.

Die wichtigsten „Deutschen-Grundrechte" sind: 40
- Nur Deutsche genießen das Grundrecht der Versammlungsfreiheit (Art. 8 Abs. 1 GG).
- Nur Deutsche haben das Vereinigungsrecht (Art. 9 Abs. 1 GG).
- Nur Deutsche sind Träger des Grundrechts der Freizügigkeit
(Art. 11 Abs. 1 GG).
- Nur Deutsche sind Grundrechtsträger des Rechts der Berufsfreiheit (Art. 12 Abs. 1 GG).
- Nur Deutsche haben die Rechte aus Art. 16 Abs. 1 und Abs. 2
GG.

Die Unterscheidung von Deutschen- und Jedermann-Grund- 41
rechten hat seit Inkrafttreten des Grundgesetzes viel von ihrer ursprünglichen Bedeutung eingebüßt. Aufgrund der Bestimmungen
des Europarechts (Art. 3 EGV) dürfen Angehörige von EU-Mit-

gliedstaaten nicht aus Gründen der Staatsangehörigkeit diskrimi-
niert werden, soweit der EG-Vertrag Anwendung findet. Dies
führt etwa im Bereich der Berufsfreiheit zu einer vom Europarecht
geforderten Gleichbehandlung von Deutschen- und anderen EU-
Bürgern (siehe dazu im Einzelnen unten § 26 II). Zudem ist es
nicht so, dass Ausländer im thematischen Schutzbereich von deutschen Grundrechten vollkommen schutzlos gestellt wären. Sie können sich vielmehr auf das Auffanggrundrecht des Art. 2 Abs. 1 GG
berufen (BVerfGE 35, 382/399 ff.; NJW 1988, 2290/2291).

42   **Lösung Fall 3:** Die Verpflichtung, sich nur im Bereich der Stadt S aufzuhalten, könnte einen Eingriff in die Freizügigkeit (Art. 11 Abs. 1 GG) darstellen. Es handelt sich bei Art. 11 Abs. 1 GG jedoch um ein Deutschen-Grund-
recht, so dass N nicht Grundrechtsträger ist. Es könnte jedoch ein Eingriff in
Art. 2 Abs. 1 GG vorliegen. Art. 2 Abs. 1 GG garantiert die allgemeine Handlungsfreiheit. Hierunter wird das Recht verstanden, zu tun und zu lassen, „was
man will". Geschützt ist deshalb auch das Recht des N, die Stadt S zu verlassen. Ein Eingriff liegt ebenfalls vor, da imperativ (durch Verwaltungsakt) das
Recht des N beschränkt wird. Der Eingriff könnte jedoch verfassungsrechtlich
gerechtfertigt sein. Der Verwaltungsakt beruht auf § 56 AsylVfG. Die Vorschrift müsste zur „verfassungsmäßigen Ordnung" (= verfassungsmäßige Rechtsordnung) gehören. Dies ist der Fall (wäre in der Klausur im Hinblick auf das
Übermaßverbot noch näher zu erläutern). Die Verwaltungsbehörde hat § 56
AsylVfG auch korrekt angewandt. Der Eingriff ist deshalb verfassungsrechtlich
gerechtfertigt.

43   **Literatur zu § 2 III:** *Sachs, Michael,* Ausländergrundrechte im Schutzbereich von Deutschengrundrechten, BayVBl. 1990, 385 ff.

IV. Benannte und unbenannte Grundrechte

44   Die Grundrechte, die das Grundgesetz ausdrücklich benennt, bezeichnet man als sog. benannte oder Nominat-Grundrechte. Durch
die technische Entwicklung ist es jedoch seit 1949 zu Bedrohungen
für die menschliche Persönlichkeit gekommen, die das Bedürfnis
nach der Entwicklung neuer Grundrechtsgarantien aufkommen
ließen. Es gibt deshalb jedenfalls ein unbenanntes bzw. Inominat-
Grundrecht. Es betrifft den Schutz des **allgemeinen Persönlichkeitsrechts.** Es wird vom Bundesverfassungsgericht aus Art. 2
Abs. 1 GG i. V. m. Art. 1 Abs. 1 GG abgeleitet (BVerfGE 54, 148/
153). Aspekte dieses allgemeinen Persönlichkeitsrechts sind etwa

das „Recht am eigenen Bild", der Schutz der engeren Privatsphäre oder auch das „Recht auf informationelle Selbstbestimmung", also das Recht, selbst über die Erhebung, Speicherung, Weitergabe und Verwendung von personenbezogenen Daten zu bestimmen (BVerfGE 65, 1/43). Auch unbenannte Freiheitsrechte sind im Verfassungsbeschwerdeverfahren rügefähig (§§ 90, 92 BVerfGG).

§ 3. Funktionen der Grundrechte

I. Grundrechte als Abwehrrechte

In ihrer primären Funktion sind Grundrechte Abwehrrechte des **45** Bürgers gegen den Staat. Sie schützen also den Freiheitsbereich des Bürgers gegen staatliche Eingriffe. Dies ergibt sich zunächst aus ihrer historischen Entwicklung (vgl. oben § 1). Zum Zweiten folgt die abwehrrechtliche Funktion auch aus dem Wortlaut der Grundrechte. So ist an verschiedenen Stellen von „Beschränkungen" die Rede, wodurch darauf hingewiesen wird, dass die öffentliche Gewalt nur unter bestimmten Voraussetzungen in den grundrechtlichen Freiheitsraum eingreifen darf (siehe etwa Art. 8 Abs. 2, Art. 10 Abs. 2, Art. 11 Abs. 2 GG).

Die Funktion der Grundrechte als Abwehrrechte führt zu einer **46** verhältnismäßigen Regelklarheit. Ist das Verhalten der öffentlichen Hand rechtswidrig, hat der Eingriff zu unterbleiben. Es gibt also ein definitives verfassungsmäßiges Gegenteil. Verwaltungsakte sind von den Gerichten aufzuheben, Gesetze (Parlamentsgesetze, Rechtsverordnungen und Satzungen) sind nichtig, tatsächliche Beeinträchtigungen sind zu unterlassen, fortwirkende Beeinträchtigungen sind rückgängig zu machen.

II. Grundrechte als Institutsgarantien bzw. institutionelle Garantien

Die von den Grundrechten geschützten Freiheitsräume sind je- **47** doch vielfach nicht als rein naturgegebene und gegen den Staat gerichtete Rechte denkbar. Oft lässt sich das Freiheitsrecht nur mit

Hilfe der staatlichen Rechtsordnung verwirklichen. Die Grundrechte erstrecken dann ihren Schutz auf notwendige Normkomplexe. Im Anschluss vor allem an *Carl Schmitt* werden insoweit Institutsgarantien und institutionelle Garantien unterschieden. Institutsgarantien erfassen private Normenkomplexe, institutionelle Garantien öffentlich-rechtliche Normenkomplexe. Zu den Institutsgarantien gehören vor allem:

- Die Garantie von Ehe und Familie in Art. 6 Abs. 1 GG. Hierbei knüpft die Verfassung an bestimmte, vor allem durch die Rechtsordnung geprägte Vorstellungen von Ehe und Familie an (z. B. Grundsatz der Monogamie).
- Garantie des Eigentums (Art. 14 Abs. 1 GG). Der Gesetzgeber ist verpflichtet, die Existenz privaten Eigentums durch die Rechtsordnung zu ermöglichen. Dies geschieht vor allem durch die Regelungen des Bürgerlichen Rechts.

48 Zu den institutionellen Garantien gehören vor allem:

- Berufsbeamtentum (Art. 33 Abs. 5 GG). Der Gesetzgeber ist verpflichtet, das Beamtenrecht nach den hergebrachten Grundsätzen des Berufsbeamtentums zu regeln.
- Kommunale Selbstverwaltung (Art. 28 Abs. 2 Satz 1 GG). Hier ist der Gesetzgeber durch die Verfassung dazu aufgefordert, die Erfüllung der örtlichen Angelegenheiten durch die Gemeinden durch Erlass entsprechender Rechtsnormen zu ermöglichen.

49 Im Allgemeinen geht man davon aus, dass ein „Kern" der Garantie unantastbar ist. Dieser Kernbereich wird jedoch eng gezogen, um den gesetzgeberischen Gestaltungsspielraum nicht übermäßig einzuschränken. Verstöße gegen die Instituts- oder institutionelle Garantie sind deshalb selten, die Bedeutung dieses (theoretisch sehr interessanten) Komplexes für Klausuraufgaben gering. Zu „Frontalangriffen" auf das jeweilige Institut kommt es in der gegenwärtigen Gesetzgebungspraxis nicht. Gefährdungen treten eher durch eine schleichende Aushöhlung der Garantien ein, indem der Gesetzgeber ständig kleinere negative Veränderungen vornimmt, die für sich genommen hinnehmbar erscheinen, in ihrer Summation aber eine Gefährdung des Instituts darstellen können. Solchen allmählichen Aushöhlungen kann die Lehre von den Institutsgarantien nur schwer entgegenwirken.

III. Objektive Grundrechtsdimensionen

1. Allgemeines

Grundrechte sind Bestandteil der objektiven Rechtsordnung. Sie **50** sind zudem subjektive Rechte. Hiermit nicht zu verwechseln ist, dass Grundrechten eine sog. objektive Funktion zugesprochen wird. Hiermit ist letztlich gemeint, dass die grundrechtlichen Funktionen sich über die rein abwehrrechtliche Funktion hinaus erstrecken. Aus ihnen lassen sich jedenfalls unter gewissen Voraussetzungen Schutz-, Leistungs- und Teilhaberechte ableiten. Objektive Grundrechtsfunktionen sind deshalb alle diejenigen Funktionen, die sich nicht mit der abwehrrechtlichen Komponente erklären lassen. Sie sind jedoch Bestandteil der grundrechtlichen Garantie und können auch mittels Verfassungsbeschwerde (Art. 93 Abs. 1 Nr. 4a GG) geltend gemacht werden.

2. Schutzpflicht

Fall 4 *(nach BVerfGE 46, 106ff.):* Der Industrielle S wird von Terroristen **51** entführt, die die Freilassung von Gesinnungsgenossen verlangen. Angehörige des S stellen beim BVerfG den Antrag, den Forderungen der Entführer nachzukommen.

a) Schutzpflicht für alle grundrechtlich geschützten **52** **Rechtsgüter.** Ein wichtiger Ausfluss der objektiv-rechtlichen Funktion ist die Anerkennung einer staatlichen Schutzpflicht zugunsten der in den Grundrechten geschützten Rechtsgüter. Der Staat ist verpflichtet, die grundrechtlich geschützten Rechtsgüter gegen Beeinträchtigungen durch private Dritte, durch nichtdeutsche staatliche Stellen oder durch Naturgewalten in Schutz zu nehmen. Dass die Grundrechte auch diese Funktion haben, bringt Art. 1 Abs. 1 Satz 2 GG zum Ausdruck. Auch Art. 6 Abs. 4 enthält einen ausdrücklichen Schutzauftrag. Die Verfassungsinterpretation und die Rechtsprechung geht mittlerweile davon aus, dass dem Staat eine Schutzpflicht zugunsten jedes in einem Freiheitsgrundrecht garantierten Rechtsgutes obliegt.

53   b) Untermaßverbot. Das besondere Problem beim Umgang
mit Schutzpflichten ist die Frage, ob der Staat seine Schutzpflichten
in ausreichendem Maße erfüllt. Man spricht vom sog. Untermaßverbot, welches der Staat einzuhalten hat. Er muss ein gewisses
Minimum an Schutz garantieren. Die Schwierigkeiten bestehen
in der Bestimmung dieses Minimums. Hierin hat der Staat ein
weitgehendes Ermessen. Es ist nicht Aufgabe des BVerfG, dem
Staat im Bereich der politischen Zweckmäßigkeit Vorgaben für
die Erfüllung der Schutzpflicht zu machen. Es ist auch nicht
die Aufgabe der Gerichte, wissenschaftliche Gefahrabschätzungen
vorzunehmen (etwa hinsichtlich des Schutzes vor elektromagne-
tischen Feldern durch Mobilfunkanlagen, BVerfG, NJW 2002,
1638 f.). Daher kommt es meistens nicht zu einer Verdichtung
des Handlungsspielraums der öffentlichen Gewalt auf eine bestimmte Handlungspflicht. Verfassungswidrige Zustände bestehen
erst, wenn die getroffenen Maßnahmen vollkommen unzureichend
sind.

Zudem sind auch sonstige Interessen zu beachten, etwa grundrechtlich geschützte Belange Dritter. Die Erfüllung der Schutzpflicht zugunsten eines Rechtsgutes darf nicht zur Aufgabe eines
anderen Rechtsgutes führen. Auch für diesen Ausgleich ist vor allem der Gesetzgeber bzw. die Verwaltung, gegebenenfalls die
Rechtsprechung, zuständig.

54   c) Prüfungsaufbau. Für die Prüfung einer Schutzpflichtverletzung ergibt sich deshalb eine dreigeteilte Prüfung:
(1) Liegt ein schutzfähiges Rechtsgut vor?
(2) Liegt eine Gefährdungslage vor?
(3) Erfüllt der Staat seine Schutzpflicht in ausreichendem Maße
    (Untermaßverbot)?

55   Lösung Fall 4: Zu fragen ist zunächst, ob dem Grunde nach eine Schutzpflicht besteht. Das Recht auf Leben (Art. 2 Abs. 2 Satz 1 GG) ist ein schutzfähiges Gut. Aufgrund der Entführung liegt auch eine Gefährdungslage vor.
Fraglich ist, ob ohne die Freilassung der Gesinnungsgenossen ein Verstoß
gegen das Untermaßverbot gegeben ist. Die Bundesregierung hatte sich auf
verschiedene Weise bemüht, S freizubekommen. Sie war nicht untätig. Ihre
Maßnahmen ließen sich auch nicht als völlig unzureichend bezeichnen. Ein
Verstoß gegen das Untermaßverbot lag deshalb nicht vor.

3. Leistungsrechte

Sehr restriktiv verfahren Rechtsprechung und Lehre bei der **56** Ableitung von Leistungsrechten aus Grundrechten (z. B. eines Rechts auf Arbeit). Soweit solche Rechte von der Verfassung gewährt werden, spricht man von sog. sozialen Grundrechten. Soziale Grundrechte wollen nicht nur formal Freiheitsräume gewähren, sondern dem Staat auch hinsichtlich der tatsächlichen Voraussetzungen für die Ausübung der Freiheit in die Pflicht nehmen. Solche Rechte finden sich im Grundgesetz nur vereinzelt (vor allem Art. 6 Abs. 4 GG).

Das Grundgesetz ist deshalb zurückhaltend in der Gewährung von **57** Leistungsrechten, weil die grundsätzliche Entscheidung über die Verteilung von knappen Ressourcen vor allem Aufgabe des Parlamentes ist. Gäbe man dem Einzelnen etwa ein Recht auf Arbeit, müsste der Staat sich die Verfügungsbefugnis über die Arbeitsplätze verschaffen, was de facto zur Abschaffung des Grundrechts aus Art. 12 Abs. 1 GG führen würde, oder der Staat müsste in erheblichem Maße Finanzmittel aufwenden, um die Garantie zu erfüllen, was eine Zurückdrängung anderer Aufgaben zur Folge hätte. Um den freiheitlichen Charakter der Verfassung zu wahren, lassen sich deshalb subjektive Leistungsrechte aus den Grundrechten nicht ableiten.

In den Landesverfassungen sind hingegen häufig soziale Grund- **58** rechte anzutreffen. Sie beinhalten jedoch keine einklagbaren Rechte, sondern haben den Charakter von Staatszielbestimmungen.

Literatur zu § 3 III: *Alexy, Robert,* Grundrechte als subjektive Rechte und als **59** objektive Normen, Der Staat 29 (1990), 49 ff.; *Borgmann, Klaus / Hermann, Martin,* Soziale Grundrechte – Regelungsmodelle und Konsequenzen, JA 1992, 337 ff.; *Hain, Eberhard,* Der Gesetzgeber in der Klemme zwischen Übermaß- und Untermaßverbot?, DVBl. 1993, 982 ff.; *Jarass, Hans D.,* Bausteine einer umfassenden Grundrechtsdogmatik, AöR 120 (1995), 345 ff.; *Kopp, Ferdinand,* Grundrechtliche Schutz- und Förderpflichten der öffentlichen Hand, NJW 1994, 1753 ff.; *Kutscha, Martin,* Soziale Grundrechte und Staatszielbestimmungen in den neuen Landesverfassungen, ZRP 1993, 339 ff.; *Pietrzak, Alexandra,* Die Schutzpflicht im verfassungsrechtlichen Kontext, Überblick und neuer Aspekt, JuS 1994, 748 ff.

4. Teilhaberechte

Teilhaberechte folgen im Unterschied zu Leistungs- und Schutz- **60** rechten nicht originär aus den Grundrechten. Sie sind vielmehr

derivativer Natur. Es geht um den gerechten Anteil des Einzelnen
an der Freiheitseffektuierung durch den Staat. Entwickelt worden
ist dieser Aspekt der Grundrechte vor allem zum Hochschulrecht
(BVerfGE 35, 79 ff.). So hat ein Wissenschaftler an der Universität
wegen der Wertentscheidung des Art. 5 Abs. 3 GG ein Recht auf
solche staatlichen Maßnahmen, die zum Schutz seines grundrechtlich gesicherten Freiheitsraumes unerlässlich sind, weil sie ihm freie
wissenschaftliche Betätigung überhaupt erst ermöglichen. Hinsichtlich der Stimmverteilung in Gremien muss der herausgehobenen
Stellung der Hochschullehrer Rechnung getragen werden. Bei
Fragen der Forschung und der Berufung von Hochschullehrern
muss der Gruppe der Hochschullehrer ein ausschlaggebender Einfluss vorbehalten bleiben.

IV. Verfassungskonforme Auslegung

61   Besonderer Ausdruck der objektiven Bedeutung der Grundrechte ist das Prinzip der verfassungskonformen Auslegung. Das
vom Gesetzgeber gesetzte Recht lässt dem Rechtsanwender häufig
unterschiedliche Auslegungsmöglichkeiten. Die Wahl unter den
verschiedenen Auslegungsvarianten ist von der Verfassung mit-
bestimmt. Bei zwei Auslegungsmöglichkeiten, von denen eine
verfassungsgemäß und die andere verfassungswidrig ist, muss die
verfassungsmäßige gewählt werden. So ist nach Auffassung des
BVerfG § 14 VersG dahingehend verfassungskonform zu interpretieren, dass bei Spontanversammlungen die Anmeldepflicht entfällt
und bei Eilversammlungen der Anmeldezeitraum dahingehend zu
verkürzen sei, dass die Eilversammlungen anzumelden sind, sobald
die Möglichkeit hierzu besteht (BVerfG, NJW 1992, 890).

62   Ein Sonderfall ist die „grundrechtsorientierte" Auslegung. Auch
bei mehreren verfassungsmäßigen Varianten ist diejenige Interpretation zu wählen, die dem Schutzauftrag des Grundrechts am
weitestgehenden erfüllt. Deshalb ist etwa bei der Auslegung ver-
waltungsrechtlicher Bestimmungen eine grundrechtsfreundliche
Interpretation geboten.

Teil II. Allgemeine Grundrechtslehren

§ 4. Grundrechtsträger

I. Natürliche Personen als Grundrechtsträger

Grundrechtsträger sind zunächst natürliche Personen. Die meis- **63** ten Grundrechte stehen allen natürlichen Personen zu (Jedermann-Rechte, siehe oben § 2 III). Einige Grundrechte sind hingegen den Deutschen vorbehalten (Deutschen-Grundrechte oder Bürgerrechte).

In Bezug auf Minderjährige wird zur Berufung auf grundrechtli- **64** che Garantien das Erfordernis der **Grundrechtsmündigkeit** verlangt. Einem Minderjährigen soll die Berufung auf ein Grundrecht nur dann erlaubt sein, wenn er über die erforderlichen körperlichen und geistigen Fähigkeiten verfügt, um die grundrechtliche Freiheit auszuüben. So sei ein neugeborenes Kind im Hinblick auf das Versammlungsrecht des Art. 8 Abs. 1 GG nicht grundrechtsmündig, da es sich noch nicht fortbewegen könne.

In diesem Sinne ist das Erfordernis der Grundrechtsmündigkeit **65** jedoch abzulehnen. Wem die faktischen Fähigkeiten fehlen, grundrechtliche Freiheit auszuüben, dem braucht nicht im Wege der Verfassungsinterpretation zusätzlich die Berufung auf das Grundrecht versagt zu werden. Das Erfordernis der Grundrechtsmündigkeit ist insoweit überflüssig. Ein neugeborenes Kind wird weder selbst Verfassungsbeschwerde einlegen noch durch seine Eltern Verfassungsbeschwerde einlegen lassen, etwa wegen angeblicher Verletzung von Art. 8 Abs. 1 GG.

Eine andere Frage ist, inwieweit man es einem Minderjährigen **66** gestattet, selbstständig Verfassungsbeschwerde einzulegen, wenn er tatsächlich in einem seiner Grundrechte betroffen ist. Hierbei wird man eine hinreichende Einsichtsfähigkeit verlangen müssen. Ansonsten muss eine ordnungsgemäße Vertretung stattfinden. Die

Altersgrenzen können insofern nicht pauschal festgelegt werden. Im Bereich des Privatrechtsverkehrs lassen sich die §§ 104 ff. BGB entsprechend heranziehen, so dass etwa eine Verletzung der Eigentumsgarantie stets durch die gesetzlichen Vertreter des Minderjährigen gerügt werden muss. Im Bereich der Religionsfreiheit werden § 5 Satz 1 und 2 des Gesetzes über die religiöse Kindererziehung (vom 15. Juli 1921, RGBl. S. 939) herangezogen. Danach kann ein Jugendlicher ab dem 14. Lebensjahr selbst sein religiöses Bekenntnis bestimmen. Ab dem 12. Lebensjahr kann ein Wechsel des religiösen Bekenntnisses nicht mehr gegen den Willen des Kindes durchgeführt werden. Diese Konkretisierungen können zur Feststellung der Grundrechtsmündigkeit im Hinblick auf die Prozessfähigkeit bei der Verfassungsbeschwerde angewendet werden.

67   Auch für das Verhältnis von Eltern und Kindern ist das Erfordernis der Grundrechtsmündigkeit nicht aufzustellen. Der Gesetzgeber ist verpflichtet, das Eltern-Kind-Verhältnis gesetzlich auszugestalten (Art. 6 Abs. 1 und Abs. 2 GG). Die Grundrechte des Kindes richten sich nicht gegen die Eltern, sondern müssen vom Gesetzgeber zu einem Ausgleich mit den Elternrechten gebracht werden. Zur Wahrung des elterlichen Erziehungsrechts ist deshalb eine Beschränkung der Berufung auf Grundrechte durch die Kinder ebenfalls nicht erforderlich.

68   **Literatur zu § 4 I:** *von Mutius, Albert,* Grundrechtsmündigkeit, Jura 1987, 272 ff.; *Robbers, Gerhard,* Partielle Handlungsfähigkeit Minderjähriger im öffentlichen Recht, DVBl. 1987, 709 ff.

II. Personenvereinigungen als Grundrechtsträger (Art. 19 Abs. 3 GG)

69   **Fall 5:** Vier Kurden mit türkischer Staatsangehörigkeit betreiben in Berlin ein Restaurant in der Rechtsform einer GmbH. Die Behörden verfügen die Schließung des Lokals, da es sich um einen konspirativen Treff der verbotenen kurdischen PKK-Organisation handelt. Könnte sich die GmbH unter Berufung auf Art. 12 Abs. 1 GG an das BVerfG wenden?

70   Auch Personenvereinigungen kommen als Grundrechtsträger in Betracht. Die Grundrechte gelten auch für inländische juristische Personen, soweit sie ihrem Wesen nach auf diese anwendbar sind (Art. 19 Abs. 3 GG).

1. Der Begriff „juristische Person"

Zu den juristischen Personen im Sinne von Art. 19 Abs. 3 GG **71**
gehören zunächst die juristischen Personen im Sinne des Privatrechts (Aktiengesellschaften, GmbHs, eingetragene Vereine, Ge-
nossenschaften). Der Begriff juristische Person ist nicht im zivilrechtlichen Sinne zu verstehen. Auch die Handelsgesellschaften wie
die Offene Handelsgesellschaft und die Kommanditgesellschaft, die
Gesellschaft bürgerlichen Rechts oder die nichtrechtsfähigen Vereine sind juristische Personen im Sinne von Art. 19 Abs. 3 GG,
soweit sie nach zivilrechtlichen Regeln Rechtspositionen inneha-
ben bzw. Prozesse führen können (BVerfG, NJW 2003, 3533).

Voraussetzung ist, dass die juristische Person inländisch ist. In- **72**
ländisch ist eine juristische Person dann, wenn sie ihren Sitz, also
den tatsächlichen Mittelpunkt ihrer Tätigkeit, im Inland hat. Die
Justizgrundrechte (Art. 19 Abs. 4, Art. 101 Abs. 1 S. 1 und S. 2
und Art. 103 Abs. 3 GG) werden jedoch auch ausländischen juristischen Personen zuerkannt (BVerfGE 21, 362/373; 64, 1/11).
Grundrechte, die nur Deutschen zustehen (z. B. Art. 12 Abs. 1
GG) sind zudem nur dann auf eine juristische Person anwendbar,
wenn sie von Deutschen nach gesellschaftsrechtlichen Grundsätzen
„beherrscht" wird. Ansonsten käme man dazu, dass Ausländer als
natürliche Personen nicht grundrechtsfähig wären, eine von ihnen
gegründete Körperschaft jedoch wohl.

2. Die wesensmäßige Anwendbarkeit des Grundrechts

Weiterhin besteht die Grundrechtsträgerschaft von juristischen **73**
Personen nur dann, wenn das Grundrecht seinem Wesen nach auf
eine juristische Person anwendbar ist. Insgesamt wird die Bestimmung allerdings weit interpretiert. So kann zwar nur ein Einzelner
einen Beruf ergreifen (Art. 12 Abs. 1 GG), gleichwohl kann auch
eine juristische Person im Bereich der Berufsfreiheit beruflich tätig
sein. Sie ist damit auch Grundrechtsträger. Nicht auf juristische
Personen anwendbar sind solche Grundrechte, die an das „Mensch-
sein" des Individuums anknüpfen, etwa die Menschenwürde (Art. 1
Abs. 1 GG), das Grundrecht auf Ehe und Familie (Art. 6 Abs. 1

GG), das Recht auf Leben und körperliche Unversehrtheit und die
Freiheit der Person (Art. 2 Abs. 2 Satz 1 und 2 GG).

74   **Lösung Fall 5:** Die GmbH ist eine juristische Person i. S. v. Art. 19 Abs. 3
GG. Die Berufsfreiheit ist dem Wesen nach auch auf juristische Personen anwendbar. Problematisch ist allerdings, dass Art. 12 Abs. 1 GG ein Deutschengrundrecht ist. Da die GmbH nur von ausländischen Staatsangehörigen getragen wird, besteht insofern keine Grundrechtsträgerschaft aus Art. 12 Abs. 1
GG. Die GmbH kann sich deshalb nur auf Art. 2 Abs. 1 GG berufen.

75   **Literatur zu § 4 II:** *Badura, Peter,* Die Unternehmensfreiheit der Handelsgesellschaften. Ein Problem des Grundrechtsschutzes juristischer Personen des
Privatrechts, DÖV 1990, 353 ff.

III. Juristische Personen des öffentlichen Rechts als Grundrechtsträger

76   **Fall 6:** Gemeinde G erklärt sich zur „atomwaffenfreien und atomenergie-
freien Zone". Die Rechtsaufsichtsbehörde beanstandet den Gemeinderatsbe-
schluss. Könnte sich die Gemeinde G im Wege der Verfassungsbeschwerde gegen eine Verletzung von Art. 5 Abs. 1 Satz 1 1. Var. GG (Meinungsfreiheit)
wenden?

1. Grundsatz: Keine Grundrechtsträgerschaft von juristischen Personen des öffentlichen Rechts

77   Grundrechte verpflichten den Staat. Sie wirken zugunsten der
Gewaltunterworfenen. Juristische Personen des öffentlichen Rechts,
die staatliche Funktionen ausüben, sind deshalb nicht grundrechts-
berechtigt (BVerfGE 21, 362/370). Dies wird zum einen damit
begründet, dass andernfalls Grundrechtsberechtigung und Grund-
rechtsverpflichtung zusammentreffen (sog. Konfusionsargument).
Zudem sind Bund, Länder und kommunale Gebietskörperschaften
Organe der Staatsverwaltung. Sie üben im Rahmen gesetzlicher
Zuständigkeiten Kompetenzen aus. Sie können sich daher nicht
auf subjektive Rechte berufen.

78   Keine Grundrechtsträger sind beispielsweise:
– Rentenversicherungsträger (BVerfGE 21, 362/367 ff.);
– gesetzliche Krankenkassen (BVerfGE 39, 302/312 ff.);
– Kommunale Gebietskörperschaften (BVerfGE 61, 82/100);
– Sparkassen (BVerfGE 75, 192/195).

Juristische Personen können jedoch auch einen Doppelstatus **79** haben. So ist eine Innung (vgl. §§ 52 ff. HwO) einerseits Trägerin öffentlicher Aufgaben, andererseits aber auch ein Interessenverband der Mitglieder. Die Frage der Grundrechtsträgerschaft kann in solchen Fällen nicht allgemein entschieden werden. Die Rechtsprechung stellt insoweit auf die Funktion ab, in der die Organisation betroffen wird (z. B. keine Grundrechtsträgerschaft der Handwerksinnung, wenn sie verpflichtet wird, die Satzung hinsichtlich des Innungsgebietes zu verändern, da es insoweit um den Status als Teil der öffentlichen Verwaltung geht, siehe BVerfG, NVwZ 1994, 262 f.).

Lösung Fall 6: Die Gemeinde ist Körperschaft des öffentlichen Rechts und **80** Bestandteil der staatlichen Verwaltung im weiteren Sinne. Sie kann sich deshalb nicht auf grundrechtliche Garantien berufen. Es ist auch kein Ausnahmefall gegeben, da sie keinem grundrechtlich geschützten Lebensbereich spezifisch zugeordnet ist. Eine Verfassungsbeschwerde wäre daher unzulässig (eine kommunale Verfassungsbeschwerde nach Art. 93 Abs. 1 Nr. 4 b GG wäre unstatthaft, da es sich nicht um die Verletzung der Selbstverwaltung durch ein Gesetz handelt).

2. Ausnahmen

a) Juristische Personen des öffentlichen Rechts im formel- 81 len Sinn. Von dem Grundsatz, dass juristische Personen des öffentlichen Rechts nicht Grundrechtsträger sind, macht die Rechtsprechung Ausnahmen. Zunächst gibt es juristische Personen des öffentlichen Rechts im formellen Sinne. Ihnen wird der Status einer Körperschaft des öffentlichen Rechts verliehen, ohne dass sie staatliche Funktionen wahrnehmen (z. B. das Bayerische Rote Kreuz). Weil sie keine staatlichen Funktionen ausüben, lässt sich auch ihre Grundrechtsträgerschaft nicht verneinen.

b) Spezifische Zuordnung zu einem grundrechtlich ge- 82 schützten Lebensbereich. Nach der Rechtsprechung des Bundesverfassungsgerichts sind zudem juristische Personen des öffentlichen Rechts ausnahmsweise dann Grundrechtsträger, wenn sie dem grundrechtlich geschützten Lebensbereich spezifisch zugeordnet werden können. Dies wird dann angenommen, wenn sie die Grundrechte in einem Bereich verteidigen, in welchem sie vom Staat unabhängig sind (BVerfGE 15, 256/262). Insoweit besteht eine grundrechtstypische Gefährdungslage. Beispiele:

– Universitäten und Fakultäten können sich auf das Grundrecht der
  Wissenschaftsfreiheit berufen (Art. 5 Abs. 3 GG, siehe BVerfGE
  15, 256/262; 31, 314/322).
– Die Rundfunkanstalten sind Grundrechtsträger des Grundrechts
  der Rundfunkfreiheit (Art. 5 Abs. 1 Satz 2 2. Var. GG, siehe
  BVerfGE 31, 314/321 f.; 61, 82/102 f.; 83, 238/296). Sie können sich weiterhin auch auf solche Grundrechte berufen, die ein
  die Rundfunkfreiheit unterstützendes Verhalten betreffen.

83   **Beispiel** (*BVerfG, NJW 2003, 1787*): Zwei Redakteure des ZDF arbei-
ten an einem Beitrag für ein Politmagazin und haben telefonischen Kontakt
zum polizeilich gesuchten Baulöwen S. Die Polizei erhebt die Verbindungsdaten der Telefone der Redakteure und erlangt so Erkenntnisse über
den Aufenthaltsort von S.
    Die Überprüfung der Verbindungsdaten greift grundrechtlich in Art. 10
Abs. 1 GG ein. Da die Benutzung der Telefone in Ausübung der Rundfunkfreiheit geschah, kann sich das ZDF im Rahmen einer Verfassungsbeschwerde
auch auf eine mögliche Verletzung von Art. 10 Abs. 1 GG berufen.

– Kirchen und andere Religionsgesellschaften mit dem Status einer
  Körperschaft des öffentlichen Rechts (siehe Art. 140 GG i. V. m.
  Art. 137 Abs. 5 WRV) können sich auf das Grundrecht der
  Religionsfreiheit (Art. 4 Abs. 1 GG) berufen.

84   Den genannten öffentlich-rechtlichen Einrichtungen steht zudem
die Rechtsweggarantie des Art. 19 Abs. 4 GG zu.
    Dass eine Körperschaft des öffentlichen Rechts nicht Grund-
rechtsträger ist, schließt nicht aus, dass sie im Übrigen rechtsfähig
ist. So kann eine Körperschaft des öffentlichen Rechts privatrechtlich Eigentum erwerben.

85   **Literatur zu § 4 III:** *Broß, Siegfried,* Zur Grundrechtsfähigkeit juristischer
Personen des öffentlichen Rechts, VerwArch. 1986, 65 ff.

IV. Juristische Personen des Privatrechts mit staatlicher Beteiligung

1. Durchblickstheorie

86   Vielfach beteiligt sich der Staat an juristischen Personen des Privatrechts oder er gründet juristische Personen des Privatrechts, um
öffentliche Aufgaben wahrzunehmen. Soweit alleine der Staat bei-

spielsweise Inhaber der Aktien einer Aktiengesellschaft oder Gesellschafter einer GmbH ist, ist die entsprechende juristische Person nicht grundrechtsfähig. Dies ergibt sich aus der sog. **Durchblickstheorie** (auch Durchgriffstheorie genannt). Der Staat kann nicht dadurch Grundrechtsträger werden, dass er sich in eine Rechtsform des Privatrechts „flüchtet". Der Grundrechtsschutz für solche publifizierten Unternehmen besteht nicht. Es kommt nicht darauf an, welche Aufgaben das Unternehmen wahrnimmt. Die Grundrechtsträgerschaft ist deshalb auch dann zu verneinen, wenn das publifizierte Unternehmen wie ein Privater erwerbswirtschaftlich tätig ist.

2. Gemischtwirtschaftliche Unternehmen

Probleme tauchen dann auf, wenn an einer Gesellschaft sowohl **87** der Staat als auch natürliche Personen beteiligt sind. Hierfür gibt es vielfältige Beispiele (z. B. die Energieversorgungsunternehmen). Das BVerfG neigt der Auffassung zu, in solchen Fällen die Grundrechtsfähigkeit abzulehnen (BVerfG, JZ 1990, 335). Das soll jedenfalls dann gelten, wenn der Hoheitsträger in der Lage ist, auf den Geschäftsbetrieb entscheidenden Einfluss zu nehmen, wie dies § 65 Abs. 1 Nr. 3 BHO voraussetzt. Dadurch werden die Interessen der Minderheitsgesellschafter jedoch stark vernachlässigt. Deshalb ist eine grundrechtsfreundliche Auffassung vorzugswürdig. Gemischtwirtschaftliche Unternehmen sind deshalb grundrechtsfähig.

Zu unterscheiden hiervon ist im Übrigen das Recht des Aktio- **88** närs oder Gesellschafters an dem Anteilsrecht. Dies steht als subjektives vermögenswertes Recht unter dem Schutz von Art. 14 Abs. 1 GG.

Literatur zu § 4 IV: *Kühne, Gunther,* Anmerkung zu BVerfG, JZ 1990, **89** 335, in: JZ 1990, 335 f.; *Zimmermann, Norbert,* Zur Grundrechtssubjektivität kommunaler Energieversorgungsunternehmen – BVerfG, NJW 1990, 1783, in: JuS 1991, 294 ff.

§ 5. Grundrechtsverpflichtete

I. Grundrechtsverpflichtung der deutschen Staatsgewalt und europäisches Gemeinschaftsrecht

90   Adressat der von Art. 1 Abs. 3 GG angeordneten Grundrechtsbindung ist die deutsche öffentliche Gewalt, also der deutsche Gesetzgeber, die deutschen Verwaltungsbehörden und die deutschen
Gerichte. Nicht grundrechtsverpflichtet sind zwischenstaatliche,
supranationale oder internationale Organisationen. Ihre Rechtsakte
können deshalb vom BVerfG nicht überprüft werden.

1. Europäisches Primärrecht

91   Problematisch ist die Überprüfung von Rechtsakten des europäischen Gemeinschaftsrechts. Das europäische Primärrecht ist in
den völkerrechtlichen Verträgen über die Gründung der Europäischen Gemeinschaften (EGV – vom EuGH zur besseren Unterscheidung von früheren Fassungen wenig glücklich als „EG"
abgekürzt –, Euratom) sowie über die Europäische Union (EUV)
enthalten. Die völkerrechtlichen Verträge bedürfen der Umsetzung
in innerstaatliches Recht (Art. 59 Abs. 2 GG). Hierbei ist die
deutsche Staatsgewalt grundrechtsgebunden.
    Die feierlich proklamierte „Charta der Grundrechte der Euro-
päischen Union" ist noch nicht formeller Bestandteil des europäischen Primärrechts.

2. Europäisches Sekundärrecht

92   Komplizierter ist die Behandlung des Sekundärrechts. Die EG
beschließt unmittelbar geltende Verordnungen (Art. 249 Abs. 2
EGV), erlässt Richtlinien, die von den Mitgliedstaaten umgesetzt
werden müssen (Art. 249 Abs. 3 EGV) und trifft verbindliche Ein-
zelentscheidungen (Art. 249 Abs. 4 EGV). Soweit sich bei der Anwendung von Verordnungen bzw. bei der Umsetzung von Richt-

linien Ermessens- bzw. Beurteilungsspielräume ergeben, sind die deutschen Stellen an die Grundrechte gebunden.

Soweit jedoch eine Grundrechtsbeeinträchtigung unmittelbar **93** den Europäischen Gemeinschaften oder der Europäischen Union zuzurechnen ist, taucht das Problem auf, ob das BVerfG zum Schutz der deutschen Grundrechte eingreifen darf. Grundsätzlich nimmt das BVerfG das Recht in Anspruch, den Grundrechtsschutz auch gegenüber supranationalen Organisationen zu gewährleisten (z. B. unmittelbar gegenüber den Europäischen Gemeinschaften, aber auch gegenüber anderen Organisationen wie dem Europäischen Patentamt, siehe BVerfG, NJW 2001, 2705 f.). Der Konflikt zwischen dem EG-weiten Geltungsanspruch des Europarechts und dem nationalen Grundrechtsschutz hat allerdings dadurch an Relevanz verloren, dass auf europäischer Ebene mittlerweile ein dem Grundgesetz vergleichbarer Grundrechtsschutz entstanden ist, den der EuGH gewährleistet. Art. 6 Abs. 2 EUV verpflichtet die Europäische Union zur Achtung der Grundrechte, wie sie sich aus der EMRK und den gemeinsamen Verfassungstraditionen der Mitgliedstaaten ergeben. Mit der noch nicht unmittelbar rechtsverbindlichen „Charta der Grundrechte der Europäischen Union" ist die Aufnahme eines Grundrechtskatalogs in das europäische Primärrecht einen deutlichen Schritt vorangekommen.

3. Kooperationsverhältnis zwischen BVerfG und EuGH

Fall 7 *(BVerfGE 102, 147 ff.):* Bananenimporteur B klagt vor dem VG **94** Frankfurt/Main auf Zuteilung von Einfuhrkontingenten für sog. Dollarbananen. Aufgrund einer VO der EG wurde die Einfuhr von Dollarbananen zum Schutz der Importe aus ehemaligen französischen Kolonien (sog. AKP-Bananen) stark beschränkt. Unter Anlegung der verfassungsrechtlichen Maßstäbe des Grundgesetzes verletzt die VO Grundrechte des B (Art. 2 Abs. 1, 14 Abs. 1, 12, Abs. 1, 3 Abs. 1 GG). Der EuGH hielt die VO für gültig. Das VG legt analog Art. 100 Abs. 1 GG dem BVerfG die Frage vor, ob die VO mit den genannten Grundrechten vereinbar sei. Ist die Vorlage zulässig?

Das BVerfG geht kompetenzmäßig von einem Kooperations- **95** verhältnis zwischen dem EuGH und dem BVerfG aus (BVerfGE 89, 155/175). Es hält sich grundsätzlich für befugt, Rechtsakte der EG für nicht anwendbar zu erklären, wenn ein Grundrechtsschutz auf europäischer Ebene durch den EuGH nicht hinreichend gewährt wird, wenn also der unabdingbare Grundrechtsstandard nicht eingehalten worden ist. Es schützt nach eigenem Verständnis also den „Grundrechtsraum in Deutschland". Die Unterscheidung des unabdingbaren Grundrechtsstandards kommt etwa dann in Betracht, wenn aus verfahrensrechtlichen Gründen beim EuGH kein Grundrechtsschutz erreicht werden kann oder ein bestimmter Grundrechtstypus nicht Maßstab der Rechtsprechung des EuGH ist. Ein Eingreifen des BVerfG kommt jedoch dann in Betracht, wenn der unabdingbar gebotene Grundrechtsschutz „generell" nicht gewährleistet ist. Es kann deshalb durchaus zu Grundrechtsverletzungen durch einzelne Rechtsakte kommen.

96   **Lösung Fall 7:** Grundsätzlich ist die Vorlage in entsprechender Anwendung von Art. 100 Abs. 1 GG möglich. Gleichwohl sei die Vorlage unzulässig. Das Gericht habe zwar die Verfassungswidrigkeit der VO begründet. Es habe aber nicht dargelegt, dass der Grundrechtsschutz generell unterhalb das vom Grundgesetz geförderte Maß (siehe Art. 23 Abs. 1 S. 1 2. HS GG) gesunken sei (sehr zweifelhaft: Letztlich greift das BVerfG also nur dann ein, wenn das Schutzsystem des Gemeinschaftsrechts aus den Fugen geraten ist).

97   **Literatur zu § 5 I:** *Erichsen, Hans-Uwe/Frenz, Walter,* Gemeinschaftsrecht vor deutschen Gerichten, Jura 1995, 422 ff.; *Heintzen, Markus,* Zur Frage der Grundrechtsbindung der deutschen Mitglieder des EG-Ministerrates, Der Staat 31 (1992), 367 ff.; *Kingreen, Thorsten,* Die Gemeinschaftsgrundrechte, JuS 2000, 857 ff.; *Klein, Eckart,* Grundrechtsdogmatische und verfassungsprozessuale Überlegungen zur Maastricht-Entscheidung des Bundesverfassungsgerichts, Gedächtnisschrift für Grabitz, 1995, 271 ff.; *Lecheler, Helmut,* Zum Bananenmarktbeschluss des BVerfG, NZW 2000, 3124, in: JuS 2001, 120 ff.; *Meessen, Karl M.,* Maastricht nach Karlsruhe, NJW 1994, 549 ff.; *Tettinger, Peter J.,* Die Charta der Grundrechte der Europäischen Union, NJW 2001, 1010 ff.

II. Grundrechtsbindung der Exekutive

1. Öffentlich-rechtliches Handeln

98   Die Grundrechtsbindung der Exekutive ist unstrittig, soweit es um öffentlich-rechtliches Handeln geht. Wenn die Verwaltung Verwaltungsakte, Rechtsverordnungen und Satzungen erlässt oder sonstiges öffentlich-rechtliches Verwaltungshandeln vornimmt, ist sie gemäß Art. 1 Abs. 3 GG grundrechtsgebunden. Die Grundrechtsbindung betrifft auch sog. Beliehene, die als Private öffentliche Aufgaben wahrnehmen (z. B. den Prüfer beim TÜV).

Die Grundrechtsbindung erstreckt sich auch auf sog. **besondere** **99** **Gewaltverhältnisse.** Hierunter versteht man über das allgemeine Staat-Bürger-Verhältnis hinausgehende besondere Beziehungen zwischen Bürger und Staat. Typische Beispiele sind der Strafgefangene, der Beamte, der Soldat oder der Schüler. Die Grundrechtsbindung im besonderen Gewaltverhältnis ist seit längerem anerkannt. Auch im besonderen Gewaltverhältnis gilt der allgemeine Gesetzesvorbehalt. Dies bedeutet, dass Eingriffe in Grundrechte wie im allgemeinen Staat-Bürger-Verhältnis einer formellgesetzlichen Grundlage bedürfen (z. B. das Strafvollzugsgesetz – StVollzG – ist z. B. die gesetzliche Grundlage für Eingriffe in die Grundrechte von Strafgefangenen). Eine Verwaltungsvorschrift genügt deshalb nicht, um einen Eingriff zu rechtfertigen.

2. Privatrechtliches Handeln

Strittig ist hingegen, inwieweit die Verwaltung an die Grund- **100** rechte gebunden ist, soweit sie privatrechtlich handelt. Die grundsätzliche Fähigkeit der öffentlichen Verwaltung, privatrechtliche Rechtshandlungen vorzunehmen, ist anerkannt. Insgesamt lassen sich drei Bereiche unterscheiden:
- privatrechtliche Hilfsgeschäfte der Verwaltung. Hierzu gehört die Beschaffung der für die Verwaltungstätigkeit erforderlichen Sachgüter (z. B. Kauf von Computern oder Büromaterial).
- Erwerbswirtschaftliche Betätigung der Verwaltung (sog. Fiskalverwaltung). Hier geht es um die Beteiligung des Staates an Industrieunternehmen oder anderen im Wettbewerb tätigen Organisationen.
- Wahrnehmung öffentlicher Aufgaben in der Form des Privatrechts. Insofern spricht man vom sog. Verwaltungsprivatrecht. Typische Beispiele sind die Erbringung von Leistungen der Daseinsvorsorge (Energieversorgung, Wasserversorgung) in Rechtsformen des Privatrechts oder die Gewährung von privatrechtlichen Darlehen, meist nach öffentlich-rechtlicher Bewilligungsentscheidung (sog. Zwei-Stufen-Theorie).

101   Unstrittig ist die Grundrechtsbindung für das Verwaltungsprivatrecht. Auch bei den anderen Geschäften ist jedoch die Grundrechtsbindung anzunehmen (anders etwa BGHZ 36, 91/95 ff.).
Gemäß Art. 1 Abs. 3 GG ist die Staatsgewalt und damit auch die
Exekutive insgesamt an die Grundrechte gebunden. Irgendwelche
Binnendifferenzierungen sind hiermit nicht vereinbar. Hinzu
kommt, dass die Grundmotivation allen staatlichen Handelns das
öffentliche Interesse sein muss. Der Staat fungiert nicht wie ein
Privater, auch wenn er sich privatrechtlicher Rechtsformen be-
dient. Daher kann es auch keine verfassungsfreie Räume für die
Verwaltung geben.

102   **Literatur zu § 5 II:** *Höfling, Wolfram,* Die Grundrechtsbindung der Staatsgewalt, JA 1995, 431 ff.; *Schnapp, Friedrich E.,* Die Grundrechtsbindung der
Staatsgewalt, JuS 1989, 1 ff.

III. Sonderproblem Drittwirkung

1. Grundrechtsbindung des Gesetzgebers

103   **Fall 8** *(BVerfGE 82, 126 ff.):* Nach § 622 Abs. 2 BGB a. F. galten für Arbeiter und Angestellte unterschiedliche Kündigungsfristen. Mussten sich diese
Differenzierungen an Art. 3 Abs. 1 GG messen lassen?

104   Grundrechte gelten gegenüber dem Staat, nicht gegenüber Privaten. Ein Privater ist damit nicht verpflichtet, grundrechtliche
Freiheit zu gewähren, zu beachten oder andere gleich zu behandeln. Hiervon zu unterscheiden ist jedoch die Geltung der Grundrechte in privatrechtlichen Rechtsbeziehungen. Der Privatrechtsgesetzgeber ist unmittelbar an die Grundrechte gebunden. So hat
das BVerfG vielfach Normen etwa des BGB am Grundgesetz überprüft. Der Interessenausgleich innerhalb eines Privatrechtsverhält-
nisses muss von der Rechtsprechung nach den Maßstäben des
Grundgesetzes vorgenommen werden. Soweit hierbei der Gesetzgeber Grundrechtsträgern bestimmte Pflichten auferlegt, handelt es
sich um einen Eingriff in grundrechtliche Freiheitssphären. Gegebenenfalls ist der Gesetzgeber jedoch auch verpflichtet, gegenüber
schwächeren Vertragspartnern schützend einzugreifen, um die
grundrechtlichen Freiheitssphären abzusichern.

Lösung Fall 8: § 622 Abs. 2 BGB ist zwar eine privatrechtliche Norm. **105**
Der Privatrechtsgesetzgeber ist jedoch grundrechtsgebunden. Wegen Verstoß
gegen Art. 3 Abs. 1 GG war die Differenzierung zwischen Arbeitern und Angestellten hinsichtlich der Kündigungsfrist verfassungswidrig (siehe auch unten
§ 34).

2. Grundrechtsbindung der Rechtsprechung

a) Bindung an Freiheitsrechte

Fall 9: Sekretärin S unterschreibt einen Arbeitsvertrag. Der Vertrag wird **106**
auflösend bedingt für den Fall, dass sie heiratet. Ist der Vertrag zivilrechtlich
wirksam?

Ähnliche Grundsätze wie für den Privatrechtsgesetzgeber gelten **107**
für die Zivilrechtsprechung. Soweit der Gesetzgeber Probleme lediglich über Generalklauseln regelt (z.B. §§ 138, 242, 826 BGB),
muss der Interessenausgleich im Privatrechtsverhältnis im Einzelfall
von der Rechtsprechung vorgenommen werden. Auch hierbei besteht Grundrechtsbindung. Die Grundrechte wirken als Abwehr-
und als Schutzrechte.

Lösung Fall 9: Die auflösende Bedingung verstößt gegen den § 138 BGB. **108**
Für die Bewertung der „Zölibatsklausel" als sittenwidrig spricht die grundrechtliche Wertentscheidung des Art. 6 Abs. 1 GG. Daran sind auch die Gerichte gebunden. Das Arbeitsgericht muss deshalb von der Unwirksamkeit des
Vertrages ausgehen.

b) Bindung an den Gleichheitssatz (Art. 3 Abs. 1 GG)

Fall 10: In einer vom BGH bestätigten Entscheidung wird dem Ehepaar E **109**
Schadensersatz für Schockschäden in Höhe von 70 000 DM und 40 000 DM
zuerkannt. Die drei Kinder des Ehepaares waren bei einem vom Schädiger S
verursachten Verkehrsunfall ums Leben gekommen. In einem anderen Verfahren gesteht der BGH Prinzessin C einen Schadensersatzanspruch in Höhe
von 150 000 DM wegen Verletzung des allgemeinen Persönlichkeitsrechts durch
Presseberichte zu. Das Ehepaar E rügt die gleichheitswidrige Bemessung des
Schmerzensgeldes. Mit Erfolg?

Die Rechtsprechung muss neben den Freiheitsrechten auch die **110**
Gleichheitsrechte beachten. Zwar besteht kein Anspruch darauf,
dass die Gerichte gleich entscheiden. Das OVG X kann eine
Rechtsfrage anders entscheiden als das OVG Y, der Gleichheitssatz
(Art. 3 Abs. 1 GG) verpflichtet immer nur den jeweils zuständigen

Hoheitsträger. Gleichwohl sind vor allem die höchsten Bundesgerichte (hier der BGH) verpflichtet, bei der Auslegung der gesetzlichen Vorschriften den Gleichheitssatz zu beachten. Sie dürfen nicht zu Differenzierungen gelangen, die dem Gesetzgeber verwehrt wären.

111   **Lösung Fall 10:** Ein Gleichheitsverstoß liegt nicht vor. Die Zuerkennung einer Geldentschädigung für Verletzungen des allgemeinen Persönlichkeitsrechts beruhen auf einer anderen Rechtsgrundlage als die Gewährung von Schmerzensgeld für Schockschäden (§ 823 Abs. 1 BGB i.V.m. Art. 2 Abs. 1, 1 Abs. 1 GG statt § 823 Abs. 1 BGB i.V.m. § 253 Abs. 2 BGB). Die Geldentschädigungen im Medienrecht sind zudem aus Präventionsgesichtspunkten besonders hoch. Presseunternehmen sollen davon abgehalten werden, Prominenten erfundene Interviews anzudichten oder Heiratsabsichten zu erfinden. Präventionsüberlegungen spielen bei Schmerzensgeld für Schockschäden hingegen keine Rolle.

3. Grundrechtsbindung gegenüber Privaten

112   Unmittelbare Drittwirkung, also die Geltung von Grundrechten gegenüber Privaten, gibt es nur dort, wo sie vom Grundgesetz ausdrücklich angeordnet worden ist. Dies ist etwa in Art. 9 Abs. 3 Satz 2 GG der Fall. Ein weiteres Beispiel für eine unmittelbare Geltung von Verfassungsnormen bilden Art. 48 Abs. 1 und 2 GG.

4. Überprüfung von fach-/zivilgerichtlichen Entscheidungen durch das BVerfG

113   Nicht mit der Frage der Drittwirkung zu vermengen ist das Problem der eingeschränkten Überprüfbarkeit von fachgerichtlichen Entscheidungen durch das BVerfG. Das BVerfG hat nicht die Aufgabe, als eine Art Supertatsachen- und Superrevisionsinstanz die Tatsachenfeststellungen und die Rechtsanwendung durch die Fachgerichte zu überprüfen. Angesichts ohnehin zu beklagender chronischer Überlastung wären die (mit jeweils 8 Richtern besetzten) Senate hierzu schon kapazitätsmäßig gar nicht in der Lage.

114   Die Beschränkung der Prüfungsbefugnis bezieht sich nicht nur auf die Zivilgerichtsbarkeit, sondern auf alle Fachgerichtsbarkeiten. Das BVerfG beschränkt sich deshalb darauf, Verletzungen von „spezifischem Verfassungsrecht" zu verhindern.

Für die Feststellung, wann spezifisches Verfassungsrecht verletzt **115** ist, gibt es aber nur wenige gesicherte Maßstäbe. Meist wird auf eine dem früheren Bundesverfassungsrichter *Heck* zugeschriebene Formel zurückgegriffen. Danach ergibt sich Folgendes: Nicht zu den Aufgaben des BVerfG zählt zunächst die Tatsachenfeststellung. Spezifisches Verfassungsrecht ist dann verletzt, wenn die Fachgerichte nicht erkannt haben, dass grundrechtliche Garantien einschlägig sind. Das ist dann der Fall, wenn ein Gericht eine grundrechtliche Garantie nicht beachtet hat, etwa weil es davon ausgegangen ist, dass der Schutzbereich nicht einschlägig ist. Weiterhin wird man verlangen müssen, dass die Nichtbeachtung des Grundrechts möglicherweise Einfluss auf das Ergebnis gehabt hat. Darüber hinaus liegt eine Verletzung spezifischen Verfassungsrechts dann vor, wenn ein Gericht den Ausgleich zwischen mehreren grundrechtlichen Garantien in grob unangemessener Weise vorgenommen hat. Die Kontrolldichte richtet sich im Übrigen auch nach der Eingriffsintensität. Es ist also eine Verhältnismäßigkeitsprüfung vorzunehmen. Die zivilgerichtliche oder sonstige fachgerichtliche Entscheidung ist aufzuheben, wenn sie zu einer unzumutbaren Beeinträchtigung grundrechtlicher Freiheit führt.

Hinweis: Leider ist in Klausurbearbeitungen immer wieder festzustellen, **116** dass der Grundsatz der beschränkten Prüfungskompetenz zwar gekannt, aber nicht verstanden und umgesetzt wird. Er muss insoweit unbedingt ernst genommen werden. Wird in einer Verfassungsbeschwerdeklausur vom Beschwerdeführer gerügt, die Rechtsanwendung durch die Fachgerichte sei fehlerhaft, sind solche Einwände auch bei der Klausurbearbeitung zurückzuweisen. Die häufig von Repititoren geschürte Angst, etwas zu vergessen und der daraus abgeleitete Tipp, alles anzusprechen, was angesprochen werden kann, muss überwunden werden.

5. Wichtige Drittwirkungsfälle

a) Lüth-Fall – BVerfGE 7, 198 ff.

Sachverhalt: Senatsdirektor *Lüth* wandte sich im Jahr 1950 mehrfach öf- **117** fentlich gegen Veit Harlan und rief zum Boykott von dessen Filmen auf. Grund hierfür war, dass *Veit Harlan* Regisseur des antisemitischen Propagandafilms „Jud Süß" war und als einer der Exponenten der mörderischen Judenhetze der Nazis galt. Die Zivilgerichte verurteilten *Lüth* zur Unterlassung. *Lüth* legte hiergegen Verfassungsbeschwerde ein.

118   Die Äußerung *Lüths* stand unter dem Schutz von Art. 5 Abs. 1 Satz 1 GG (Meinungsfreiheit). Durch das zivilgerichtliche Urteil wurde in die Meinungsfreiheit eingegriffen. Der Eingriff wäre gerechtfertigt gewesen, wenn die Schranke eines „allgemeinen Gesetzes" eingegriffen hätte. Zu den allgemeinen Gesetzen gehören die Bestimmungen der §§ 826, 1004 BGB (ausführlicher unten § 16 IV). Die allgemeinen Gesetze mussten im Lichte der grundrechtlichen Garantie ausgelegt werden (sog. Wechselwirkungslehre). Tritt man deshalb in eine Abwägung ein, waren die Interessen *Lüths* vorrangig. Das BVerfG hat deshalb die zivilgerichtlichen Entscheidungen aufgehoben. Eigentlich stellt sich also gar kein besonderes Drittwirkungsproblem. Dass dies vom BVerfG in der Entscheidung anders gesehen wird, beruht auf der (aus heutiger Sicht falschen) Auffassung, privatrechtliche Normen seien keine grundrechtsbeschränkenden Gesetze, der Ausgleich von Interessen im Privatrechtsverhältnis sei deshalb nicht unmittelbar an den Grundrechten zu messen. Das Problem der Drittwirkung ist daher im Lüth-Fall ein Scheinproblem. Eine der berühmtesten Entscheidungen des Verfassungsgerichts beruht also auf einer dogmatischen Fehlvorstellung.

b) Blinkfüer – BVerfGE 25, 256 ff.

119   **Sachverhalt:** B war Herausgeber der kleinen Wochenzeitschrift „*Blinkfüer*". Sie erschien vor allem im Raum Hamburg. In einer Beilage wurden die Rundfunkprogramme der west- und ostdeutschen Sender abgedruckt. Nach dem Bau der Mauer richtete der im Bereich Hamburg marktbeherrschende *Axel-Springer-Verlag* einen Boykottaufruf an alle Zeitschriften- und Zeitungshändler, gegenüber solchen Presseerzeugnissen, die DDR-Programme weiterhin abdruckten. Mit einem Abbruch der Belieferung durch den *Springer-Verlag* wurde gedroht. Die zivilgerichtliche Schadensersatzklage von *Blinkfüer* gegen *Springer* wurde vom BGH abgewiesen. Blinkfüer erhob hiergegen Verfassungsbeschwerde.

120   Die Verfassungsbeschwerde von *Blinkfüer* hatte Erfolg. Aus heutiger Sicht würde der Fall als eine Verletzung der Schutzpflicht angesehen, die den Gerichten gegenüber *Blinkfüer* oblag. *Blinkfüer* sah sich als kleiner Verlag der wirtschaftlichen Übermacht von *Springer* ausgesetzt. *Springer* übte diese wirtschaftliche Macht in unlauterer Weise aus. Die Gerichte verstießen gegen das Untermaßverbot, weil sie *Blinkfüer* gegenüber *Springer* keinen Schadensersatzanspruch zuerkannten. Dies galt umso mehr, als der Boykottaufruf durch *Springer* selbst nicht von Art. 5 Abs. 1 GG gedeckt war. Meinungs- und Pressefreiheit schützen die Auseinandersetzung im geistigen Bereich. *Springer* setzte jedoch im vorliegenden Fall auf wirtschaftliche Erpressung statt auf geistige Überzeugung. In der Entscheidung des BVerfG taucht der Gedanke einer Schutzpflichtverletzung hingegen explizit nicht auf, da die Schutzpflichtdogmatik zur damaligen Zeit noch nicht entwickelt war.

c) Bürgschaftsfall – BVerfG, NJW 1994, 36 ff.

Sachverhalt: B ist weitgehend vermögenslos. Sie verdient 1025 DM netto **121** im Monat als Arbeiterin in einer Fischfabrik. V, der Vater der B, ist als Immobilienmakler tätig. Eine Erhöhung seines Kreditrahmens um einige Millionen DM genehmigt die Sparkasse S nur gegen eine Bürgschaftserklärung der B. B wird aus der Bürgschaft von S in Anspruch genommen.

Das BVerfG beanstandete die Entscheidung des BGH, der den **122** Vertrag nicht als sittenwidrig angesehen hatte. Die Zivilgerichte müssten insbesondere bei Konkretisierung und Anwendung von Generalklauseln wie § 138 und § 242 BGB die grundrechtliche Gewährleistung der Privatautonomie in Art. 2 Abs. 1 GG beachten. Hieraus folge eine Pflicht zur Inhaltskontrolle von Verträgen, die einen der beiden Vertragspartner ungewöhnlich stark belasteten und das Ergebnis von „strukturell ungleicher Verhandlungsstärke" seien. Hier wendet das BVerfG den Schutzpflichtgedanken an.

An der Richtigkeit des Ansatzes des BVerfG kann man zweifeln, **123** da auch die Vertragsfreiheit der B durch die Nichtigkeitsannahme beschränkt wird. Letztlich geht es wohl eher um die Ausstrahlungswirkung der grundrechtlichen Garantien auf die Generalklauseln, wie sie vom BVerfG in der Lüth-Entscheidung (dort überflüssigerweise) zur Anwendung gebracht worden ist. Richtig und zu begrüßen ist es, dass das BVerfG die oft von Wertungsblindheit durch die Überbetonung der formellen Vertragsfreiheit geprägte Rechtsprechung vor allem des BGH nicht nur an dieser Stelle korrigiert hat.

d) Fazit zur Drittwirkung. Die Drittwirkungsproblematik galt **124** lange Zeit als eines der Kernprobleme der Grundrechtsdogmatik.

Mittlerweile geht das BVerfG hierauf gar nicht mehr ein. In der Fallbearbeitung sollten sicherheitshalber ein paar Worte hierzu verwendet werden. Das BVerfG tendiert zudem dazu, die Unterscheidung von Eingriff und Schutzpflicht nicht sauber vorzunehmen. Studierende müssen exakter argumentieren.

125   **Beispiel** *(BVerfGE 99, 185 ff. – Scientology-Verdacht):* Künstler K wird vom Verein V öffentlich als „Scientologe" bezeichnet. Eine dagegen gerichtete Unterlassungsklage des K wird abgewiesen, da V sich auf Presseberichte stützen könne, in denen über (frühere) Scientologyaktivitäten von K berichtet wird.

126   Das BVerfG hat die Verurteilung (zu Recht) aufgehoben. Es verstößt gegen das allgemeine Persönlichkeitsrecht des K (Art. 2 Abs. 1 GG i. V. m. Art. 1 Abs. 1 GG), wenn dem K die Mitgliedschaft in einer Gruppe wie Scientology fälschlich zugeschrieben wird und K nicht die Möglichkeit des Gegenbeweises eröffnet werde. Das letztinstanzliche Urteil des OLG führt also zu einer Verletzung der staatlichen Schutzpflicht (das BVerfG geht von einem Eingriff aus und vernachlässigt bzw. übersieht, dass die ursprüngliche Persönlichkeitsbeeinträchtigung von V und nicht vom Staat ausgeht).

127   **Literatur zu § 5 III:** *Canaris, Claus-Wilhelm,* Verstöße gegen das verfassungsrechtliche Übermaßverbot im Recht der Geschäftsfähigkeit und im Schadensersatzrecht, JZ 1987, 993 ff.; *Schwabe, Jürgen,* Die sogenannte Drittwirkung der Grundrechte, 1971.

§ 6. Verwirkung von Grundrechten (Art. 18 GG)

I. Art. 18 GG als Ausdruck „streitbarer Demokratie"

128   Das Grundgesetz bekennt sich zum Grundsatz der „streitbaren Demokratie" (BVerfGE 28, 36/48). Der Staat soll in der Lage sein, sich gegen Feinde des demokratischen und rechtsstaatlichen Systems zur Wehr zu setzen. Zu diesem Zweck kann nach Art. 18 GG eine Verwirkung von Grundrechten durch das BVerfG angeordnet werden. Betroffen sind vor allem Kommunikationsfreiheiten.

129   Die Regeln über die Verwirkung von Grundrechten haben bisher nur geringe Bedeutung erlangt. Das materielle Staatsschutzrecht im StGB (§§ 80 ff. StGB) macht einen Rückgriff auf Art. 18 GG weitgehend entbehrlich. Das in §§ 36–41 BVerfGG ausgestaltete Verfahren ist zudem sehr schwerfällig. So ist vor der eigentlichen

Entscheidung nach § 37 BVerfGG ein Vorverfahren durchzuführen, in dem das BVerfG entscheidet, ob überhaupt eine Verhandlung stattfindet. Verbotsverfahren nach Art. 9 Abs. 2 GG bzw. Art. 21 Abs. 2 GG sind im Regelfall effektiver. Die Möglichkeit ihrer Einleitung schließt das Verfahren nach Art. 18 GG allerdings nicht aus (str.).

II. Voraussetzungen einer Verwirkungsentscheidung

1. Missbrauch zum Kampf

Voraussetzung für eine Verwirkungsentscheidung ist ein Missbrauch des Grundrechts zum Kampf gegen die freiheitlich-demokratische Grundordnung. Der Missbrauch zum Kampf setzt eine aggressive Aktion voraus, die zu einer Gefährdung der freiheitlich-demokratischen Grundordnung führt bzw. führen kann (vgl. BVerfGE 38, 23/24 f.).   **130**

2. Kampf gegen die „freiheitlich demokratische Grundordnung"

Der Begriff der freiheitlich-demokratischen Grundordnung ist wie in Art. 21 Abs. 2 GG zu verstehen. Umfasst sind die wesentlichen Strukturprinzipien des Grundgesetzes (siehe dazu BVerfGE 2, 1 ff.):   **131**
– Achtung vor den im Grundgesetz konkretisierten Menschenrechten
– die Volkssouveränität
– die Gewaltenteilung
– die Verantwortlichkeit der Regierung
– die Gesetzmäßigkeit der Verwaltung
– die Unabhängigkeit der Gerichte
– das Mehrparteienprinzip und die Chancengleichheit für alle politischen Parteien mit dem Recht auf verfassungsmäßige Bildung und Ausübung einer Opposition.

III. Folgen einer Verwirkungsentscheidung

132   Die Verwirkungsentscheidung führt dazu, dass sich der Antragsteller nicht mehr auf die verwirkten Grundrechte berufen kann.
Das BVerfG kann ihm Beschränkungen auferlegen (§ 39 Abs. 1
S. 3 BVerfGG). Soweit diese Beschränkungen reichen, benötigt die
Verwaltung für einen Grundrechtseingriff keine besondere gesetzliche Grundlage (§ 39 Abs. 1 S. 4 BVerfGG). Ohne eine Beschrän-
kungsentscheidung durch das BVerfG dürfen die Behörden weiterhin nur auf gesetzlicher Grundlage gegen den Antragsgegner
einschreiten. Der Gesetzgeber bleibt trotz einer Verwirkungsentscheidung umfassend an die Grundrechte gebunden. Die Judikative
muss Klagen als unzulässig abweisen, bei denen sich der Beschwerdeführer auf ein verwirktes Grundrecht beruft.

133   **Literatur zu § 6:** *Brenner, Michael,* Grundrechtsschutz und Verwirkung von
Grundrechten, DÖV 1995, 60 ff.; *Butzer, Hermann / Clever, Marion,* Grund-
rechtsverwirkung nach Art. 18 GG: Doch eine Waffe gegen politische Extremisten?, DÖV 1994, 637 ff.

§ 7. Der Grundrechtseingriff

I. Allgemeines

134   Fällt ein bestimmtes Verhalten oder eine bestimmte Rechtsposition in den Schutzbereich eines Grundrechts, ist damit noch nicht
festgestellt, dass staatliche Maßnahmen auch an den Gesetzesvorbehalten zu messen sind. Das notwendige Zwischenglied zwischen
der Ebene des Schutzbereichs und der Ebene der verfassungsrechtlichen Rechtfertigung ist das Vorliegen eines Grundrechtseingriffs.
Der Schutzbereich bestimmt, *was* geschützt ist, der Eingriffsbegriff
bestimmt, *wogegen* es geschützt ist.

II. Grundrechtsverzicht

135   Ein Grundrechtseingriff liegt von vornherein dann nicht vor,
wenn der Grundrechtsträger wirksam auf den grundrechtlichen

Schutz verzichtet hat. Wer z. B. der Polizei das Abhören seiner geschäftlichen Telefonleitung erlaubt, erleidet keinen Eingriff in Art. 10 Abs. 1 GG. Ein wirksamer Grundrechtsverzicht setzt voraus:

a) eine wirksame Verzichtserklärung und
b) die grundsätzliche Verzichtbarkeit des Grundrechtsschutzes.

Das Vorliegen einer wirksamen Verzichtserklärung muss mit Sicherheit festgestellt werden können. Ein Grundrechtsverzicht darf nicht voreilig aus nicht eindeutigen Erklärungen geschlossen werden.

Ob ein Grundrecht überhaupt verzichtbar ist, muss ebenfalls **136** genau geprüft werden. Unverzichtbar ist beispielsweise das Grundrecht der Menschenwürde (Art. 1 Abs. 1 GG). Bei sonstigen Grundrechten sind allgemeine Aussagen nur schwer möglich. Insgesamt kommt es vor allem auf die Intensität des Verzichtes an, auch in zeitlicher Hinsicht.

III. Eingriffsformen

1. Klassischer Grundrechtseingriff

Hinsichtlich der Eingriffsform steht bei Grundrechtsklausuren **137** der klassische Grundrechtseingriff im Vordergrund. Hierbei wird in imperativer Form, also durch Gesetz, Verordnung, Satzung oder Verwaltungsakt in den grundrechtlich geschützten Freiheitsbereich eingegriffen.

2. Faktischer Grundrechtseingriff

Ein Grundrechtseingriff kann jedoch auch durch eine faktische **138** Beeinträchtigung stattfinden. Wann eine solche faktische Beeinträchtigung angenommen werden kann, ist außerordentlich umstritten. Wichtig sind folgende Kriterien:

Ein faktischer Grundrechtseingriff kann nur dann angenommen **139** werden, wenn die Beeinträchtigung einigermaßen erheblich ist. Es gilt deshalb ein **Bagatellvorbehalt.** Die Grundrechte sind nicht heranzuziehen, wenn es sich lediglich um eine Belästigung handelt.

Andererseits ist es nicht erforderlich, dass die Beeinträchtigung
schwerwiegend oder nachhaltig ist.

140   Für das Vorliegen eines faktischen Grundrechtseingriffs spricht
die **Finalität** einer staatlichen Maßnahme. Von einem Grundrechtseingriff ist auszugehen, wenn die öffentliche Hand einen
Eingriff in die Grundrechte bezweckt. Ein weiteres Kriterium
ist die **Unmittelbarkeit.** Je länger die Kausalkette zwischen dem
staatlichen Handeln und der Grundrechtsbeeinträchtigung ist,
desto mehr spricht dies gegen die Annahme eines Grundrechtseingriffs.

3. Einzelfälle

141   Ein Grundrechtseingriff liegt vor, wenn der Staat Dritten finanzielle Mittel bereitstellt, die ihrerseits gegen ein grundrechtlich geschütztes Verhalten anderer vorgehen (z. B. Bezuschussung eines
Vereins, der vor bestimmten Jugendsekten warnt; siehe BVerwGE
90, 112 ff.).

142   Setzt sich der Staat selbst kritisch mit bestimmten Religionsgemeinschaften auseinander, wird auch darin ein Grundrechtseingriff
gesehen. Bezeichnet die Bundesregierung eine religiöse Gemeinschaft gegenüber Dritten als „Sekte" mit „pseudoreligiösen" und
„destruktiven" Zielen, liegt ein mittelbar-faktischer Grundrechtseingriff vor (BVerfGE 105, 279 ff. – sog. Osho-Entscheidung).
Mittelbar ist der Eingriff deshalb, weil er sich nicht an die Gemeinschaft selbst richtet. Faktisch bedeutet, dass keine imperative
Beeinträchtigung erfolgt.

143   Im Unterschied dazu wird in der Veröffentlichung einer Liste
mit diethylenglykolhaltigen Weinen kein Eingriff gesehen, wenn
die Informationstätigkeit im Übrigen in rechtmäßiger Weise erfolgt
(staatliche Aufgabe, Zuständigkeit der Stelle, wahrheitsgemäße
Information, siehe auch unten Rdnr. 621 ff., sowie BVerfGE 105,
252 ff. – Glykol-Entscheidung). Erst wenn dies nicht der Fall ist,
soll ein Grundrechtseingriff gegeben sein. Eine stringente und
nachvollziehbare Dogmatik ist insoweit allerdings nicht erkennbar.
Gerade im Glykol-Fall lässt sich mit guten Gründen davon ausgehen, dass ein Grundrechtseingriff in jedem Fall vorliegt.

Das Handeln einer ausländischen Staatsgewalt ist dann ein Eingriff **144** in ein vom Grundgesetz garantiertes Grundrecht, wenn es final veranlasst wird (z.B. Auslieferung eines Straftäters zur Aburteilung in einem fremden Staat gemäß einem völkerrechtlichen Abkommen).

Kein Eingriff liegt vor, wenn es um nicht gesteuerte Handlung **145** fremder Staaten geht oder wenn ansonsten die legitimen völkerrechtsgemäßen Handlungsmöglichkeiten der Bundesrepublik beeinträchtigt würden. Es stellt deshalb keinen Eingriff für die Anwohner von militärischen Anlagen dar, dass solche Anlagen im Kriegsfall vom Gegner bevorzugt bombardiert werden. Insofern ist jedoch die grundrechtliche Schutzpflicht einschlägig.

Bei Selbstbeeinträchtigungen liegt in der Regel kein Eingriff **146** vor, soweit der Grundrechtsträger zu einer freien Willensentscheidung fähig ist.

Literatur zu § 7: *Albers, Marion,* Faktische Grundrechtsbeeinträchtigungen **147** als Schutzbereichsproblem, DVBl. 1996, 233 ff.; *Cremer, Hans-Joachim,* Der Osho-Beschluss des BVerfG – BVerfGE 105, 279, in: JuS 2003, 747 ff.; *Bleckmann, Albert/Eckhoff, Rolf,* Der „mittelbare" Grundrechtseingriff, DVBl. 1988, 373 ff.; *Heintzen, Markus,* Staatliche Warnungen als Grundrechtsproblem, VerwArch. 1993, 532 ff.; *Huber, Peter-Michael,* Die Informationstätigkeit der öffentlichen Hand – ein grundrechtliches Sonderregime aus Karlsruhe?, JZ 2003, 290 ff.; *Murswiek, Dietrich,* Das Bundesverfassungsgericht und die Dogmatik mittelbarer Grundrechtseingriffe, NVwZ 2003, 1 ff.; *Sachs, Michael,* Die relevanten Grundrechtsbeeinträchtigungen, JuS 1995, 303 ff.

§ 8. Die Beschränkung von Grundrechten

I. Allgemeines

Fall 11 *(BVerwGE 94, 82 ff.):* Eine zwölfjährige Schülerin (S) islamischen **148** Glaubens beantragt die Befreiung vom koedukativen Sportunterricht. Sie begründet das Begehren mit bestimmten Vorschriften des Koran. Die Schulleitung lehnt die Befreiung ab. Wird S in ihrem Grundrecht aus Art. 4 GG verletzt?

1. Grundrechte mit Gesetzesvorbehalten

Den Grundrechten sind vielfach sog. Gesetzesvorbehalte beige- **149** fügt. In ihnen bringt die Verfassung zum Ausdruck, dass Eingriffe in das Grundrecht durch Gesetz oder aufgrund eines Gesetzes zulässig sind. Man unterscheidet insoweit einfache und qualifizierte Gesetzesvorbehalte. Bei einem einfachen Gesetzesvorbehalt gelten die allgemeinen Regeln für den Eingriff in das Grundrecht. Vor allem muss das Übermaßverbot eingehalten werden. Bei einem qualifizierten Gesetzesvorbehalt nennt die Verfassung besondere Voraussetzungen für die Zulässigkeit eines Eingriffs. Ein einfacher Gesetzesvorbehalt findet sich beispielsweise in Art. 14 Abs. 1 Satz 2 GG, ein qualifizierter Gesetzesvorbehalt in Art. 6 Abs. 3 GG.

2. Grundrechte ohne Gesetzesvorbehalte

150   Weiterhin gibt es Grundrechte, die nicht mit einem Gesetzesvorbehalt versehen sind. Dies betrifft vor allem die Glaubens- und Gewissensfreiheit (Art. 4) sowie die Kunst- und die Wissenschaftsfreiheit (Art. 5 Abs. 3 GG). Diese Grundrechte sind gleichwohl einschränkbar. Die grundsätzliche Beschränkungsmöglichkeit ergibt sich aus dem Grundsatz der **Einheit der Verfassung.** Soweit andere Verfassungsgüter durch ein grundrechtlich geschütztes Verhalten beeinträchtigt werden, muss im Wege der **praktischen Konkordanz** ein Ausgleich zwischen dem Grundrecht und dem anderen Verfassungsgut (das gegebenenfalls ein anderes Grundrecht sein kann) gefunden werden. Man spricht insoweit von der Einschränkung des Grundrechts durch kollidierendes Verfassungsrecht. Das einzige Grundrecht, welches auch hierdurch nicht einschränkbar ist, ist die Menschenwürdegarantie. Dies ergibt sich bereits aus dem Wort „unantastbar" (Art. 1 Abs. 1 Satz 1 GG).

151   Als kollidierendes Verfassungsrecht, welches die Einschränkung von Grundrechten rechtfertigen kann, kommen zunächst vor allem Grundrechte Dritter in Betracht. So ist etwa die Polizei berechtigt, eine religiös motivierte Kinderverbrennung zu verhindern. Der Eingriff in Art. 4 Abs. 1 GG wird durch die staatliche Schutzpflicht zugunsten des Lebens und der körperlichen Unversehrtheit (Art. 2 Abs. 2 Satz 1 GG) gerechtfertigt.

152   Eine wichtige Rolle zur Einschränkung vorbehaltlos gewährter Grundrechte spielt auch Art. 7 Abs. 1 GG. Hierin kommt die staatliche Schulhoheit zum Ausdruck, die den Staat berechtigt, Ausbil-

dungs- und Unterrichtsziele festzulegen. Weitere sonstige Verfassungsgüter, die einen Eingriff rechtfertigen können, sind beispielsweise die Durchsetzung des staatlichen Strafanspruchs oder der Schutz der freiheitlich-demokratischen Grundordnung.

Kompetenzbestimmungen (Art. 70 ff. GG) sind hingegen nicht **153** in der Lage, als kollidierendes Verfassungsrecht die Beschränkung von Grundrechten zu legitimieren (anders BVerfGE 53, 30 ff.). Es gibt keine brauchbaren Kriterien dafür, welche Kompetenzbestimmungen materiellen Gehalt haben sollen und welche nicht. So kommt auch dem Tierschutz nicht wegen Art. 74 Abs. 1 Nr. 20 GG Verfassungsrang zu.

Lösung Fall 11: Die Durchführung des koedukativen Sportunterrichts ist **154** vorliegend ein Eingriff in die Glaubensfreiheit der S nach Art. 4 GG. Die staatliche Schulhoheit nach Art. 7 Abs. 1 GG rechtfertigt jedoch als sonstiges Verfassungsgut den Eingriff. Fraglich ist allerdings, inwieweit das Übermaßverbot gewahrt ist. Problematisch ist die Verhältnismäßigkeit des Eingriffs. Das BVerwG hat dahingehend entschieden, dass S einen Anspruch auf Befreiung vom Sportunterricht hat, solange kein nach Geschlechtern getrennter Sportunterricht angeboten wird.

Literatur zu § 8 I: *Sachs, Michael,* Die Gesetzesvorbehalte der Grundrechte **155** des Grundgesetzes, JuS 1995, 693 ff.; *ders.,* Grundrechtsbegrenzungen außerhalb von Gesetzesvorbehalten, JuS 1995, 984 ff.; *Schnapp, Friedrich E.,* Grenzen der Grundrechte, JuS 1978, 729 ff.; *Selter, Michael,* Einschränkungen von Grundrechten durch Kompetenzregelungen?, JuS 1990, 895 ff.

II. Erforderlichkeit einer gesetzlichen Grundlage

Fall 12 *(BVerwGE 90, 112 ff.):* Die Bundesregierung unterstützt durch finan- **156** zielle Zuschüsse einen Verein, der satzungsgemäß Jugendsekten, vor allem auch die sog. *Osho-Bewegung* (früher: „*Bhagwan"*) bekämpft. Dies geschieht aufgrund von Titeln im Haushaltsplan mit allgemeiner Zweckbestimmung („Maßnahmen auf dem Gebiet der Psychiatrie und der Psychohygiene"; „Zuschüsse zu den Kosten der Vorbereitung und Durchführung von Kongressen"). Die *Osho-Bewegung* klagt gegen die finanzielle Förderung des Vereins. Mit Erfolg?

Eingriffe in Grundrechte sind aufgrund des sog. rechtsstaatlichen **157** Vorbehaltes des Gesetzes nur dann zulässig, wenn der Eingriff durch ein formelles Gesetz erlaubt wird. Hierbei kann es sich (je nach Kompetenzordnung, siehe Art. 70 ff. GG) um ein **Bundes-**

oder Landesgesetz handeln. Es ist also keinesfalls so, dass nur Bundesgesetze die von der Bundesverfassung eingeräumten Grundrechte einschränken können (häufiges Missverständnis bei Anfängern).

158   Nach der Rechtsprechung des BVerfG und des BVerwG ist keine gesetzliche Grundlage erforderlich, wenn die Bundesregierung im Rahmen der Information der Öffentlichkeit über Gefährdung von Grundrechten durch andere Grundrechtsträger tätig wird (BVerfG, JZ 1991, 624 ff.; BVerfGE 105, 279 ff.; BVerwGE 82, 76 ff.). Die Bundesregierung habe als Organ der obersten Staatsleitung die gesellschaftliche Entwicklung ständig zu beobachten, Fehlentwicklungen oder sonst auftretende Probleme möglichst rasch und genau zu erfassen sowie Möglichkeiten ihrer Verhinderung oder Behebung zu bedenken und die erforderlichen Maßnahmen in die Wege zu leiten. Dieser Sachbereich sei staatlicher Normierung nicht ohne weiteres zugänglich, eine gesetzliche Grundlage deshalb verzichtbar (BVerfGE 105, 279/304).

159   Diese Rechtsprechung überzeugt nicht. Von einer Aufgabenstellung (staatliche Leitung) darf nicht auf eine Befugnis geschlossen werden (wer das in einer Polizei- und Sicherheitsrechtsklausur macht, ist eigentlich schon durchgefallen).

Hingegen soll bei finanziellen Unterstützungen, die zu Grundrechtseingriffen führen, der Gesetzesvorbehalt anwendbar sein (BVerwGE 90, 112 ff.).

160   **Lösung Fall 12:** Das BVerwG gab der Klage gemäß § 113 Abs. 1 Satz 1 VwGO statt. Für die Förderung war eine formell gesetzliche Grundlage erforderlich. Eine verfassungsunmittelbare Eingriffsermächtigung sei nicht ersichtlich. Die Bereitstellung von Mitteln im Haushaltsplan reiche nicht aus, da sie nur normale Subventionsbewilligungen, nicht hingegen einen damit verbundenen Eingriff in die Grundrechte Dritter rechtfertige. Die Rechtswidrigkeit der Subventionsgewährung verletzte die *Osho-Bewegung* in ihrem verfassungsgemäßen Recht aus Art. 4 GG.

161   **Literatur zu § 8 II:** *Discher, Thomas,* Mittelbarer Eingriff, Gesetzesvorbehalt, Verwaltungskompetenz: Die Jugendsekten-Entscheidungen – BVerwGE 82, 76, BVerwG, NJW 1991, 1770, 1992, 2496; BVerfG, NJW 1989, 3269, JuS 1993, 463 ff.

III. Formelle Verfassungsmäßigkeit der gesetzlichen Grundlage

Fall 13: Der Bundesgesetzgeber beschließt eine Änderung des Bauplanungs- **162** rechts. Danach dürfen Anlagen für kirchliche Zwecke nicht mehr in Wohngebieten errichtet werden. Der Bundesrat wird nicht beteiligt. Liegt ein rechtswidriger Eingriff in das Grundrecht der Religionsgemeinschaften Art. 4 Abs. 1 GG vor?

1. Kompetenz, Verfahren, Form

Das formelle Gesetz, welches den Grundrechtseingriff bewirkt **163** oder zum Grundrechtseingriff ermächtigt, muss selbst formell verfassungsmäßig sein. Der Gesetzgeber muss also über die entsprechende Gesetzgebungskompetenz verfügen, das Gesetzgebungsverfahren und die sonstigen formellen Anforderungen müssen eingehalten worden sein.

2. Zitierpflicht (Art. 19 Abs. 1 Satz 2 GG)

Ein besonderes formelles Erfordernis ist die Zitierpflicht nach **164** Art. 19 Abs. 1 Satz 2 GG. Damit soll sich der Gesetzgeber bewusst werden, dass er in Grundrechte eingreift. Er soll zudem gewarnt werden, wenn ein Eingriff in Grundrechte an besondere Voraussetzungen gebunden ist. Die Vorschrift ist jedoch von Ausnahmen geradezu durchlöchert:
- Die Zitierpflicht gilt nicht bei der Einschränkung von Grundrechten ohne Gesetzesvorbehalt zum Schutz von kollidierendem Verfassungsrecht.
- Die Zitierpflicht gilt nicht bei Einschränkungen der allgemeinen Handlungsfreiheit (Art. 2 Abs. 1 GG). Wegen der Weite des Schutzbereichs wäre eine Zitierung von Art. 2 Abs. 1 GG eine sinnlose Förmlichkeit.
- Die Zitierpflicht gilt nicht bei mittelbaren Grundrechtseingriffen, da solche Eingriffe für den Gesetzgeber oft nicht vorsehbar sind.

- Die Zitierpflicht gilt nicht bei allgemeinen Gesetzen nach Art. 5 Abs. 2 GG, da diese jedenfalls nach der sog. Sonderrechtslehre (§ 16 IV 1) dem Grundrechtseingriff gerade nicht final bezwecken dürfen.

- Die Zitierpflicht gilt nicht für Regelungen der Berufsfreiheit nach Art. 12 Abs. 1 Satz 2 GG, da es bei Art. 12 Abs. 1 Satz 2 GG um „Regelungen" geht, Art. 19 Abs. 1 Satz 1 GG hingegen eine „Einschränkung" verlangt.

- Die Zitierpflicht gilt nicht für Inhalts- und Schrankenbestimmungen nach Art. 14 Abs. 1 Satz 2 GG. Die Eigentumsgarantie ist ohnehin rechtsordnungsabhängig, so dass sich Inhaltsbestimmungen und Beschränkungen kaum unterscheiden lassen.

- Die Zitierpflicht gilt nicht für Enteignungen, da aufgrund der Junktimklausel der gleiche Zweck erfüllt wird wie mit der Zitierpflicht (siehe Art. 14 Abs. 3 Satz 2 GG).

- Die Zitierpflicht gilt nicht für unbenannte Freiheitsrechte (z. B. allgemeines Persönlichkeitsrecht).

- Die Zitierpflicht gilt nicht für vorkonstitutionelle Gesetze, also für Gesetze, die bereits vor Inkrafttreten des Grundgesetzes in Kraft getreten waren. Dies ergibt sich aus dem Charakter von Art. 19 Abs. 1 Satz 2 GG als Formvorschrift.

- Nach Auffassung des BVerwG gilt die Zitierpflicht nicht bei solchen Gesetzen, die bereits vorkonstitutionell oder nachkonstitutionell eingeführte Beschränkungen unverändert oder mit geringen Abweichungen wiederholen (BVerwGE 35, 185/189; 61, 82/113).

165   **Lösung Fall 13:** Die Beteiligung des Bundesrates (Art. 77 GG) dient der Mitwirkung der Länder an der Gesetzgebung, nicht unmittelbar dem Schutz von Religionsgemeinschaften. Gleichwohl liegt ein rechtswidriger Eingriff in Art. 4 Abs. 1 GG vor, jeder formelle Verfassungsverstoß führt zur Grundrechtsverletzung (soweit ein Eingriff in den Schutzbereich vorliegt).

166   **Literatur zu § 8 III 2:** *Albers, Hans-W.,* Die Bedeutung des Zitiergebots, Art. 19 Abs. 1 S. 2, insbesondere für die neuere Polizeigesetzgebung, JA 1988, 72 ff.; *Selk, Michael,* Zum heutigen Stand der Diskussion um das Zitiergebot, JuS 1992, 816 ff.

IV. Materielle Verfassungsmäßigkeit der gesetzlichen Grundlage

1. Bestimmtheit

Fall 14 *(BVerfG, NJW 2003, 3111):* Muslimin L bewirbt sich um die Ein- **167**
stellung in den Schuldienst des Landes B. Sie will auch im Unterricht ein
Kopftuch als Ausdruck ihres Bekenntnisses zum Islam tragen. Die Einstellung
wird abgelehnt, da es der L nach Auffassung der Schulverwaltung an der nach
dem Beamtengesetz notwendigen Eignung fehle.

Aus dem Rechtsstaatsprinzip und den Grundrechten folgt, dass **168**
das eingreifende Gesetz hinreichend bestimmt sein muss. Es muss
also erkennbar sein, welche Eingriffe durch das Gesetz zugelassen
werden oder vorgenommen werden. Soweit eine Ermächtigung
zum Erlass einer Rechtsverordnung in dem Gesetz enthalten ist,
gelten bei Bundesgesetzen die besonderen Bestimmtheitsanforderungen des Art. 80 Abs. 1 Satz 2 GG, bei Landesgesetzen die
entsprechenden Bestimmungen in den Landesverfassungen. Soweit
eine Satzungsermächtigung enthalten ist, gilt die sog. Wesentlichkeitstheorie, die zu ähnlichen Ergebnissen führt. Danach ist der
Gesetzgeber verpflichtet, die „wesentlichen", d. h. vor allem die
grundrechtsrelevanten Entscheidungen selbst zu treffen und sie
nicht dem Satzungsgeber zu überlassen.

Lösung Fall 14: Die Verweigerung der Einstellung führt zu einem für **169**
L erheblichen Eingriff in die grundrechtsgleichen Rechte aus Art. 33 Abs. 2
und 3 und in das Grundrecht des Art. 4 GG. Hierfür reicht ein unbestimmter
Rechtsbegriff „Eignung" in einem Beamtengesetz nicht aus. Die Ablehnung
der Einstellung kann nur dann rechtmäßig erfolgen, wenn der Landesgesetzge-
ber in verfassungsmäßiger Weise konkretisiert, welches Maß an religiösen Be-
zügen in der Schule zulässig sein soll. Hierbei muss die staatliche Neutralität in
Glaubensfragen gewahrt werden. Keinesfalls darf es dazu kommen, christliche
Symbole zu gestatten oder zu dulden und muslimische zu verbieten.

2. Verbot von Einzelfallgesetzen (Art. 19 Abs. 1 Satz 1 GG)

Fall 15 *(BVerfGE 10, 89ff. – Erftverband):* Wegen des Tagebaus von Braun- **170**
kohle im Rheinischen Erftgebiet kam es zu einer Belastung der Wasserwirt-
schaft. Der nordrhein-westfälische Gesetzgeber errichtete per Gesetz eine Körperschaft des öffentlichen Rechts mit dem Namen „Großer Erftverband".
Dem Verband wurden hoheitliche Befugnisse übertragen. Ihm gehörten per

Gesetz u. a. die Eigentümer der im Verbandsgebiet gelegenen Braunkohle-
bergwerke und Elektrizitätswerke ab einer bestimmten Größenordnung an.
Die privaten Braunkohlebergwerke erhoben gegen das Erftverbandsgesetz
Verfassungsbeschwerde.

171   Gesetze enthalten im Allgemeinen abstrakt-generelle Regelungen. Die Verwaltung ist hingegen vor allem für den Erlass von
Einzelregelungen (Verwaltungsakten) zuständig, in Gestalt von
Rechtsverordnungen oder Satzungen werden jedoch auch abstrakt-
generelle Regelungen erlassen.

172   Art. 19 Abs. 1 Satz 1 GG verbietet grundrechtseingreifende Ein-
zelfallgesetze. Unzulässig sind danach Einpersonengesetze, die nur
für eine oder mehrere bestimmte Personen gelten. Diese Bestimmung konkretisiert das Gewaltenteilungsprinzip, das in Art. 20
Abs. 2 Satz 2 GG zum Ausdruck kommt. Sie wird jedoch restriktiv
interpretiert. Die Gewaltenteilung ist im Grundgesetz nicht rein
verwirklicht. Überlappungen in den Tätigkeiten der Gewalten sind
zulässig, solange nicht in den Kernbereich einer Gewalt eingegriffen wird. Deshalb ist es dem Gesetzgeber nicht grundsätzlich untersagt, sich Einzelfällen anzunehmen. Ein unzulässiges Einzelfallgesetz
liegt schon dann nicht vor, wenn sich wegen der abstrakten Fassung des gesetzlichen Tatbestandes nicht genau übersehen lässt,
auf wie viele und welche Fälle das Gesetz Anwendung findet
(BVerfGE 8, 332/361 ff.; 25, 371/396). Die Rechtsprechung hat es
als zulässig angesehen, wenn der Gesetzgeber durch Gesetz bestimmte Verkehrsprojekte zulässt (BVerfGE 95, 1 ff. – sog. Stendal-
Entscheidung). Normalerweise werden solche Entscheidungen
durch Planfeststellungsbeschluss, also durch Verwaltungsakt getroffen. Zudem lässt das Grundgesetz selbst Einzelfallentscheidungen
zu, z. B. Legalenteignungen in Art. 14 Abs. 3 Satz 2 GG.

173   **Lösung Fall 15:** Das Gesetz griff in die allgemeine Handlungsfreiheit (Art. 2
Abs. 1 GG) bzw. die Berufsfreiheit (Art. 12 Abs. 1 GG) ein. Fraglich war, ob
ein unzulässiges Einzelfallgesetz nach Art. 19 Abs. 1 Satz 1 GG vorlag. Die
Frage wurde vom BVerfG verneint. Alle damaligen und künftigen Bergbau-
treibenden sowie sonstige Unternehmen, die hiermit in einem unmittelbaren
Zusammenhang standen, wurden dem Gesetz unterstellt. Dass es sich nur um
eine Handvoll Betroffener handelte, war verfassungsrechtlich ohne Bedeutung.
Dass es sich um eine bestimmte Maßnahme, nämlich die Sicherung der Was-
serwirtschaft im Erftverbandsgebiet handelte (sog. Maßnahmegesetz), war
ebenfalls irrelevant.

3. Anforderungen des qualifizierten Gesetzesvorbehaltes

Ein Gesetz, das in ein Grundrecht eingreift, ist weiterhin nur   **174**
dann verfassungsmäßig, wenn es den Anforderungen des jeweiligen
qualifizierten Gesetzesvorbehaltes genügt. Die Anforderungen unterscheiden sich also von Grundrecht zu Grundrecht. Die Folgen,
die daraus entstehen, dass ein Gesetz den qualifizierten Anforderungen des Gesetzesvorbehaltes nicht genügt, können unterschiedlich sein. Das Gesetz kann verfassungswidrig sein, wenn es eindeutig auf einen Grundrechtseingriff zielt. Wenn hingegen auf das
Gesetz auch Maßnahmen gestützt werden können, die nicht in ein
Grundrecht eingreifen (z. B. bei allgemeinen Gesetzen i. S. v. Art. 5
Abs. 2 GG), hat der Eingriff zu unterbleiben, ohne dass die Gültig-
keit des Gesetzes in Frage gestellt wird.

4. Anforderungen des Verhältnismäßigkeitsgrundsatzes i. w. S. (Übermaßverbot)

a) Legitime Zwecksetzung. Von besonderer Bedeutung ist   **175**
die Prüfung des Verhältnismäßigkeitsgrundsatzes i. w. S. (Übermaßverbot). Zunächst muss für den gesetzgeberischen Eingriff eine legitime Zwecksetzung vorliegen. Illegitime Zwecke darf der Gesetzgeber nicht verfolgen. Grundsätzlich ist der Gesetzgeber jedoch
frei in seiner Zweckwahl. Oft wird ein Gesetz erlassen, um mehrere Zwecke zu verfolgen. Verfassungswidrig ist ein Gesetz nur
dann, wenn sich kein verfassungsgemäßer Zweck finden lässt.

Die Zwecke eines Gesetzes brauchen sich nicht aus der Verfas-   **176**
sung ergeben, sondern können auch vom Gesetzgeber im Rahmen
eines weiten Gestaltungsspielraums selbst bestimmt werden.

Strittig ist, ob bei der verfassungsgerichtlichen Überprüfung ei-   **177**
nes Gesetzes alle denkbaren Zwecke zu berücksichtigen sind oder
nur diejenigen, die der Gesetzgeber verfolgen wollte. Es erscheint
wenig sinnvoll, ein Gesetz für nichtig zu erklären, wenn der Gesetzgeber das gleiche Gesetz nur mit anderer Begründung neu erlassen könnte. Deshalb ist es richtig, wenn das BVerfG im Zweifel
versucht, ein Gesetz auch unter Heranziehung von vom Gesetzgeber nicht bedachter Zwecke ggf. zu „retten" (vgl. BVerfG, NJW
1998, 1776 zur Altersgrenze im Kassenarztrecht).

178   **b) Geeignetheit.** Der Grundrechtseingriff muss geeignet sein. Geeignet ist ein Eingriff dann, wenn er den angestrebten (legitimen) Zweck fördert. Es kommt nicht darauf an, ob es sich um eine oder die optimale Maßnahme handelt. Es genügt, wenn die Maßnahme überhaupt etwas zur Zweckerreichung beiträgt (BVerfGE 30, 292/316; 33, 171/187).

c) Erforderlichkeit

179   **Fall 16** *(BVerfGE 77, 84ff.):* Durch eine Änderung des Arbeitnehmerüberlassungsgesetzes wird die Leiharbeit in Gebieten des Baugewerbes verboten, da in großem Umfang durch illegale Leiharbeit Steuern und Sozialversicherungsbeiträge hinterzogen werden. Können sich die betroffenen Verleihfirmen darauf berufen, die zuständigen Stellen müssten durch verstärkte Kontrollen die „schwarzen Schafe" heraussuchen und dürften nicht auch den ehrlichen Verleihern die Ausübung des Gewerbes verbieten?

180   Ein Grundrechtseingriff ist nur dann verfassungsrechtlich gerechtfertigt, wenn das Prinzip der Erforderlichkeit gewahrt ist. Der Gesetzgeber muss von mehreren gleichwirksamen Mitteln dasjenige wählen, das das Grundrecht nicht oder weniger stark belastet (BVerfGE 53, 135/145f.; 67, 157/177). So ist die Anordnung der Beibringung eines medizinisch-psychologischen Gutachtens zur Feststellung der Eignung zum Führen von Kraftfahrzeugen wegen Haschischkonsums nicht erforderlich, wenn die Frage des gewohnheitsmäßigen Rauschgiftkonsums auch durch Harn-, Blut- oder Haaruntersuchungen geklärt werden kann (BVerfGE 89, 69/88).

181   Die Frage der Erforderlichkeit ist nicht nur im Hinblick auf den Betroffenen, sondern auch im Hinblick auf Dritte zu entscheiden. Zu höheren finanziellen Aufwendungen ist der Staat i.d.R. nicht verpflichtet, es sei denn, die Bereitstellung von Finanzen ist angesichts der Bedeutung des betroffenen Grundrechts völlig unzureichend (unangemessen).

182   **Lösung Fall 16:** Nach Auffassung des BVerfG ist der Grundsatz der Erforderlichkeit gewahrt. Es war schon vorher versucht worden, durch verstärkte Kontrollen der rechtswidrigen Leiharbeit Herr zu werden. Die ergriffenen Maßnahmen hatten gerade im Baugewerbe keine Erfolge gezeigt. Es ließ sich nicht feststellen, dass die finanziellen Aufwendungen des Staates für die Kontrolle von Baustellen angesichts der grundrechtlichen Bedeutung der geschützten Tätigkeiten unverhältnismäßig gering gewesen wären.

d) Zumutbarkeit (Verhältnismäßigkeit i. e. S.). Schließlich **183** muss die Maßnahme zumutbar (verhältnismäßig i. e. S.) sein. Hierbei handelt es sich um eine Abwägungsfrage. Dabei ist nach folgenden Grundsätzen zu verfahren:

(1) Es müssen die Interessen aller Personen berücksichtigt werden, die von der Maßnahme betroffen sind. Die jeweiligen Interessen können für oder gegen die Maßnahme sprechen.

(2) Die Interessen müssen gewichtet werden. Hierbei sind insbesondere verfassungsrechtliche Wertentscheidungen zu berücksichtigen.

(3) Es muss entschieden werden, wie stark die Interessen beeinträchtigt werden. Besonders intensive Eingriffe müssen gegebenenfalls durch Übergangs-, Befreiungs-, Ausnahme- oder Kompensationsregeln abgemildert werden. So kann es bei Eingriffen in das Eigentumsrecht geboten sein, zum Ausgleich eines Eingriffs eine finanzielle Kompensation vorzusehen.

Gegebenenfalls ist die Prüfung der Zumutbarkeit auch der Ort, um nur mittelbar einschlägige Grundrechte mitzuprüfen. Teilweise wird insoweit auch von einer Art „Schutzbereichsverstärkung" gesprochen.

Beispiel *(BVerfGE 104, 337ff.):* Der muslimische Metzger M (türkischer **184** Staatsangehöriger) beantragt eine Ausnahmegenehmigung für das Schächten von Tieren, um seinen Kunden entsprechendes Fleisch verkaufen zu können. Unmittelbar einschlägiges Grundrecht ist Art. 2 Abs. 1 GG (nicht Art. 12 Abs. 1 GG, da M kein Deutscher ist). Bei der verwaltungsrechtlichen Entscheidung ist jedoch auch die Glaubensfreiheit des Art. 4 GG und das daraus abgeleitete Verbot, Fleisch von nicht geschächteten Tieren zu verzehren, zu beachten. Dies führt dazu, dass die Abwägung im Rahmen der Zumutbarkeitsprüfung zu Gunsten des M ausfällt.

Literatur zu § 7 IV 4: *Bleckmann, Albert,* Begründung und Anwendungs- **185** bereich des Verhältnismäßigkeitsprinzips, JuS 1994, 177 ff.; *Schnapp, Friedrich E.,* Die Verhältnismäßigkeit des Grundrechtseingriffs, JuS 1983, 850 ff.; *Wernsmann, Rainer,* Wer bestimmt den Zweck einer grundrechtseinschränkenden Norm – BVerfG oder Gesetzgeber?, NVwZ 2000, 1360 ff.

5. Wesensgehaltsgarantie (Art. 19 Abs. 2 GG)

a) Individuelles oder generelles Verständnis. Eine letzte **186** Sperre für gesetzgeberische Eingriffe bildet die Wesensgehaltsgarantie (Art. 19 Abs. 2 GG). Die Wesensgehaltsgarantie lässt sich individuell oder generell interpretieren. Beim individuellen Ansatz ist auf die Bedeutung des Grundrechts für den einzelnen Grundrechtsträger abzustellen. Eine staatliche Maßnahme ist danach unzulässig, wenn sie dazu führt, dass ein Grundrecht eines Grundrechtsträgers in seinem Wesensgehalt angetastet wird.

187   Die individuelle Theorie ist jedoch nicht überzeugend. Art. 19 Abs. 2 GG steht im Zusammenhang mit gesetzgeberischen Beschränkungen von Grundrechten. Es ist daher nicht auf das Grundrecht des einzelnen Grundrechtsträgers, sondern auf das Grundrecht insgesamt abzustellen. Deshalb ist etwa ein finaler Rettungsschuss, mit dem die Polizei einen Amokläufer tötet, kein Verstoß gegen Art. 2 Abs. 2 Satz 1 GG i. V. m. Art. 19 Abs. 2 GG.

188   **b) Absolutes oder relatives Verständnis.** Ein weiterer Streitpunkt bei der Auslegung der Wesensgehaltsgarantie ist, ob diese absolut oder relativ zu verstehen ist. Bei einer relativen Wesensgehaltsgarantie käme es auf eine Abwägung der für oder gegen den Eingriff sprechenden Gründe an. Dann hätte die Wesensgehaltsgarantie keine andere Bedeutung als die Prüfung der Zumutbarkeit im Rahmen des Verhältnismäßigkeitsgrundsatzes. Deshalb ist dem absoluten Verständnis der Vorrang zu geben.

189   Ein bei Anfängern verbreitetes Missverständnis besteht darin, Art. 19 Abs. 2 GG auch gegenüber dem verfassungsändernden Gesetzgeber anzuwenden. Dies ist unrichtig. Prüfungsmaßstab für ein verfassungsänderndes Gesetz ist allein Art. 79 Abs. 3 GG. Der verfassungsändernde Gesetzgeber hat durchaus das Recht, ein Grundrecht aufzuheben oder in seinem Wesensgehalt zu beschränken.

V. Verfassungsmäßigkeit der Rechtsanwendung

1. Ein- und mehrstufige Grundrechtseingriffe

190   Grundrechtseingriffe können einstufig oder mehrstufig vor sich gehen. Bei einem einstufigen Grundrechtseingriff erfolgt die Beschränkung des Grundrechts unmittelbar durch Gesetz.

191   Häufig enthält das formelle Gesetz jedoch nur eine Ermächtigung an die Exekutive, einen Grundrechtseingriff etwa durch Rechtsverordnung, Satzung oder Verwaltungsakt herbeizuführen.

Insofern spricht man von einem zwei- (gegebenenfalls auch drei-)
stufigen Grundrechtseingriff. Der Eingriff in das Grundrecht ist nur
dann zulässig, wenn er umfassend rechtmäßig ist. Jeder Rechtsver-
stoß gegenüber dem Adressaten einer Maßnahme führt zur Grundrechtsverletzung.

Zunächst ist es Aufgabe der verwaltungsinternen Kontrollinstan- **192**
zen (z.B. der Widerspruchsbehörden im Widerspruchsverfahren
nach §§ 68 ff. VwGO) sowie der Fachgerichtsbarkeiten (Verwaltungsgerichte, Finanzgerichte, Sozialgerichte), Grundrechtsverletzungen auf Klage der Betroffenen zu beheben.

2. Prüfungskompetenz des BVerfG hinsichtlich der Rechtsanwendung

Die Prüfungskompetenz des BVerfG hinsichtlich der Tatsachen- **193**
feststellung und Rechtsanwendung ist beschränkt. Zwar liegt in einer unrichtigen Tatsachenfeststellung oder Gesetzesanwendung ein
Verfassungsverstoß, denn es kommt zu einem nicht gerechtfertig-
ten Eingriff in die grundrechtliche Freiheitssphäre. Hauptaufgabe
des BVerfG ist jedoch die Kontrolle der Verfassungsmäßigkeit der
formellen Gesetze, da das BVerfG insoweit (für nachkonstitutio-
nelle Gesetze) das Verwerfungsmonopol hat.

Die Prüfung der Anwendung der Gesetze im Einzelfall und da- **194**
mit auch die Überprüfung der fachgerichtlichen Entscheidungen
erfolgt deshalb nur in sehr beschränktem Umfang. Hier sind zwei
Hauptlinien zu unterscheiden.

– Zunächst führt das BVerfG eine Art **Willkürkontrolle** durch.
  Die gerichtliche Entscheidung wird unter Berufung auf Art. 3
  Abs. 1 GG aufgehoben, wenn die Rechtsanwendung „nicht
  mehr verständlich ist" und damit willkürlich erscheint (BVerfGE
  62, 189/192).

– Zudem wird eine Art **Abwägungskontrolle** vorgenommen.
  Die Ergebnisse der jeweiligen Entscheidungen müssen mit den
  grundrechtlichen Vorgaben vereinbar sein. Das BVerfG prüft
  insoweit, ob ein Verstoß gegen „spezifisches Verfassungsrecht"
  vorliegt. Dies betrifft Auslegungsfehler, die eine grundsätzlich
  unrichtige Anschauung von der Bedeutung eines Grundrechts,

insbesondere vom Umfang seines Schutzbereichs, erkennen lassen und auch in ihrer materiellen Tragweite von einigem Gewicht sind (sog. **Heck'sche Formel,** siehe BVerfGE 18, 85/93;
NJW 1998, 519/521; ausführlicher oben § 5 III 4).

195   Relativ intensiv verläuft insoweit die Kontrolle durch das BVerfG
im Bereich der Kommunikationsgrundrechte. Hier fühlt sich das
BVerfG aufgerufen, auch die Unterscheidung von Meinungsäu-
ßerungen und Tatsachenbehauptungen relativ detailliert nachzu-
prüfen (siehe unten § 16 II 1 a).

196   Eine weitgehende Überprüfung von fachgerichtlichen Entscheidungen soll auch dann stattfinden, wenn die Fachgerichte Grund-
rechtsnormen „unmittelbar selbst auslegen und anwenden". Dann
müsse das BVerfG Reichweite und Grenzen der Grundrechte bestimmen und feststellen, ob sie nach ihrem Umfang und Gewicht
angemessen berücksichtigt worden sind (BVerfG, NJW 2003,
3111). Diese Formel trägt zur weiteren Verunklarung des Prü-
fungsumfanges des BVerfG gegenüber fachgerichtlichen Entscheidungen bei. Der erstaunte Leser fragt sich vor allem, was man sich
unter einer „mittelbaren" Anwendung von Grundrechten durch
Fachgerichte vorstellen soll, da Art. 1 Abs. 3 GG die Rechtsprechung doch unmittelbar an die Grundrechte bindet. Letztlich verfährt das BVerfG nach dem Motto: Wir machen das so, wie wir das
richtig finden und suchen uns eine Formel, die das vielleicht begründen könnte.

Teil III. Freiheitsrechte

§ 9. Garantie der Menschenwürde (Art. 1 Abs. 1 GG)

I. Allgemeines

Fall 17: V entführt den Bankierssohn J, um ein Lösegeld zu erpressen. Die 197
Polizei nimmt V bei der Geldübergabe fest. Darf V gefoltert werden, damit er
das Versteck des J bekannt gibt?

1. Menschenwürde als „oberster Wert"

In der Zeit des Nationalsozialismus wurde die Würde des Men- 198
schen unter Berufung auf staatliche oder sonstige Ziele auf das
Schwerste verletzt. Der Verfassungsgeber hat deshalb die Menschenwürde an die Spitze der Verfassung und des Grundrechtskataloges gestellt. Die staatliche Gewalt dient dem Schutz der Menschenwürde (Art. 1 Abs. 1 Satz 2 GG). Die besondere Bedeutung,
die die Verfassung der Menschenwürde beimisst, kommt auch in
Art. 79 Abs. 3 GG zum Ausdruck. Die Menschenwürde ist auch
durch Verfassungsänderung nicht einschränkbar. Es handelt sich
um den „obersten Wert" des Grundgesetzes (BVerfG 32, 98/108;
50, 166/175; 54, 341/357).

2. Der Grundrechtscharakter von Art. 1 Abs. 1 GG

Es ist allerdings nicht ganz unumstritten, ob Art. 1 Abs. 1 Satz 1 199
GG ein Grundrecht enthält. Die herrschende Meinung geht davon
aus. Dafür spricht die Stellung im ersten Abschnitt, dagegen Art. 1
Abs. 3 GG, wonach die nachfolgenden Grundrechte die öffentliche
Gewalt verbinden. Letztlich schließt aber Art. 1 Abs. 3 GG nicht
aus, dass auch Art. 1 Abs. 1 GG ein Grundrecht ist. Es wäre zudem
ein sonderbares Ergebnis, wenn die höchstrangigste Grundrechtsgarantie keinen subjektiv-öffentlichen Charakter hätte.

200   Im Übrigen hängt von der Frage des Grundrechtscharakters von
Art. 1 Abs. 1 GG wenig ab. Die Qualifikation als Grundrecht ist
letztlich nur für die Befugnis zur Erhebung einer Verfassungsbeschwerde (Art. 93 Abs. 1 Nr. 4a GG) von Bedeutung. Verletzungen der Menschenwürde gehen jedoch im Regelfall mit Verletzungen anderer Grundrechte einher, etwa des Art. 2 Abs. 1 GG.
Soweit ein anderes Grundrecht zulässiger Weise als verletzt gerügt
worden ist, muss das BVerfG im Rahmen der Verfassungsbeschwerde auch den Verstoß gegen Art. 1 Abs. 1 GG prüfen.

3. Unzulässigkeit von Eingriffen

201   Eine Besonderheit von Art. 1 Abs. 1 GG im Vergleich zu anderen Grundrechten besteht darin, dass die Menschenwürde keiner
staatlichen Beschränkung zugänglich ist. Die Garantie ist absolut,
sie besteht ohne die Möglichkeit eines Güterausgleichs. Eingriffe in
die Menschenwürde sind stets unzulässig. Dies führt andererseits
auch dazu, dass der Schutzbereich der Menschenwürde restriktiv
interpretiert wird. Dies ist eine Erscheinung, die bei vielen absoluten Garantien anzutreffen ist.

202   **Lösung Fall 17:** Erfährt die Polizei nicht rechtzeitig das Versteck von J, ist
dessen Leben möglicherweise gefährdet. Gleichwohl dürfen keine Foltermaß-
nahmen gegen V ergriffen werden. Es gibt unter dem Grundgesetz keine öffentlichen Interessen, die Eingriffe in die Menschenwürde rechtfertigen können.

II. Grundrechtsträger

203   **Fall 18** *(BVerfGE 39, 1ff.):* Durch Bundesgesetz wird die Strafbarkeit der
Abtreibung bis zum Ende des dritten Schwangerschaftsmonats aufgehoben
(sog. Fristenlösung). Im Wege eines abstrakten Normenkontrollantrags (Art. 93
Abs. 1 Nr. 2 GG) rügt die C-Fraktion im Deutschen Bundestag eine Verletzung der Menschenwürdegarantie.

1. Grundrechtsträgerschaft natürlicher Personen

204   Grundsätzlich ist jede natürliche Person Träger des Grundrechts
der Menschenwürde. Sie schützt auch Kinder, Geisteskranke oder
Straftäter. Es kommt nicht entscheidend darauf an, ob sich der Trä-

ger seiner Würde bewusst ist oder sie selbst zu wahren weiß
(BVerfGE 39, 1/41 f.).

2. Grundrechtsträgerschaft des nasciturus

Umstritten ist die Frage, ob auch das werdende Leben (nascitu- **205**
rus) grundrechtsfähig ist. Das Bundesverfassungsgericht hat dies in
beiden Abtreibungsurteilen (BVerfGE 39, 1 ff.; 88, 203 ff.) offen
gelassen, jedoch festgestellt, dass das werdende Leben Schutzgut des
Art. 1 Abs. 1 GG ist. Daher folgt aus Art. 1 Abs. 1 GG eine objektive Schutzverpflichtung zu Gunsten des nasciturus. Die Annahme
einer subjektiven Rechtsstellung dürfte allerdings zu weitgehend
sein. Ohnehin lässt sich die Frage stellen, ob der Schutz des ungeborenen Lebens nicht primär ein Problem von Art. 2 Abs. 2 Satz 1
GG ist. Durch die Verkoppelung von Art. 2 Abs. 2 Satz 1 GG mit
Art. 1 Abs. 1 GG wird die Geltung des Gesetzesvorbehaltes in
Art. 2 Abs. 2 Satz 3 GG in Frage gestellt.

3. Grundrechtsträgerschaft von Toten

Auch für Tote hat das BVerfG einen fortbestehenden Anspruch **206**
auf Achtung der Menschenwürde angenommen (BVerfGE 30,
173/196 f.). Dieser Anspruch sei von den Angehörigen eines Toten
geltend zu machen. Dies überzeugt nicht. Vielmehr dürfte aus dem
allgemeinen Persönlichkeitsrecht (dazu § 11) ein Anspruch der Angehörigen folgen, dass das Andenken eines Verstorbenen nicht ver-
unglimpft wird. Verstorbene selbst sind keine Grundrechtsträger.

Lösung Fall 18: Auch zu Gunsten des nasciturus wirkt die Schutzver- **207**
pflichtung des Art. 1 Abs. 1 GG (i. V. m. Art. 2 Abs. 2 Satz 1 GG). Durch die
Fristenlösung wird das ungeborene Leben gegenüber Eingriffen durch die
Mutter schutzlos gestellt. Darin liegt ein Verstoß gegen das Untermaßverbot.
Die Gesetzesänderung ist verfassungswidrig.

III. Schutzbereich der Menschenwürdegarantie

Fall 19 *(BVerfGE, NJW 1993, 3190f.):* B verbüßt in der JVA H eine mehr- **208**
jährige Freiheitsstrafe. Er wird in einer Zelle untergebracht, die wegen eines
verstopften Abflussrohres gelegentlich mit Fäkalien überschwemmt wird.

1. Objektformel

209 Der Schutzbereich der Garantie der Menschenwürde lässt sich nur schwer allgemein definieren. Positiv wird er meist beschrieben als der „allgemeine Eigenwert, der dem Menschen kraft seiner Persönlichkeit zukommt" (BVerfGE abw. M. 30, 173/214). Öfter wird allerdings im Anschluss an *Dürig* eine negative Formel zur Umschreibung des Schutzbereiches gewählt. Danach darf der Mensch nicht zum bloßen Objekt des Staates gemacht werden und er darf nicht einer Behandlung ausgesetzt werden, die seine Subjektqualität prinzipiell in Frage stellt (BVerfGE 50, 166/175). Damit vermischen sich die Prüfungsebenen Schutzbereich und Eingriff. Von einem Verstoß gegen die Garantie der Menschenwürde kann nur dann ausgegangen werden, wenn der Staat in erheblicher Weise etwa in die geistige oder körperliche Integrität oder Identität eingreift. Dies ist etwa bei grausamen, unmenschlichen oder erniedrigenden Strafen der Fall (BVerfGE 45, 187/228; 72, 105/116; 75, 1/16 f.).

210 Ein Eingriff in die Menschenwürde wird nicht dadurch ausgeschlossen, dass der Mensch in die Behandlung einwilligt. Die Menschenwürde steht nicht zu seiner Disposition (vgl. BVerwGE 64, 274/279 ff.). Auch sonstige Eingriffe in die Menschenwürde sind stets verfassungswidrig. Sie können nicht durch „kollidierendes Verfassungsrecht" gerechtfertigt werden.

2. Verhältnis zu anderen Grundrechten

211 Andere Grundrechte sind gegenüber Art. 1 Abs. 1 GG „vorrangige Maßstabsnorm". Sie sind daher zunächst heranzuziehen, wenn die Verfassungsmäßigkeit einer staatlichen Maßnahme in Frage steht. Bei einer besonders schweren Verletzung eines anderen Grundrechts kann zusätzlich ein Verstoß gegen die Menschenwürde vorliegen. Es sind allerdings auch Fälle denkbar, in denen andere Grundrechte nicht einschlägig sind und Art. 1 Abs. 1 GG als eine Art „letzte Verteidigungslinie" heranzuziehen ist.

212 **Lösung Fall 19:** Das BVerfG hat einen Verstoß gegen die Menschenwürde angenommen. Die Garantie der Menschenwürde ist auch im Strafvollzug zu wahren. Durch die Überschwemmung der Zelle werden die grundlegenden

Voraussetzungen menschlicher Existenz nicht eingehalten. B war deshalb in eine andere Zelle zu verlegen.

IV. Objektive Dimensionen der Garantie der Menschenwürde

1. Schutzrechte und Leistungsansprüche

Gegenüber der Menschenwürde obliegt dem Staat eine beson- **213** dere Schutzpflicht. Dies bringt vor allem Art. 1 Abs. 1 Satz 2 GG zum Ausdruck. Deshalb ist der Staat im Grundsatz verpflichtet, Beeinträchtigungen der Menschenwürde durch private Dritte entgegenzuwirken.

Teilweise werden aus der Menschenwürde auch Ansprüche auf **214** tatsächliche Leistungen abgeleitet. Im Zusammenhang mit dem Sozialstaatsprinzip kann man davon ausgehen, dass der Staat verpflichtet ist, das Existenzminimum eines Einzelnen zu sichern (BVerfGE 40, 121/133).

2. „Wrongful birth" bzw. „wrongful life"

Erhebliche Diskussionen hat die Frage ausgelöst, ob es mit Art. 1 **215** Abs. 1 GG vereinbar ist, wenn die Zivilgerichte davon ausgehen, dass bei fehlgeschlagener Sterilisation oder bei fehlerhafter genetischer Beratung vor Zeugung eines Kindes auf die Ärzte, die fehlerhaft behandelt oder fehlerhaft beraten haben, auf zivilrechtlicher Grundlage zu Schadensersatz hinsichtlich der entstehenden Unterhaltspflichten herangezogen werden können. Der erste Senat des BVerfG sieht hierin (zu Recht) keinen Verstoß gegen die Menschenwürde (BVerfG, NJW 1998, 1519ff.; anders der 2. Senat: BVerfG, NJW 1998, 523f.). Die zivilrechtlichen Vorschriften und ihre Auslegung sind auf eine gerechte Lastenverteilung angelegt. Durch die Zuerkennung einer Schadensersatzpflicht kommt es nicht zu einer unzulässigen Kommerzialisierung der Persönlichkeit. Zur Klarstellung: Dies bedeutet nicht, dass die Rechtsprechung der Zivilgerichte nach den Regeln der Zivilrechtsdogmatik richtig ist. Entscheidend ist allein, dass aus der Sicht des Verfassungsrechts gegen diese Rechtsprechung keine Bedenken erhoben werden.

3. Forschung mit embryonalen Stammzellen

216   Heftig umstritten ist die verfassungsrechtliche Beurteilung der embryonalen Stammzellenforschung. Stammzellen werden dadurch gewonnen, dass Embryonen, die für Fortpflanzungszwecke (künstliche Befruchtung) nicht mehr benötigt werden, „aufgeteilt" werden. Stammzellen sind nicht „omnipotent", aus ihnen kann sich kein Lebewesen mehr entwickeln. Sie sind jedoch „pluripotent", sie können also verschiedene Funktionen im menschlichen Körper übernehmen. Stammzellen können vermehrt werden, ohne dass neue Embryos „aufgeteilt" werden müssen. Mit der Forschung an embryonalen Stammzellen verbindet sich die Hoffnung auf die künftige Heilung von bisher unheilbaren Erkrankungen (z. B. Parkinson).

217   Die verbrauchende Embryonenforschung ist in Deutschland verboten (§ 2 i. V. m. § 8 ESchG). Dies ist verfassungsrechtlich zwingend, wenn man den Embryo den Schutz des Art. 1 Abs. 1 GG zugesteht (was aber nicht unzweifelhaft ist, siehe oben Rdnr. 205). Dann wäre auch die erstmalige Gewinnung von Stammzellen im Hinblick auf Art. 1 Abs. 1 GG verfassungswidrig (auch zweifelhaft, die verwendeten Embryonen würden ohnehin absterben). Gegen den Import und die Verwendung von Stammzellen in Deutschland gibt es keine zwingenden verfassungsrechtlichen Argumente. Bei existierenden Stammzellenlinien kommt es nicht zur neuerlichen „Tötung" von Embryonen. Der Gesetzgeber kann ein Verbot des Imports aus ethischen Gründen erlassen und damit die Forschungsfreiheit (Art. 5 Abs. 3 GG) beschränken. Er ist jedoch verfassungsrechtlich nicht dazu verpflichtet.

218   **Literatur:** *Classen, Claus Dieter,* Die Forschung mit embryonalen Stammzellen im Spiegel der Grundrechte, DVBl. 2002, 141 ff.; *Dreier, Horst,* Menschenwürdegarantie und Schwangerschaftsabbruch, DÖV 1995, 1036 ff.; *Höfling, Wolfram,* Die Unantastbarkeit der Menschenwürde – Annäherungen an einen schwierigen Verfassungsrechtssatz, JuS 1995, 857 ff.; *Wittreck, Fabian,* Menschenwürde und Folterverbot, DÖV 2003, 873 ff.

§ 10. Allgemeine Handlungsfreiheit (Art. 2 Abs. 1 GG)

I. Sachlicher Schutzbereich

Fall 20 *(nach BVerfGE 80, 137 ff.)*: Das Landeswaldgesetz des Landes NRW   **219** erlaubt das „Reiten im Wald" nur auf ausdrücklich gekennzeichneten privaten Straßen und Wegen. Reiter R sieht hierin eine Verletzung seiner allgemeinen Handlungsfreiheit. Mit Recht?

1. Weite Interpretation des Schutzbereichs

Die allgemeine Handlungsfreiheit ist das Grundrecht mit dem   **220** weitesten Schutzbereich. Entsprechend der Entstehungsgeschichte geht das BVerfG davon aus, dass das Grundrecht die Handlungsfreiheit im umfassenden Sinne schützt (BVerfG 6, 32/36). Jeder kann unter Berufung auf Art. 2 Abs. 1 GG „tun und lassen, was er will". Es kommt nicht darauf an, welches Gewicht die Betätigung für die Persönlichkeitsentfaltung hat (BVerfG 80, 137/152 f.). Geschützt ist beispielsweise auch das Taubenfüttern im Park (BVerfGE 54, 143/146).

2. Subsidiarität gegenüber Spezialgrundrechten

Durch die weite Definition des Schutzbereiches werden grund-   **221** sätzlich auch alle Handlungen von der allgemeinen Handlungsfreiheit erfasst, die unter dem Schutz spezieller Grundrechte stehen. Die allgemeine Handlungsfreiheit ist deshalb gegenüber den anderen Freiheitsrechten subsidiär, wenn ein Eingriff in den Schutzbereich des Spezialgrundrechts vorliegt. Aufbautechnisch hat dies zur Konsequenz, dass die allgemeine Handlungsfreiheit stets am Ende der Prüfung von Freiheitsrechten anzusprechen ist.

Beispiele: **222**
– Die Pflichtmitgliedschaft in einem öffentlich-rechtlichen Verband (z. B. Ärztekammer) ist an Art. 2 Abs. 1 GG zu messen, da ein Eingriff in Art. 9 Abs. 1 GG (der sich nur auf private Verbände bezieht) nicht vorliegt.

- Die Heranziehung zu Steuern und Abgaben greift in Art. 2 Abs. 1 GG ein,
  weil das Vermögen von Art. 14 GG nicht geschützt ist.
- Die Ausreise aus dem Bundesgebiet fällt unter Art. 2 Abs. 1 GG, da Art. 11
  Abs. 1 GG nur die Einreise schützt.

223   Problematisch ist die Prüfung von Straftatbeständen (z. B. Verbot des Umgangs mit Cannabisprodukten). Insoweit soll das strafbewehrte Verbot an Art. 2 Abs. 1 GG, die angedrohte Freiheitsentziehung hingegen an Art. 2 Abs. 2 Satz 1 GG (Freiheit der Person) gemessen werden (so BVerfG, NJW 1994, 1577; zweifelhaft!).

II. Persönlicher Schutzbereich

224   Träger des Grundrechts ist zunächst jede natürliche Person. Das Grundrecht ist jedoch auch auf juristische Personen und Vereinigungen gemäß Art. 19 Abs. 3 GG anwendbar (BVerfGE 20, 323/336; 23, 12/30; 44, 353/372).

225   Die allgemeine Handlungsfreiheit ist auch dann anwendbar, wenn ein Ausländer sich im Bereich eines Deutschengrundrechts betätigt. In diesem Fall kann sich der Ausländer zwar nicht auf das Deutschengrundrecht, wohl aber auf Art. 2 Abs. 1 GG berufen (BVerfGE 35, 382/393; 78, 179/196 f.).

III. Eingriff

226   In das Grundrecht wird durch jede imperative Regelung der öffentlichen Gewalt eingegriffen. Hierbei kann es sich um Gesetze, Verordnungen, Satzungen oder Verwaltungsakte handeln. Gegen faktische bzw. mittelbare Beeinträchtigungen bietet Art. 2 Abs. 1 GG in der Regel keinen Schutz. Ausnahmen nimmt die Rechtsprechung bei faktischen Beeinträchtigungen im Rahmen des wirtschaftlichen Wettbewerbs an, etwa bei der Erteilung von Ausnahmegenehmigungen an Konkurrenten, wenn es zu einer Beeinträchtigung von erheblichem Gewicht kommt (BVerwGE 30, 191/198; 60, 154/160; 65, 167/174).

IV. Verfassungsrechtliche Rechtfertigung
von Beschränkungen

Das Grundgesetz gewährt die allgemeine Handlungsfreiheit **227**
nur insoweit, wie nicht gegen Rechte anderer, die verfassungsmäßige Ordnung oder das Sittengesetz verstoßen wird. Von zentraler
Bedeutung ist der Begriff der verfassungsmäßigen Ordnung. Er
wird im Rahmen des Art. 2 Abs. 1 GG als „verfassungsmäßige
Rechtsordnung" verstanden. **Verfassungsmäßige Rechtsordnung** ist die Gesamtheit der Normen, die formell und materiell
verfassungsmäßig ist (BVerfGE 6, 32/37 ff.; 63, 88/108 f.; 80, 137/
153). Die Rechte anderer sind Bestandteil der verfassungsmäßigen
Ordnung. Das Sittengesetz bildet insoweit eine Grenze der Handlungsfreiheit, als es nicht in gesetzlichen Normierungen niedergelegt ist.

Bei Eingriffen in die allgemeine Handlungsfreiheit ist deshalb zu **228**
prüfen, ob das eingreifende Gesetz formell und materiell rechtmäßig ist. Jeder Verstoß gegen die verfassungsmäßige Ordnung führt
zu einem Verstoß auch gegen Art. 2 Abs. 1 GG. Zudem muss der
Grundsatz der Verhältnismäßigkeit gewahrt sein.

Ein rechtswidriger Eingriff in Art. 2 Abs. 1 GG liegt auch dann **229**
vor, wenn ein Gesetz zwar verfassungsmäßig ist, die Anwendung
des Gesetzes jedoch fehlerhaft erfolgt. Insofern kann ebenfalls ein
Verstoß gegen das Übermaßverbot vorliegen

Beispiel *(BVerfG, NJW 2002, 2378):* A ist gelegentlicher Konsument von **230**
Cannabis. Eine Fahreignungsprüfung verweigert er. Soweit der Drogenkon-
sum keinen Bezug zum Straßenverkehr hat, darf in Abwägung der betroffenen
Rechtsgüter kein Entzug der Fahrerlaubnis angeordnet werden.

Art. 2 Abs. 1 GG bietet also Schutz vor rechtswidrigen staatli- **231**
chen Eingriffen, unabhängig davon, worauf die Rechtswidrigkeit
der Maßnahme beruht.

Lösung Fall 20: Art. 2 Abs. 1 GG schützt ein beliebiges Tun, also auch **232**
das „Reiten im Wald". In das Grundrecht wird durch das Landeswaldgesetz
(imperativ) eingegriffen. Der Eingriff ist verfassungsrechtlich gerechtfertigt,
wenn das Landeswaldgesetz Bestandteil der verfassungsmäßigen Ordnung ist.
Es müsste formell und materiell verfassungsmäßig sein. Die Kompetenz des
Landes ergibt sich aus Art. 70 Abs. 1 GG (das auf Art. 74 Abs. 1 Nr. 17 GG

gestützte Bundeswaldgesetz betrifft nicht die Nutzung von Waldwegen, sondern die Erhaltung des Waldes und die Forstwirtschaft). Materielle Verfassungsmäßigkeit liegt dann vor, wenn das Übermaßverbot beachtet ist. Das (beschränkte) Verbot des Reitens im Wald dient vor allem dem Schutz von Spaziergängern. Es ist hierzu geeignet und erforderlich, gegenüber den Reitern ist es auch verhältnismäßig.

233   **Literatur zu § 10:** *Degenhart, Christoph,* Die Allgemeine Handlungsfreiheit des Art. 2 I GG, JuS 1990, 161 ff.; *Pieroth, Bodo,* Der Wert der Auffangfunktion des Art. 2 Abs. 1 GG, AöR 1990, 33 ff.; *Rennert, Klaus,* Das Reiten im Wald – Bemerkungen zu Art. 2 I GG, NJW 1989, 3261 ff.

§ 11. Allgemeines Persönlichkeitsrecht (Art. 2 Abs. 1 i. V. m. Art. 1 Abs. 1 GG)

I. Schutzbereich

1. Sachlicher Schutzbereich

234   **Fall 21** *(BVerfGE 80, 367 ff.):* M wird wegen Mordes an einer Frau zu lebenslanger Freiheitsstrafe verurteilt. Das Landgericht stützt die Verurteilung auf die Verlesung von tagebuchähnlichen Aufzeichnungen des M in der Hauptverhandlung. War die Verwertung des Tagebuchs mit den Grundrechten des M vereinbar?

235   Das allgemeine Persönlichkeitsrecht ist im Wesentlichen von der Rechtsprechung entwickelt worden. Es wird aus Art. 2 Abs. 1 i. V. m. Art. 1 Abs. 1 GG abgeleitet. Es dient dazu, neuere Gefährdungen der menschlichen Persönlichkeit, die den Verfassungsvätern nicht bewusst waren oder noch nicht bewusst sein konnten, entgegenzuwirken. Der Schutzbereich lässt sich deshalb nicht abschließend bestimmen. Es ist nicht ausgeschlossen, dass bei neueren technischen oder gesellschaftlichen Entwicklungen die Rechtsprechung neue Elemente des allgemeinen Persönlichkeitsrechts entwickelt.

236   Das allgemeine Persönlichkeitsrecht schützt zunächst die **engere persönliche Lebenssphäre** und Erhaltung ihrer Grundbedingungen (BVerfGE 54, 148/153; 72, 155/170). Es sichert einen autonomen Bereich privater Lebensgestaltung, in dem der Einzelne seine Individualität entwickeln und wahren kann (BVerfGE 79, 256/268). Hierbei geht es vor allem um den Schutz der Privatsphäre.

Das allgemeine Persönlichkeitsrecht schützt auch die **informa-**   **237** **tionelle Selbstbestimmung.** Grundsätzlich hat der Einzelne selbst die Befugnis, über die Preisgabe und Verwendung persönlicher Daten zu bestimmen (BVerfGE 65, 1/43). Dies gilt gerade hinsichtlich der neuen Möglichkeiten im Rahmen der automatischen Datenverarbeitung. Geschützt sind etwa Akten, in denen persönliche Daten enthalten sind, Tagebücher und private Aufzeichnungen, Krankenakten, Steuerdaten oder Geschäftsgeheimnisse.

Geschützt ist weiterhin die Darstellung des Grundrechtsinhabers   **238** in der Öffentlichkeit (BVerfGE 63, 131/142). Der Einzelne darf selbst darüber befinden, wie er sich gegenüber Dritten oder gegenüber der **Öffentlichkeit** darstellen will. Es gibt ein **Recht am eigenen Bild** im Hinblick auf dessen Verbreitung in der Öffentlichkeit (BVerfGE 35, 202/224; 54, 148/154f.).

Ebenso gibt es ein **Recht am gesprochenen Wort** (BVerfGE   **239** 34, 238/246; 54, 208/217). Geschützt wird die unbefangene Kommunikation. Jeder hat ein Selbstbestimmungsrecht hinsichtlich der Auswahl der Personen, die Kenntnis vom Gesprächsinhalt erhalten sollen. Man darf also selbst bestimmen, ob ein nicht öffentlich Gesprochenes an die Öffentlichkeit gebracht oder Dritten sonst wie zugänglich gemacht wird.

Beispiel *(BVerfGE 106, 28ff.):* K und V schließen einen Kaufvertrag über   **240** einen gebrauchten PKW. K verlangt die Rückabwicklung und behauptet in einem daraufhin durchgeführten Zivilprozess, V habe dem im Rahmen eines Telefongesprächs zugestimmt. Als Zeuge wird E, die Ehefrau des K benannt, die das Gespräch ohne Wissen des V über einen Lautsprecher mitgehört hat.

Das Zivilgericht darf E nicht als Zeugin vernehmen und eine eventuelle Aussage nicht zu Lasten des V verwerten, weil damit das Recht am gesprochenen Wort des V verletzt würde. Die Persönlichkeitsinteressen des V überwiegen die Interessen an einer „richtigen" Entscheidung. (Etwas Anderes würde aber dann gelten, wenn es um die Aufklärung besonders schwerer Straftaten ginge oder sich jemand in einer Notwehrsituation oder einer notwehrähnlichen Lage befindet):

Der Einzelne hat zudem ein Recht darauf, dass ihm nicht die   **241** Mitgliedschaft in einer Organisation oder Vereinigung zugeschrieben wird, wenn diese Zuschreibung Bedeutung für die Persönlichkeit und deren Bild in der Öffentlichkeit hat (BVerfGE 99, 185 ff. – angebliche Mitgliedschaft in der Scientology-Organisation).

242   Besonders geschützt sind die Bereiche Sexualität, Ehe und Familie. Für Strafgefangene besteht ein Anspruch auf **Resozialisierung** (BVerfGE 35, 202/236; 45, 187/238 f.).

2. Personeller Schutzbereich

243   Das Grundrecht des allgemeinen Persönlichkeitsrechts steht vor allem natürlichen Personen zu. Inwieweit sich auch juristische Personen auf das allgemeine Persönlichkeitsrecht berufen können, ist noch nicht endgültig geklärt. Der BGH erkennt juristischen Personen zivilrechtlich den Schutz des allgemeinen Persönlichkeitsrechts zu (BGHZ 81, 75/78; 98, 94/97). Auf verfassungsrechtlicher Ebene ist wegen der vielfältigen Schutzwirkungen eine einheitliche Antwort wohl nicht möglich. Immerhin hat das BVerfG auch juristischen Personen das Recht am gesprochenen Wort zuerkannt (BVerfGE 106, 28/42). Andere Gewährleistungsgehalte wie das Recht am eigenen Bild oder der Anspruch auf Resozialisierung stehen hingegen einer juristischen Person schon wesensmäßig nicht zu.

244   Das Andenken Verstorbener (postmortaler Persönlichkeitsschutz) wird nicht durch Art. 2 Abs. 1 i. V. m. Art. 1 Abs. 1 GG, sondern allein durch die Menschenwürdegarantie des Art. 1 Abs. 1 GG bewirkt (BVerfG, NJW 2001, 594 ff.). Hierbei trifft den Staat eine Schutzpflicht, die vor allem dann einschlägig ist, wenn gegenüber einem Toten Schmähkritik geübt wird. Eine gewisse Schutzlücke besteht bei Vereinnahmungen des Andenkens Verstorbener für politische Zwecke.

245   **Beispiel** *(NJW 2001, 2957 ff.):* Die rechtsgerichtete DVU wirbt im Wahlkampf damit, der vor Jahrzehnten verstorbene sozialdemokratische Politiker K würde heute DVU wählen. Die zivilrechtliche Unterlassungsklage der Tochter von K wird abgewiesen, da die spekulative Äußerung zulässiger Gegenstand der politischen Diskussion im Wahlkampf sei.
Das BVerfG sieht hierin (zu Recht) keinen Verfassungsverstoß. Es ist nicht Aufgabe der Grundrechte, jegliche politische Geschmacklosigkeit zu verhindern.

II. Eingriffe

Eingriffe in das allgemeine Persönlichkeitsrecht erfolgen meist **246**
durch faktische Einwirkungen, z. B. durch die Erhebung, Speicherung und Weitergabe von personenbezogenen Daten, durch heimliche Tonbandaufnahmen oder durch das Verlesen von Tagebüchern. Die Einwilligung des Betroffenen steht der Verletzung des Persönlichkeitsrechts jedenfalls dann nicht entgegen, wenn sich der Betroffene in einer Zwangslage befindet (BVerfG, NJW 1982, 375).

III. Verfassungsrechtliche Rechtfertigung von Eingriffen

Eingriffe in das allgemeine Persönlichkeitsrecht bedürfen einer **247**
formellgesetzlichen Grundlage. Die Rechtsprechung zieht insoweit die Schranken des Art. 2 Abs. 1 GG entsprechend heran (BVerfGE 65, 1/44; 78, 77/85). Das Zitiergebot des Art. 19 Abs. 1 Satz 2 GG ist nicht anwendbar. Eine besonders wichtige Eingriffsgrundlage im Hinblick auf das Recht am eigenen Bild ist § 23 KUG, wonach insbesondere Personen der Zeitgeschichte die Verbreitung des eigenen Bildnisses dulden müssen. Hierbei unterscheidet man zwischen „absoluten" und „relativen" Personen der Zeitgeschichte. „Absolute" Personen der Zeitgeschichte (Angehörige des Hochadels, Spitzensportler, bekannte Künstler und Politiker) dürfen in den Medien grundsätzlich abgebildet werden, es sei denn, ihr Intimbereich wird berührt. „Relative" Personen der Zeitgeschichte treten nur anlässlich eines bestimmten Ereignisses in das Licht der Öffentlichkeit (z. B. Entführungsopfer). Sie dürfen nur im Zusammenhang mit diesem Ereignis abgebildet werden.

Die Verhältnismäßigkeitsprüfung ist im Rahmen des allgemeinen **248**
Persönlichkeitsrechts strenger vorzunehmen als bei der allgemeinen Handlungsfreiheit. Je schwerer der Eingriff liegt, desto gewichtiger müssen die öffentlichen Interessen sein, die den Eingriff rechtfertigen sollen. Eingriffe in die Intimsphäre, in den sog. letzten unantastbaren Bereich privater Lebensgestaltung, sind grundsätzlich unzulässig (vgl. BVerfGE 80, 367/373 f.). Einen besonderen Schutz

genießen Kinder von Prominenten, weil ihre Persönlichkeitsent-
wicklung gegenüber einer Berichterstattung in den Medien als besonders schutzwürdig erscheint.

249 **Beispiel** *(BVerfG, NJW 2003, 3263f.)*: Anlässlich der Geburt der Tochter
von Prinzessin C von M verfasst eine Zeitschrift ein „Geburtshoroskop" für
das neugeborene Kind. Die Verbreitung kann zum Schutz des allgemeinen
Persönlichkeitsrechts der Tochter untersagt werden. Entsprechende Eingriffe in
die Meinungs- oder Pressefreiheit (Art. 5 Abs. 1 GG) sind deshalb gerechtfertigt.

IV. Objektiv-rechtliche Dimension des allgemeinen Persönlichkeitsrechts

250 Aus dem allgemeinen Persönlichkeitsrecht können Ansprüche
auf Auskunft erfolgen. So besteht ein Anspruch auf Einsicht in
Krankheitsakten (BVerwGE 82, 45/50 f.). Es besteht weiterhin ein
Anspruch auf Kenntnis der eigenen Abstammung (BVerfGE 79,
256/268 ff.).

251 Im Rahmen des Privatrechts ist die weitreichende Ausstrahlungswirkung des Grundrechts zu beachten (siehe BGHZ 98, 32/
33 f.). Die Entwicklung des zivilrechtlichen allgemeinen Persönlichkeitsrechts dient der einfachrechtlichen Umsetzung des verfassungsrechtlichen Schutzauftrages. Auch mit den medienrechtlichen
Regelungen über das Gegendarstellungsrecht erfüllt der Staat seine
Schutzpflicht, die aus dem allgemeinen Persönlichkeitsrecht folgt
(BVerfG, NJW 1999, 483/484).

252 Wahre Aussagen in den Medien verstoßen im Regelfall nicht
gegen das allgemeine Persönlichkeitsrecht, auch wenn sie nachteilig
für den Betroffenen sind (BVerfGE 99, 185/196). Die Persönlichkeitsbelange können jedoch im Ausnahmefall überwiegen und eine
Berichterstattung oder Veröffentlichung unzulässig machen (Stig-
matisierung des Betroffenen, nachhaltige Beeinträchtigung der Persönlichkeitsentfaltung).

253 **Lösung Fall 21:** Das allgemeine Persönlichkeitsrecht (Art. 2 Abs. 1 i. V. m.
Art. 1 GG) gewährt dem Einzelnen die Befugnis, grundsätzlich selbst zu entscheiden, wann und innerhalb welcher Grenzen persönliche Lebenssachver-
halte offenbart werden. Die Verlesung eines Tagebuchs in der Hauptverhand-

lung eines Strafprozesses greift deshalb in das allgemeine Persönlichkeitsrecht (aPR) ein. Das aPR steht unter dem Gesetzesvorbehalt der verfassungsmäßigen Ordnung (Art. 2 Abs. 1 GG analog). Zur verfassungsmäßigen Ordnung gehören die Bestimmungen der StPO über die Durchführung einer Hauptverhandlung. Urkunden sind nach § 249 StPO zu verlesen. Auch die Anwendung der Vorschriften im Einzelfall muss verfassungsmäßig sein. In den letzten unantastbaren Bereich privater Lebensgestaltung darf nicht eingegriffen werden. Hierzu sind Tagebücher nicht zu zählen (str.). Es ist deshalb zwischen dem Geheimhaltungsinteresse des M und den staatlichen Interessen an Strafverfolgung abzuwägen. Angesichts der Schwere des Verbrechens überwiegen die staatlichen Interessen an der Strafverfolgung. Ein Grundrechtsverstoß liegt nicht vor (so das BVerfG).

Literatur: *Degenhart, Christoph,* Das allgemeine Persönlichkeitsrecht, Art. 2 I **254** i. V. m. Art. 1 I GG, JuS 1992, 361 ff.; *Geis, Max-Emanuel,* Der Kernbereich des Persönlichkeitsrechts, – Ein Plädoyer für die „Sphärentheorie" –, JZ 1991, 112 ff.; *Jarass, Hans-D.,* Das allgemeine Persönlichkeitsrecht im Grundgesetz, NJW 1989, 857 ff.; *Papst, Heinz-Joachim,* Der postmortale Persönlichkeitsschutz in der neueren Rechtsprechung des BVerfG, NJW 2002, 999 ff.

§ 12. Recht auf Leben und körperliche Unversehrtheit (Art. 2 Abs. 2 Satz 1 GG)

I. Schutzbereich

1. Sachlicher Schutzbereich

Fall 22 *(nach BVerfGE 16, 194 ff.):* A muss sich wegen einiger Bagatellde- **255** likte vor dem Amtsgericht strafrechtlich verantworten. Der Amtsrichter hat Bedenken hinsichtlich der Zurechnungsfähigkeit des A. Er ordnet deshalb die ärztliche Untersuchung der Gehirn- und Rückenmarksflüssigkeit an (sog. Liquorentnahme). Verletzt diese Anordnung Grundrechte des A?

a) Recht auf Leben. Art. 2 Abs. 2 Satz 1 GG enthält zwei **256** Grundrechte, das Recht auf Leben und das Recht auf körperliche Unversehrtheit. Das Recht auf Leben schützt das körperliche Dasein, also die biologisch-physische Existenz. Ein „Recht auf Selbstmord" gibt das Grundrecht hingegen nicht. Insoweit ist die allgemeine Handlungsfreiheit des Art. 2 Abs. 1 GG einschlägig. Die Zwangsernährung eines im Hungerstreik befindlichen Strafgefangenen ist deshalb kein Eingriff in das Recht auf Leben (wohl aber ein Eingriff in das Recht auf körperliche Unversehrtheit).

257   b) Recht auf körperliche Unversehrtheit. Das Grundrecht auf körperliche Unversehrtheit hängt eng mit dem Recht auf Leben zusammen. Die körperliche Unversehrtheit umfasst die Gesundheit im biologisch-physiologischen Sinne (BVerfGE 56, 54/73 ff.). Vor nichtkörperlichen Einwirkungen gewährt das Grundrecht insoweit Schutz, als dass das Befinden des Menschen in einer Weise verändert wird, die der Zufügung von Schmerz entspricht z. B. bei „psychischem Terror" oder seelischen Folterungen (BVerfGE 56, 54/75).

2. Persönlicher Schutzbereich

258   Träger des Grundrechts auf Leben und körperliche Unversehrtheit ist jede natürliche Person. Auf den geistigen bzw. körperlichen Zustand der Person kommt es nicht an. Lebensunwertes Leben kennt das Grundgesetz nicht.

259   Der Schutz durch das Grundrecht endet mit dem Tod. Hierbei stellt die wohl überwiegende Auffassung auf den Hirntod ab.

260   Das werdende Leben im Mutterleib ist selbst nicht Grundrechtsträger (vgl. auch oben § 9 II 2). Der objektiv-rechtliche Schutz des Grundrechts erstreckt sich jedoch auf das werdende Leben. Der Grundrechtsschutz kommt insoweit auch extrakorporal erzeugtem Leben zugute. Die verfassungsrechtliche Schutzintensität steigt von der Nidation bis zum Beginn der Geburt. Insoweit lässt sich von Stufungen des vorgeburtlichen Lebensschutzes sprechen, ein Gedanke, der auch den §§ 218 ff. StGB zu Grunde liegt. Je weiter sich der Embryo entwickelt, desto stärker muss die Rechtsordnung Schutzmechanismen zur Verfügung stellen.

II. Eingriff

261   Das Recht auf Leben bzw. körperliche Unversehrtheit wird in der Regel durch faktische Maßnahmen der öffentlichen Gewalt beeinträchtigt. Hierzu gehört etwa der finale Rettungsschuss durch einen Polizeibeamten, Menschenversuche, Zwangssterilisationen, körperliche Strafen oder Züchtigungen, aber auch ärztliche Zwangsuntersuchungen.

Ein Eingriff kann auch in der Gefährdung des Grundrechts lie- **262**
gen. Dies ist jedenfalls dann der Fall, wenn eine Verletzung von
Leben bzw. körperlicher Unversehrtheit ernsthaft zu befürchten ist
(BVerfGE 51, 324/347). Die Heranziehung zum Wehrdienst ist
keine Grundrechtsbeeinträchtigung im Hinblick auf Art. 2 Abs. 2
Satz 1 GG (BVerfGE 77, 170/171).

III. Verfassungsrechtliche Rechtfertigung von Eingriffen

Gemäß Art. 2 Abs. 2 Satz 3 GG kann das Grundrecht „aufgrund **263**
eines Gesetzes" beschränkt werden. Die sog. Eingriffsmaßnahmen
bedürfen deshalb einer formell-gesetzlichen Grundlage. Da auch
die Gefährdung ein Eingriff sein kann, ist es denkbar, dass der Eingriff unmittelbar durch Gesetz herbeigeführt wird. Dies ist durch
die Formulierung des Art. 2 Abs. 2 Satz 3 GG nicht ausgeschlossen.
Sie erklärt sich dadurch, dass der Eingriff durch Realakt in der Pra-
xis ganz im Vordergrund steht.

Hinsichtlich der materiellen Rechtmäßigkeit des eingreifenden **264**
Gesetzes ist zu beachten, dass das einschränkende Gesetz im Lichte
des Grundrechts ausgelegt werden muss (BVerfGE 17, 108/117).
Gerade bei der Verhältnismäßigkeitsprüfung ist eine strenge Prüfung geboten. Eine absolute Schrankenschranke bildet das Verbot
der Todesstrafe (Art. 102 GG).

Lösung Fall 22: Die Liquorentnahme greift in die körperliche Unversehrt- **265**
heit des A ein. Der Eingriff ist durch § 81a StPO grundsätzlich zugelassen.
§ 81a StPO ist formell und materiell verfassungsmäßig. Fraglich ist jedoch, ob
die Anordnung des Amtsrichters im konkreten Fall zumutbar (verhältnismäßig
i. e. S.) ist. Die Entnahme von Gehirn- und Rückenmarksflüssigkeit erfolgt
mittels einer Hohlnadel. Es handelt sich um einen erheblichen körperlichen
Eingriff. Da im vorliegenden Fall nur Bagatelldelikte angeklagt sind, ist der Eingriff unverhältnismäßig. (Anders wäre zu entscheiden, wenn es um vergleichsweise geringfügige Beeinträchtigungen ginge, z. B. Hirnstrommessungen.)

IV. Objektiv-rechtliche Dimension des Grundrechts

Fall 23: Nichtraucher N verlangt mit einer Klage vor dem BVerfG, die ge- **266**
setzgebenden Organe des Bundes zum Erlass eines Nichtraucher-Schutzgeset-
zes zu verpflichten. Mit Erfolg?

1. Allgemeines

267   Insbesondere im Hinblick auf die körperliche Unversehrtheit besteht eine staatliche Schutzpflicht, die vor allem für den Umweltschutz erhebliche Bedeutung hat. Der Staat muss durch den Erlass von Gesetzen, Verordnungen und sonstigen Maßnahmen dafür sorgen, dass Leben und körperliche Unversehrtheit von Privaten geschützt werden, gerade auch gegenüber Beeinträchtigungen durch andere Private, z.B. durch emittierende Industrieanlagen. Oft bewirkt der Gesetzgeber Grundrechtsschutz durch Verfahrensvorschriften (BVerfGE 53, 30/65). Ihre Nichtbeachtung im Verwaltungsverfahren kann zu einer Grundrechtsverletzung führen.

268   Bei der Erfüllung der aus Art. 2 Abs. 2 Satz 1 GG folgenden Schutzpflicht hat der Staat jedoch einen erheblichen Spielraum (BVerfGE 77, 381/405; 79, 174/202). In der Regel kommt es nicht dazu, dass nur eine ganz bestimmte Maßnahme rechtmäßig ist.

2. Beispielsfälle

269   **a) Selbsttötung.** Die Selbsttötung ist durch Art. 2 Abs. 1 GG geschützt. Aus Art. 2 Abs. 2 Satz 1 GG ergibt sich keine Verpflichtung des Staates, den Einzelnen vor sich selbst zu schützen. Eine Schutzbefugnis gibt es in den Fällen, in denen die Freiheit der Willensbildung eingeschränkt ist.

270   **b) Schwangerschaftsabbruch.** Besondere Bedeutung hat die objektiv-rechtliche Dimension des Art. 2 Abs. 2 Satz 1 GG bei der Diskussion um den Schwangerschaftsabbruch. Hierzu hat das BVerfG folgende Grundsätze aufgestellt (BVerfGE 88, 203 ff.):

271   Die Schutzpflicht für das ungeborene Leben ist bezogen auf das einzelne Leben, nicht auf das menschliche Leben allgemein. Der **Schutz** ist auch **gegenüber der Mutter** zu gewährleisten. Deshalb muss der Schwangerschaftsabbruch grundsätzlich verboten werden, der Mutter muss die grundsätzliche Rechtspflicht auferlegt werden, das Kind auszutragen. Das Lebensrecht des Ungeborenen darf nicht der freien, rechtlich nicht gebundenen Entscheidung eines Dritten (und sei es der Mutter) überantwortet werden. Die

Reichweite der Schutzpflicht ist jedoch begrenzt durch kollidierende Rechtsgüter Dritter. In Betracht kommt das Recht der schwangeren Frau auf Schutz und Achtung ihrer Menschenwürde, ihres Lebens und ihrer körperlichen Unversehrtheit sowie ihrer Persönlichkeitsrechte. Hingegen kann sich die schwangere Frau hinsichtlich der Tötung des ungeborenen Lebens nicht auf die Glaubens- und Gewissensfreiheit des Art. 4 Abs. 1 GG berufen. Der Gesetzgeber muss insoweit ein **Schutzkonzept** entwickeln. In Ausnahmelagen ist es zulässig, eine Rechtspflicht zur Austragung des Kindes nicht anzunehmen. Das **Untermaßverbot** lässt es aber nicht zu, auf den Einsatz des Strafrechts und die davon ausgehende Schutzwirkung für das menschliche Leben frei zu verzichten. Die staatliche Schutzpflicht umfasst insoweit auch den Schutz vor Gefahren, die für das ungeborene menschliche Leben von Einflüssen aus dem familiären oder weiteren sozialen Umfeld der Schwangeren oder von gegenwärtigen oder absehbaren realen Lebensverhältnissen der Frau und der Familie ausgehen und der Bereitschaft zum Austragen des Kindes entgegenwirken. Mit dem Untermaßverbot vereinbar ist es, wenn sich der Gesetzgeber dafür entscheidet, in der Frühphase der Schwangerschaft den Schwerpunkt auf die Beratung der schwangeren Frau zu legen.

Lösung Fall 23: Die Gefahren des Passivrauchens für Nichtraucher sind **272** wissenschaftlich eindeutig erwiesen. Die staatlichen Organe sind deshalb verpflichtet, die körperliche Unversehrtheit der Nichtraucher zu schützen. Wie dies geschieht, liegt jedoch in ihrem Ermessen. Ein Verstoß gegen das Untermaßverbot lässt sich nicht feststellen, da auf vielfältige Weise von der öffentlichen Hand versucht wird, den Gefahren des Passivrauchens entgegenzuwirken (Aufklärungskampagnen, Einrichtung von Nichtraucherzonen in öffentlichen Gebäuden, Nichtraucherschutz am Arbeitsplatz etc.).

Literatur zu § 12: *Dreier, Horst,* Stufungen des vorgeburtlichen Lebens- **273** schutzes, ZRP 2002, 377 ff.; *Hermes, Georg/Walther, Susanne,* Schwangerschaftsabbruch zwischen Recht und Unrecht, Das zweite Abtreibungsurteil des BVerfG und seine Folgen, NJW 1993, 2337 ff.; *Kunig, Philip,* Grundrechtlicher Schutz des Lebens, Jura 1991, 415 ff.

§ 13. Freiheit der Person (Art. 2 Abs. 2 Satz 2 GG)

I. Schutzbereich

274   **Fall 24** *(nach BVerfGE 90, 145 ff.)*: C wird wegen Besitzes von geringen
Mengen Haschisch vom Amtsgericht in L zu einer sechsmonatigen Freiheitsstrafe verurteilt. Ist die Verurteilung mit den Grundrechten der C vereinbar?

275   Trotz des weiten Wortlauts schützt das Grundrecht aus Art. 2
Abs. 2 Satz 2 GG allein die körperliche Bewegungsfreiheit („liberté
d'aller et de venir"). Dies folgt aus der Entstehungsgeschichte, der
Parallelnorm des Art. 104 GG und dem Zusammenhang mit Art. 2
Abs. 2 Satz 1 GG. Das Grundrecht gibt also das Recht, sich von
einem bestimmten Ort fortzubewegen. Es gibt nicht das Recht,
sich an bestimmten Stellen aufzuhalten.

276   Das Verhältnis zwischen den einzelnen Bestimmungen ist folgendermaßen zu verstehen: Art. 2 Abs. 2 GG enthält das eigentliche Freiheitsrecht. Art. 2 Abs. 2 Satz 3 GG begründet den dafür
maßgeblichen Einschränkungsvorbehalt. Für die Einschränkung
enthält wiederum Art. 104 GG besondere Erfordernisse.

277   Träger des Grundrechts ist jede natürliche Person, auch der Ge-
schäftsunfähige. Auf juristische Personen und Personenvereinigungen ist das Grundrecht nicht anwendbar.

II. Eingriff

278   Ein Eingriff liegt dann vor, wenn es zu einer Freiheitsbeschränkung kommt. Bei einer **Freiheitsentziehung** wird die körperliche
Bewegungsfreiheit nicht nur kurzfristig beschränkt. Bei **sonstigen
Freiheitsbeschränkungen** erschöpft sich die Beeinträchtigung
von vornherein auf die Zeitdauer zur Durchführung einer bestimmten Maßnahme. Typische Fälle der Freiheitsentziehung sind
die Freiheitsstrafe, die Untersuchungshaft und die Unterbringung
Geisteskranker in Heilanstalten.

279   Freiheitsbeschränkungen erfolgen in der Regel durch faktische
Eingriffe. Die Vorladung zum Verkehrsunterricht ist noch kein

Eingriff (BVerfGE 22, 21/26), wohl aber die zwangsweise Durchführung einer solchen Pflicht. Bei Strafvorschriften unterscheidet das BVerfG zwischen dem strafbewehrten Verbot und der angedrohten Freiheitsentziehung (BVerfGE 90, 145/171). Das Verbot selbst soll an Art. 2 Abs. 1 GG (allgemeine Handlungsfreiheit) gemessen werden, die angedrohte Freiheitsentziehung an Art. 2 Abs. 2 Satz 1 GG. Diese Unterscheidung wirkt etwas künstlich. Die Verurteilung zu einer Freiheitsstrafe ist jedenfalls nur dann verfassungsmäßig, wenn sowohl das Verbot als auch die Sanktion verfassungsmäßig sind.

III. Verfassungsrechtliche Rechtfertigung von Eingriffen

Das Recht der Freiheit der Person darf wie alle Grundrechte nur **280** aufgrund eines formellen Gesetzes beeinträchtigt werden. Dies stellt Art. 104 Abs. 1 Satz 1 GG noch einmal ausdrücklich fest. Art. 104 Abs. 1 GG gilt für alle Formen der Freiheitsbeschränkung.

Für Freiheitsentziehungen besteht zudem der Richtervorbehalt **281** des Art. 104 Abs. 2 GG. Die richterliche Entscheidung muss grundsätzlich vor der Festnahme ergehen. Eine Ausnahme besteht nur dann, wenn ansonsten der Zweck der Maßnahme nicht erreicht werden könnte (Fluchtgefahr). Soweit jemand von der Polizei ohne richterlichen Beschluss in Gewahrsam genommen wird, muss unverzüglich eine richterliche Bestätigung herbeigeführt werden. Die richterliche Bestätigung ist auch dann erforderlich, wenn die Ingewahrsamnahme vor dem Ablauf der Frist des Art. 104 Abs. 2 Satz 3 GG endet (BVerfGE 105, 239 ff.).

Beispiel *(BVerfG, NJW 2002, 3161):* Ghanaer G soll am 27. 11. nach Gha- **282** na abgeschoben werden Die Polizei nimmt ihm am 26. 11. in Gewahrsam, weil sie anlässlich eines Gesprächs zur Vorbereitung der Abschiebung den Eindruck gewinnt, G werde sich der Abschiebung entziehen. Die polizeiliche Maßnahme muss soweit zumutbar und möglich bereits am 26. 11. richterlich bestätigt werden. Mit Ablauf des 27. 11. müsste G ohne richterliche Anordnung ohnehin wieder freigelassen werden (Art. 104 Abs. 2 Satz 3 GG).

Im Rahmen der Verhältnismäßigkeitsprüfung ist zu beachten, **283** dass die Freiheit der Person ein besonders hohes Rechtsgut ist. Sie

darf nur aus besonders gewichtigen Gründen eingeschränkt werden
(BVerfGE 70, 297/307).

284   Freiheitsbeschränkung
                                       i. w. S.

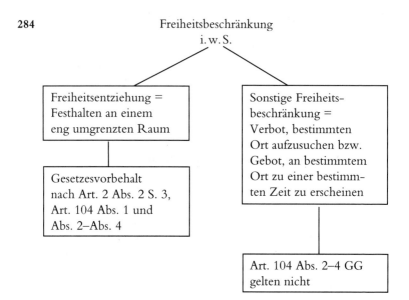

Freiheitsentziehung =
Festhalten an einem
eng umgrenzten Raum

Gesetzesvorbehalt
nach Art. 2 Abs. 2 S. 3,
Art. 104 Abs. 1 und
Abs. 2–Abs. 4

Sonstige Freiheits-
beschränkung =
Verbot, bestimmten
Ort aufzusuchen bzw.
Gebot, an bestimmtem
Ort zu einer bestimm-
ten Zeit zu erscheinen

Art. 104 Abs. 2–4 GG
gelten nicht

285   **Lösung Fall 24:** Das Verbot des Sich-Verschaffens von Cannabis (§ 29
Abs. 1 Satz 1 Nr. 1 BtMG) ist ein Eingriff in Art. 2 Abs. 1 GG. § 29 Abs. 1
Satz 1 Nr. 1 BtMG ist Bestandteil der verfassungsmäßigen Ordnung. Wegen
der Gesundheitsgefahren des Rauschgiftkonsums darf der Gesetzgeber das
Sich-Verschaffen von Betäubungsmitteln verbieten. Die von § 29 Abs. 1 Satz 1
Nr. 1 BtMG angedrohte Geld-/Freiheitsstrafe bis 5 Jahre ist ein Eingriff in
Art. 2 Abs. 2 Satz 2 GG. Sie ist verhältnismäßig, da u. a. § 31 a BtMG ein Ab-
sehen von der Verfolgung ermöglicht. Die konkrete Verurteilung hingegen ist
unverhältnismäßig und damit verfassungswidrig. Bei Handlungen, die den ge-
legentlichen Eigenverbrauch geringer Mengen von Cannabisprodukten vor-
bereiten und die keine Fremdgefährdung verursachen, muss von einer Strafverfolgung abgesehen werden (siehe § 31 a BtMG).

286   **Literatur zu § 13:** *Gusy, Christoph,* Freiheitsentziehung und Grundgesetz,
NJW 1992, 457 ff.; *Hantel, Peter,* Das Grundrecht der Freiheit der Person nach
Art. 2 II 2, 104 GG, JuS 1990, 865 ff.; *Müller-Dietz, Heinz,* Lebenslange Frei-
heitsstrafe und bedingte Entlassung, Jura 1994, 72 ff.

§ 14. Glaubensfreiheit (Art. 4 GG)

I. Schutzbereich

1. Sachlicher Schutzbereich

Fall 25 *(BVerfGE 32, 98 ff.)*: M wird wegen unterlassener Hilfeleistung ver-   **287**
urteilt, da er nicht auf seine erkrankte Frau F eingewirkt hat, sich medizinisch
behandeln zu lassen. F war deshalb gestorben. M und F lehnten medizinische
Behandlungen aus religiösen Gründen ab.

a) Einheitliche Garantie. Art. 4 Abs. 1 GG enthält eine Ga-   **288**
rantie der Freiheit des Glaubens, weiterhin schützt die Vorschrift
die Freiheit des religiösen und des weltanschaulichen Bekenntnisses. Gemäß Art. 4 Abs. 2 GG wird die ungestörte Religionsausübung gewährleistet. Hierbei handelt es sich nicht um einzelne
verfassungsrechtliche Garantien, sondern um ein einheitliches
Grundrecht der Glaubensfreiheit. Geschützt wird das Recht, einen
Glauben zu bilden, zu haben, den Glauben zu bekennen, zu verbreiten und gemäß dieses Glaubens zu handeln (vgl. BVerfGE 32,
98/106 f.; 69, 1/33 f.). Von besonderer Relevanz ist das Recht,
gemäß der Glaubensüberzeugung zu handeln. Hiervon sind nicht
nur traditionelle Glaubensmanifestationen (Beten, Sakramente etc.)
umfasst. Vielmehr darf der Einzelne sein gesamtes Verhalten an seinem Glauben ausrichten und gemäß seiner Glaubensüberzeugungen handeln.

Geschützt ist die positive und die negative Glaubensfreiheit. Das   **289**
Grundrecht gibt deshalb auch das Recht, eine bestimmte religiöse
oder weltanschauliche Überzeugung abzulehnen. Weiterhin umfasst Art. 4 Abs. 1 GG das Recht, die eigene Überzeugung zu ver-
schweigen (BVerfGE 46, 266/267; 65, 1/39).

b) Begriff des Glaubens. Der Begriff des Glaubens ist schwer   **290**
zu definieren. Allgemein gesprochen geht es um die Überzeugung
des Einzelnen von der Stellung des Menschen in der Welt und seinen Beziehungen zu höheren Mächten oder tieferen Seinsschich-
ten. Nicht erforderlich ist, dass andere die Glaubensüberzeugung

teilen. Auch wer einer Glaubensgemeinschaft angehört, darf sich selbst zu „Minderheiten" bekennen.

291 Die schlichte Behauptung, es handle sich bei einem bestimmten Verhalten um eine religiös motivierte Betätigung, reicht jedoch nicht aus, um den Schutzbereich des Grundrechts zu eröffnen. Es muss sich vielmehr nach dem geistigen Gehalt und äußerem Erscheinungsbild um eine religiös motivierte Handlung (bzw. bei der kollektiven Glaubensfreiheit um eine Religion oder Religionsgemeinschaft) handeln (BVerfGE 83, 341/353). Das BVerfG hat in älteren Entscheidungen auf eine „Kulturadäquanzklausel" zurückgegriffen, um den Bereich des Art. 4 GG nicht konturenlos werden zu lassen. So schütze das Grundgesetz nicht nur irgendeine, wie auch immer geartete freie Betätigung des Glaubens, sondern nur diejenige, die sich bei den heutigen Kulturvölkern auf dem Boden gewisser übereinstimmender sittlicher Grundanschauungen im Laufe der geschichtlichen Entwicklung herausgebildet habe (BVerfGE 12, 1/ 4; 24, 236/246). Es erscheint jedoch mehr als fraglich, ob sich ein hinreichender sittlicher Grundkonsens ermitteln lässt. Mittlerweile hat das Gericht auch Anhängern der sog. Osho-Bewegung den Schutz der Glaubensfreiheit zuerkannt (BVerfGE 105, 279/293).

292 **c) Einzelfragen des sachlichen Gewährleistungsbereichs.** Strittig ist, ob man aus Art. 4 GG ein Recht auf die Gewährung von **„Kirchenasyl"** ableiten kann. Nach Art. 16a GG ist die Gewährung von Asyl Sache des Staates, nicht des Einzelnen oder einzelner Glaubensgemeinschaften. Die Gewährung von „Kirchenasyl" hindert deshalb den Staat nicht am Vollzug ausländerrechtlicher Maßnahmen. Mit der Sanktionierung des Verhaltens von Gemeindemitgliedern, die sich für ein „Kirchenasyl" einsetzen, ist allerdings zu berücksichtigen, dass es sich um ein glaubensgeleitetes und von Art. 4 GG geschütztes Verhalten handelt.

293 Von der Glaubensfreiheit geschützt ist die Überzeugung, dass nur Fleisch von **geschächteten Tieren** verzehrt werden darf (anders BVerwG, NVwZ 1996, 61/61 ff.). Der Eingriff in den Schutzbereich der Glaubensfreiheit lässt sich nicht damit verneinen, dass Angehörige dieser Glaubensgruppe, die sich auf eine Sure des Koran berufen, nicht verpflichtet sind, Fleisch zu essen, dass es ihnen nur verboten ist, Fleisch von nicht geschächteten Tieren zu essen. Ein verpflichtendes Gebot ist aber nicht erforderlich, um von einem glaubensgeleiteten Handeln auszugehen, das von Art. 4 GG geschützt ist.

Art. 4 GG schützt auch die **religiöse Vereinigungsfreiheit.** 294
Ein Rückgriff auf Art. 9 Abs. 1 GG scheidet insoweit aus (BVerfGE 83, 341/354). Von der Glaubensfreiheit nicht geschützt sind politische oder ökonomische Tätigkeiten, für die nur der „Deckmantel" einer Religionsgesellschaft verwendet wird. Insofern muss auf das Gesamtbild der Tätigkeit der Vereinigung abgestellt werden.

Lösung Fall 25: M (und F) handelten aufgrund einer religiösen Überzeu- 295
gung. Die Ablehnung der Behandlung war deshalb durch Art. 4 Abs. 1 GG
geschützt. Die Verurteilung des M stellte einen Eingriff in den Schutzbereich
dar. Eine Rechtfertigung des Eingriffs durch kollidierendes Verfassungsrecht
scheidet aus, da F selbst die Behandlung ablehnte (anders wäre bei minderjährigen Kindern zu entscheiden).

2. Persönlicher Schutzbereich

a) Individuelle Glaubensfreiheit. Träger der Glaubensfreiheit 296
ist zunächst jede natürliche Person. Gewisse Beschränkungen der Glaubensfreiheit der Kinder ergeben sich jedoch aus dem ebenfalls geschützten Erziehungsrecht der Eltern (Art. 6 Abs. 2 GG).

b) Kollektive Glaubensfreiheit. Träger der Glaubensfreiheit 297
sind darüber hinaus oft juristische Personen oder sonstige Vereinigungen, deren Zweck die Pflege oder Förderung des religiösen oder weltanschaulichen Bekenntnisses oder die Verkündung des Glaubens ihrer Mitglieder ist (BVerfGE 19, 129/132; 70, 138/160 f.). Es kommt dabei nicht darauf an, in welcher Rechtsform die Vereinigung organisiert ist. Auch soweit es sich um eine Körperschaft des öffentlichen Rechts handelt (siehe Art. 140 GG i.V.m. 137 Abs. 3 WRV), steht der Gemeinschaft das Grundrecht der Glaubensfreiheit zu (BVerfGE 42, 312/322). Auch die „großen" Kirchen können somit unter Berufung auf Art. 4 Abs. 1 GG Verfassungsbeschwerde einlegen. Im Rahmen der Begründetheitsprüfung zieht das BVerfG dann in sehr weitgehender Weise die Verfassungsgarantie der kirchlichen Selbstbestimmung (Art. 140 GG

i. V. m. Art. 137 Abs. 3 WRV) als Maßstab heran, obwohl es sich hierbei nicht um eine grundrechtliche Gewährleistung handelt (siehe BVerfGE 46, 73/83 und 85; 53, 366/387 f. und 390 f.). Dies läuft auf die Anerkennung des kirchlichen Selbstbestimmungsrechts als ein verfassungsbeschwerdefähiges Recht hinaus. Ähnlich verfährt das BVerfG neuerdings mit der Kirchengutsgarantie des Art. 138 Abs. 2 WRV. Die Verpflichtung zur Herausgabe einer Kirche wird als Eingriff in die Religionsfreiheit verstanden, da Art. 138 Abs. 2 WRV i. V. m. Art. 140 GG die „sächlichen Grundlagen" der Religionsfreiheit schütze (BVerfGE 99, 100 ff.).

298   Grundrechtsträger ist auch ein nicht rechtsfähiger katholischer Jugendverein (BVerfGE 24, 236/247). Vereinigungen mit anderen als religiösen oder weltanschaulichen Zwecksetzungen (z. B. Wirtschaftsunternehmen) können sich hingegen nicht auf Art. 4 GG berufen (BVerfGE 44, 103/104).

299   Bei den religiösen Gemeinschaften ist der Schutzbereich der Glaubensfreiheit ebenfalls weit zu interpretieren. Bei der Abgrenzung, ob eine Tätigkeit noch vom Schutzbereich der Glaubensfreiheit umfasst ist, spielt vor allem das **Selbstverständnis** der Vereinigung eine wichtige Rolle (BVerfGE 24, 236/247 f.). Der Einordnung einer Vereinigung als Religionsgemeinschaft steht es nicht entgegen, wenn sie sich auch wirtschaftlich betätigt, es sei denn, die ideellen Zielsetzungen der Vereinigung sind lediglich vorgeschoben (BVerfGE 105, 279/293).

II. Eingriff

300   **Fall 26** *(BVerfGE 105, 279 ff.):* Die Bundesregierung bezeichnet auf Grund einer parlamentarischen Anfrage die O-Bewegung als „Psycho-Sekte", die „pseudoreligiös" und „destruktiv" sei. Wird die O-Bewegung dadurch in ihrem Grundrecht aus Art. 4 Abs. 1 GG verletzt?

301   Die Glaubensfreiheit wird dann beeinträchtigt, wenn der Staat die geschützte Tätigkeit regelt oder behindert. Hierzu gehört auch die Verpflichtung zu einem **religiösen Eid** im gerichtlichen Verfahren (BVerfGE 33, 23/29 f.). Die Ungleichbehandlung verschiedener Religionsgemeinschaften ist ebenfalls eine Beeinträchtigung der kollektiven Glaubensfreiheit.

Nach Auffassung des BVerfG ist auch die staatliche Anordnung, **302** in sämtlichen Klassenzimmern einer Schule ein Kreuz bzw. Kruzifix aufzuhängen, ein Eingriff in die Glaubensfreiheit. Aufgrund der allgemeinen Schulpflicht würden Schüler, die die christliche Glaubensüberzeugung nicht teilen, dazu gezwungen, „unter dem Kreuz" zu lernen (BVerfGE 93, 1/18). Wesentlich für die Annahme eines Grundrechtseingriffs ist vor allem, dass die staatliche Anordnung als eine Identifikation mit bestimmten Glaubensüberzeugungen verstanden werden kann.

Ein Eingriff in das Grundrecht ist auch die Nichteinstellung **303** einer deutschen muslimischen Lehramtsbewerberin wegen der Weigerung, vom Tragen des Kopftuches im Unterricht abzusehen (VGH Baden-Württemberg, DVBl. 2001, 1534 ff.). Zwar steht es jedem frei, in den Staatsdienst einzutreten oder nicht. Wird wegen einer Glaubensüberzeugung eine Einstellung abgelehnt, ist dies jedoch als Eingriff anzusehen (BVerfG, NJW 2003, 3111 ff. – Kopftuchfall: Eingriff in Art. 4 Abs. 1 und 2 und Art. 33 Abs. 2 und 3 GG).

Eingriffe in das Grundrecht können auch dadurch erfolgen, dass **304** die Bundesregierung im Rahmen ihrer Aufgabe einer „staatlichen Gesamtleitung" kritische Informationen über einzelne Religionsgemeinschaften gibt. Zwar ist der Staat grundsätzlich zur religiösweltanschaulichen Neutralität verpflichtet. Gleichwohl dürfe sich der Staat – so das BVerfG – mit Zielen und Aktivitäten von Religionsgemeinschaften auch öffentlich und kritisch auseinandersetzen. Verlangt wird aber eine gewisse Zurückhaltung. Die Äußerungen dürfen nicht diffamierend, nicht diskriminierend und vor allem auch nicht verfälschend sein (BVerfGE 105, 279 ff.). Dann muss man allerdings auch festlegen, was der Maßstab für Kritik sein soll. Hierfür kommt wohl nur die verfassungsrechtliche Wertordnung (also weltliche Maßstäbe) in Betracht.

Lösung Fall 26: Die Bundesregierung ist auf Grund ihrer Aufgabe zur **305** Staatsleitung auch zur Informationsarbeit berechtigt. Dadurch kann es zum Eingriff in Grundrechte kommen, für die eine gesetzliche Grundlage nicht gefordert wird. Die Äußerungen müssen jedoch mit der gebotenen Zurückhaltung und unter Beachtung der grundsätzlichen religiös-weltanschaulichen Neutralität des Staates erfolgen. Das BVerfG hat insoweit die Bezeichnung als „Psychosekte" als nicht verfassungswidrig angesehen, wohl aber die Attribute

„pseudoreligiös" und „destruktiv" (sehr zweifelhaft, auch die Bezeichnung „Sekte" ist ein eindeutig abwertend).

III. Verfassungsrechtliche Rechtfertigung von Eingriffen

1. Eingriffe in die individuelle Glaubensfreiheit

306   **Fall 27** *(BVerfGE 33, 23 ff.):* Pfarrer P wird in einem Strafprozess als Zeuge vernommen. Die Beeidung seiner Aussage verweigert er unter Berufung auf Matthäus 5, 33–37. Das Gericht verhängt daraufhin eine Ordnungsstrafe, weil ein gesetzlicher Grund zur Verweigerung der Aussage nach § 70 Abs. 1 StPO nicht vorliege.

307   Die individuelle Glaubensfreiheit steht nicht unter Gesetzesvorbehalt. Weder die Schranken des Art. 2 Abs. 1 GG noch des Art. 5 Abs. 2 GG sind anwendbar (BVerfGE 32, 98/107). Auch der Vorbehalt des Art. 140 GG i. V. m. Art. 136 Abs. 1 WRV wird gegenüber der individuellen Glaubensfreiheit nicht zur Anwendung gebracht (so BVerfGE 33, 23/31). Dies soll sich aufgrund der überragenden Stellung der Glaubensfreiheit im Grundrechtskatalog ergeben (sog. Überlagerungstheorie). Recht überzeugend ist diese Auffassung nicht.

308   Der Gesetzesvorbehalt des Art. 136 Abs. 3 Satz 2 WRV wird hingegen auch gegenüber der individuellen Glaubensfreiheit angewendet (BVerfGE 65, 1/39). Der Offenbarungszwang im Rahmen der Volkszählung war deshalb verfassungsrechtlich zulässig (BVerfGE 65, 1/38 f.).

309   Soweit kein Gesetzesvorbehalt anwendbar ist, kann das Grundrecht nur durch kollidierendes Verfassungsrecht beschränkt werden (BVerfGE 32, 98/107 f.). Auch insoweit ist jedoch eine gesetzliche Grundlage erforderlich. So kann unter Berufung auf Art. 7 Abs. 1 GG (Unterrichts- und Erziehungsauftrag des Staates im Schulwesen) auf hinreichend bestimmter beamtenrechtlicher Grundlage das Tragen von religiöser Kleidung im Unterricht untersagt werden, um eine entsprechende Indoktrination von Kindern zu vermeiden und einen Ausgleich der betroffenen grundrechtlichen Belange herbeizuführen (BVerfG, NJW 2003, 3111); als kollidierendes Verfassungsrecht können auch Art. 33 Abs. 5 GG – Neutralität als hergebrachter Grundsatz des Berufsbeamtentums – und Art. 6

Abs. 2 S. 1 GG – Erziehungsrecht der Eltern – herangezogen werden. Aus Art. 4 Abs. 1 und 2 GG folgt jedoch ein Recht auf Befreiung vom koedukativen Sportunterricht, wenn eine Schülerin islamischen Glaubens den gemeinsamen Sportunterricht mit Jungen ablehnt (BVerwGE 94, 82 ff.).

Verfassungswidrig ist Verbot der kirchlichen Voraustrauung in § 67 PStG, also das Verbot, kirchlich zu heiraten, bevor eine standesamtliche Ehe geschlossen worden ist. Für diese aus dem Kulturkampf des 19 Jahrhunderts stammende Bestimmung fehlt heute jegliche Rechtfertigung.

Lösung Fall 27: Die Verweigerung der Eidesleistung ist religiös motiviert **310** und steht daher unter dem Schutz des Art. 4 Abs. 1 GG. Die Auferlegung des Ordnungsgeldes greift in den Schutzbereich ein. Ein Gesetzesvorbehalt besteht nicht. Aus Art. 140 GG i. V. m. Art. 136 Abs. 4 WRV ergibt sich keine Verpflichtung, einen nichtreligiösen Eid zu leisten. Sie lässt sich deshalb nur durch kollidierendes Verfassungsrecht rechtfertigen. Entsprechende Gründe, einen Pfarrer unbedingt zu vereidigen, sind nicht erkennbar. § 70 Abs. 1 StPO ist deshalb so auszulegen, dass als „gesetzlicher Grund", der zur Verweigerung des Eides berechtigt, auch Art. 4 GG herangezogen werden kann (BVerfGE 33, 23/34).

2. Eingriffe in die kollektive Glaubensfreiheit

Auch gegenüber der kollektiven Glaubensfreiheit ist die An- **311** wendbarkeit des Art. 140 GG i. V. m. Art. 137 Abs. 3 WRV eingeschränkt. Bei rein innerkirchlichen Angelegenheiten unterliegt die kollektive Glaubensfreiheit keinem Gesetzesvorbehalt (BVerfGE 18, 385/387 f.; 42, 312/334; 66, 1/20; 72, 278/289). Bei sonstigen Angelegenheiten sind hingegen die für alle geltenden Gesetze heranzuziehen (Art. 137 Abs. 3 Satz 1 WRV). Auch insoweit gilt aber eine Art Wechselwirkungslehre: Die Grundentscheidung der Verfassung zugunsten der Kirchenfreiheit ist zu beachten und im Rahmen der Güterabwägung zu berücksichtigen; dem Selbstverständnis der Kirchen ist besonderes Gewicht beizumessen (BVerfGE 72, 278/289).

Eine wichtige Rechtsgrundlage für Eingriffe in die kollektive **312** Glaubensfreiheit ist seit einer Rechtsänderung im Jahr 2001 das Vereinsgesetz. Nach Wegfall des sog. Religionsprivilegs ist es möglich, religiöse Vereinigungen auf vereinsrechtlicher Grundlage zu verbieten (BVerwG, NVwZ 2003, 986 – Kalifatstaat).

IV. Objektiv-rechtliche Dimension des Grundrechts

1. Glaubensfreiheit und Arbeitsrecht

313   Art. 4 GG hat erhebliche Ausstrahlungswirkung auf das Privatrecht. Dies zeigt sich vor allem im Arbeitsrecht. So ist das Direktionsrecht des Arbeitgebers dahingehend eingeschränkt, dass dem Arbeitnehmer keine Arbeit zugewiesen werden darf, die ihn in einen vermeidbaren Glaubenskonflikt bringt (vgl. auch BAGE 47, 363/376 ff.). Den Kirchen und kirchennahen Einrichtungen gibt die Rechtsprechung das Recht, von ihren Mitarbeitern die Einhaltung der wesentlichen Grundsätze ihrer Glaubens- und Sittenlehre zu verlangen und bei Verstoß das Arbeitsverhältnis zu kündigen (BAG, NJW 1978, 2116 ff.; NJW 1980, 3311).

2. Schächten von Tieren

314   **Fall 28** *(BVerfGE 104, 337 ff.)*: Der muslimische Metzger M beantragt bei der zuständigen Behörde eine Ausnahmegenehmigung nach § 4 a Abs. 2 Nr. 2 TierSchG zum Schächten (Schlachten ohne Betäubung) von Tieren. M ist strenggläubiger sunnitischer Moslem und möchte seine Glaubensbrüder mit dem Fleisch geschächteter Tiere versorgen. Die Genehmigung wird versagt, weil nach Auffassung der Behörde und der Verwaltungsgerichte eine zwingende Vorschrift der sunnitischen Glaubensrichtung des Islam, die das Schächten verlangt oder den Verzehr des Fleisches geschächteter Tiere verbietet, nicht zu ermitteln sei. Dies sei jedoch nach § 4 a Abs. 2 Nr. 2 TierSchG Voraussetzung für die Erteilung der Ausnahmegenehmigung.

315   Tierschutz ist durch die Änderung des Art. 20 a GG Verfassungsgut geworden. Kollisionen zwischen diesem Rechtsgut und der Glaubensfreiheit sind deshalb im Grundsatz nicht mehr einseitig zu Gunsten der Glaubensfreiheit aufzulösen. Vielmehr muss im Wege der Herstellung praktischer Konkordanz ein Ausgleich zwischen der Glaubensfreiheit und dem Tierschutz gesucht werden. Dabei steht es dem Staat allerdings nicht zu, die Gläubigen über den Inhalt ihres Glaubens zu belehren. Vielmehr ist vom Selbstverständnis, also der eigenen Sicht der Gläubigen auszugehen.

316   **Lösung Fall 28:** Die Versagung der Ausnahmegenehmigung ist grundrechtlich an Art. 2 Abs. 1 GG zumessen (nicht Art. 12 Abs. 1 GG, da M kein Deutscher ist). Bei der Prüfung der Verhältnismäßigkeit des Eingriffs ist jedoch auch Art. 4 Abs. 1 GG mit zu berücksichtigen. Die Kunden von M wollen aus Glaubensgründen Fleisch von geschächteten Tieren verzehren.

Das Schächtverbot ist grundsätzlich ein verhältnismäßiger Eingriff in die all- **317** gemeine Handlungsfreiheit des M. Tierschutz ist ein Gemeinwohlbelang, der durch die Änderung des Art. 20 a GG Verfassungsrang erlangt hat. Der Gesetzgeber kann davon ausgehen, dass Schlachten ohne Betäubung bei Tieren mehr Schmerzen und Leid verursacht als Schlachten mit Betäubung.

Verfassungswidrig sei jedoch die Verweigerung der Ausnahmegenehmigung. **318** Gerichte und Behörden haben es versäumt, die Bestimmung verfassungskonform zu interpretieren. Eine Religionsgemeinschaft i. S. v. § 4a Abs. 2 Nr. 2 TierSchG liege bereits dann vor, wenn eine Gruppe von Menschen durch eine gemeinsame Glaubensüberzeugung verbunden sei. Dies können auch Untergruppierungen der sunnitischen Glaubensrichtung sein. Für die konkrete Gruppe ist dann die Frage zu stellen, ob ein zwingender Glaubenssatz vorliegt. (Die Entscheidung des BVerfG erging vor Änderung des Art. 20 a GG. Aufgrund der religiösen Bedeutung des Schächtens für viele Angehörige muslimischen Glaubens dürfte sich an der Entscheidung des auch unter der neuen Rechtslage im Ergebnis nichts ändern).

Literatur zu § 14: *Fehlau, Meinhard,* Die Schranken der freien Religions- **319** ausübung, JuS 1993, 441 ff.; *Geis, Max-Emanuel,* Kirchenasyl im demokratischen Rechtsstaat, JZ 1997, 53 ff.; *Heckmann, Dirk,* Verfassungsmäßigkeit des Ethikunterrichts – BVerwG, DVBl, 1998, 1344, in: JuS 1999, 228 ff.; *Lücke, Jörg,* Zur Dogmatik der kollektiven Glaubensfreiheit, Eine Neubestimmung des Verhältnisses von Kirche und Staat am Beispiel des staatlichen Rechtsschutzes gegenüber Maßnahmen der Religionsgesellschaften, EuGRZ 1995, 651 ff.; *Müller-Volbehr, Jörg,* Das Grundrecht der Religionsfreiheit und seine Schranken, DÖV 1995, 301 ff.; *Neureither, Georg,* Schächten – BVerfGE 104, 337, in: JuS 2002, 1168 ff.; *ders.,* Kopftuch – BVerwG, NJW 2002, 3344, in: JuS 2003, 541 ff.; *Renck, Ludwig,* Über positive und negative Bekenntnisfreiheit, NVwZ 1994, 544 ff.; *ders.,* Bekenntnisfreiheit und Kirchenasyl, NJW 1997, 2089 ff.; *Sacksofsky,* Die Kopftuch-Entscheidung – von der religiösen zur föderalen Vielfalt, NJW 2003, 3297 ff.; *Steiner, Udo,* Grundrechtsschutz der Glaubens- und Gewissensfreiheit (Art. 4 I, II GG), JuS 1982, 157 ff.; *Tillmanns, Reiner,* Die Unvereinbarkeit des § 67 PStG mit dem Grundgesetz, NVwZ 2003, 43 ff.

§ 15. Gewissensfreiheit (Art. 4 GG)

I. Schutzbereich

Fall 29: Durch Landesgesetz wird im Lande L die integrierte Gesamtschule **320** als Regelschule eingeführt. Die Eltern des Schülers S lehnen es aus Gewissensgründen ab, ihr Kind auf die Gesamtschule zu schicken.

1. Sachlicher Schutzbereich

321   Die Gewissensfreiheit hängt sachlich eng mit der Glaubensfreiheit zusammen. Gleichwohl wird sie als eigenständiges Grundrecht verstanden. Was eine Gewissensentscheidung ist, ist ähnlich schwer zu definieren wie der Begriff des Glaubens. Das BVerfG versteht unter einer Gewissensentscheidung jede ernstliche, sittliche, d. h. an den Kategorien von „Gut" und „Böse" orientierte Entscheidung, die der Einzelne in einer bestimmten Lage als für sich bindend und unbedingt verpflichtend erfährt, so dass er gegen sie nicht ohne ernste Gewissensnot handeln könnte (BVerfGE 12, 45/55; 48, 127/173). Dabei schützt die Gewissensfreiheit das Recht, eine Gewissensüberzeugung zu bilden, zu haben, sie nach außen hin kundzutun und entsprechend der Gewissensüberzeugung zu handeln. Art. 4 Abs. 3 Satz 1 GG enthält insoweit eine ausdrückliche Garantie des Rechts der Kriegsdienstverweigerung. Hierbei handelt es sich um einen besonderen Anwendungsfall des Handelns gemäß einer Gewissensentscheidung.

322   Das größte Problem der Anwendung von Art. 4 GG besteht in der Überprüfung der Gewissensentscheidung durch Verwaltung und Rechtsprechung. Es ist nicht möglich, sich aufgrund schlichter Berufung auf eine angebliche Gewissensentscheidung von Verpflichtungen zu befreien. Das Handeln aufgrund der Gewissensentscheidung muss deshalb vom Grundrechtsträger glaubhaft gemacht werden (BVerwG, NVwZ 1989, 60).

2. Persönlicher Schutzbereich

323   Träger der Gewissensfreiheit ist jede natürliche Person. Juristische Personen und Vereinigungen, gleich welcher Art, werden nicht geschützt (BVerfG, NJW 1990, 241).

324   **Lösung Fall 29:** Die Gewissensfreiheit ist vom Schutzbereich her nicht einschlägig. Die Frage, ob ein Kind zur Gesamtschule geht, ist keine an den Kategorien von „Gut" und „Böse" orientierte Entscheidung.

II. Eingriff

Ein Eingriff in die Gewissensfreiheit findet dadurch statt, dass das **325**
geschützte Verhalten geregelt wird oder faktisch behindert wird.
Dies kann durch Gesetze, Verwaltungs- oder Realakte der öffentlichen Hand geschehen.

III. Verfassungsrechtliche Rechtfertigung von Eingriffen

Fall 30 *(BVerwG, NVwZ 1998, 853 ff.):* Biologiestudentin B verweigert aus **326**
Gewissensgründen die Teilnahme an Tierversuchen im Rahmen eines zoo-
logischen Praktikums. Hochschullehrer H hält die Durchführung solcher
Versuche für erforderlich, da Lehrfilme und Computersimulationen keine hinreichende Anschauung vermitteln würden.

Grundsätzlich steht die Gewissensfreiheit nicht unter dem Geset- **327**
zesvorbehalt. Einschränkungen des Grundrechts sind deshalb nur
durch kollidierendes Verfassungsrecht, also durch Grundrechte
Dritter oder sonstige Verfassungsgüter möglich. Erforderlich ist
eine gesetzliche Grundlage.

Auch das Recht der Kriegsdienstverweigerung unterliegt keinem **328**
echten Gesetzesvorbehalt. So ermächtigt Art. 4 Abs. 3 Satz 2 GG
nicht zu Eingriffen (BVerfGE 28, 243/259; 48, 128/163; 69,
1/23). Es handelt sich um einen Regelungsvorbehalt, der nur ein
Recht zur Ausgestaltung des Rechts der Kriegsdienstverweigerung
in verfahrensmäßiger Hinsicht enthält. Das Recht der Kriegsdienstverweigerung kann deshalb nur durch kollidierendes Verfassungsrecht eingeschränkt werden. Die Grundentscheidung für die mili-
tärische Landesverteidigung ist jedoch keine Grundlage für eine
solche Beschränkung.

Aus Art. 4 Abs. 3 GG folgt inzident, dass die Ableistung von **329**
Ersatzdienst nicht unter Berufung auf die Gewissensfreiheit verweigert werden kann (BVerfGE 19, 135/138; 23, 127/132 ff.).

Lösung Fall 30: Gesetzliche Grundlage für den Eingriff in die Gewissens- **330**
freiheit der B durch Verweigerung des Leistungsnachweises sind die Hoch-
schulgesetze und Prüfungsordnungen. Verfassungsrechtlich gerechtfertigt ist
der Eingriff nur zum Schutz kollidierenden Verfassungsrechts. H hat nach
Art. 5 Abs. 3 Satz 1 GG das Recht, die methodische Ausrichtung der Lehrver-

anstaltungen zu bestimmen. Soweit die Auffassung, gleichwertige andere Lehrmethoden ständen nicht zur Verfügung, nicht ernsthaft in Zweifel zu ziehen ist, ist der Eingriff in die Gewissensfreiheit der B gerechtfertigt.

IV. Objektive Wirkung der Gewissensfreiheit

331 Gewissensgeleitetes Verhalten kann zu einem Verstoß gegen Strafgesetze führen. Von einer Bestrafung befreit die Berufung auf die Gewissensfreiheit nicht. Art. 4 Abs. 1 GG ist jedoch als wertentscheidende Grundsatznorm bei der Strafzumessung zu berücksichtigen (BVerfGE 23, 127/134). Dies gilt etwa in den Fällen, in denen aus Gewissensgründen auch der Ersatzdienst verweigert wird. Die Gewissensfreiheit wirkt somit für die Strafzumessung als eine Art „Wohlwollensgebot" (BVerfG, a. a. O.).

332 **Literatur zu § 15:** *Rupp, Hans-Heinrich,* Verfassungsprobleme der Gewissensfreiheit, NVwZ 1991, 1033 ff.; *Steiner Udo,* Der Grundrechtsschutz der Glaubens- und Gewissensfreiheit (Art. 4 I, II GG), JuS 1982, 157 ff.

§ 16. Kommunikationsgrundrechte (Art. 5 Abs. 1 und Abs. 2 GG)

I. Übersicht

333 Art. 5 Abs. 1 GG garantiert verschiedene Kommunikationsfreiheiten. Zunächst enthält die Vorschrift in Abs. 1 Satz 1 1. Var. die **Meinungsfreiheit** und in Abs. 1 Satz 1 2. Var. die **Informationsfreiheit.** In Abs. 1 Satz 2 werden dann die **Pressefreiheit,** die **Rundfunkfreiheit** und die **Filmfreiheit** gewährleistet. Bei allen Garantien handelt es sich um jeweils eigenständige (wenn auch thematisch verwandte) Grundrechte.

334 Das Zensurverbot des Art. 5 Abs. 1 Satz 3 GG gilt für alle in Abs. 1 garantierten Kommunikationsfreiheiten. Auch die Schranken des Art. 5 Abs. 2 GG werden auf alle in Abs. 1 garantierten Freiheiten angewendet.

Literatur zu § 16 I: *Tettinger, Peter,* Schutz der Kommunikationsfreiheiten **335**
im deutschen Verfassungsrecht, JZ 1990, 846 ff.

II. Schutzbereiche

1. Meinungsfreiheit (Art. 5 Abs. 1 Satz 1 1. Var. GG)

a) Sachlicher Schutzbereich

Fall 31: Neonazi N behauptet in einer rechtsradikalen Zeitschrift, die Ju- **336**
denverfolgung im Dritten Reich sei eine Erfindung des internationalen Ju-
dentums und diene der finanziellen Erpressung Deutschlands. Wegen Verstoß
gegen § 130 Abs. 3 StGB wird er zu einer Geldstrafe verurteilt. Liegt ein Verstoß gegen die Meinungsfreiheit vor?

(1) Der Begriff der Meinung. Das Grundrecht der Meinungs- **337**
freiheit zählt das BVerfG zu den vornehmsten Menschenrechten
überhaupt (siehe BVerfGE 7, 198/208). Es handelt sich um ein
Grundrecht, das auch für das freiheitlich-demokratische Grund-
wesen konstituierend ist (BVerfGE 62, 230/247; 76, 196/208 f.).
Daher ist der Begriff der Meinung grundsätzlich weit auszulegen
(BVerfGE 61, 1/9). Eine Meinung liegt vor allem dann vor, wenn
ein **Werturteil** abgegeben wird. Eine Meinung kennzeichnet sich
durch das Element der **Stellungnahme** und des **Dafürhaltens.** Es
kommt nicht darauf an, ob die Meinung „richtig" oder „falsch" ist,
ob man sie als „wertvoll", oder „wertlos" betrachtet. Auch die
Wiedergabe fremder Meinungen ist durch die Meinungsfreiheit
geschützt.

(2) Schutz von Tatsachenäußerungen. Von Meinungen sind Tat- **338**
sachen zu unterscheiden. Tatsachen sind durch die objektive Beziehung zwischen der Äußerung und der Realität gekennzeichnet;
Tatsachen sind dem Beweis zugänglich. Die Mitteilung von Tatsachen fällt unter die Meinungsfreiheit, wenn und soweit sie die Voraussetzung der Bildung von Meinungen sind (BVerfGE 61, 1/8;
65, 1/41). Auch Fragen unterstehen dem Schutz der Meinungsfreiheit (BVerfGE 85, 1/31 f.). Angaben statistischer Art stellen hingegen keine Meinungsäußerung dar. Deshalb sind Auskunftspflichten
zu Arbeitsplatz und Wohnung im Rahmen einer Volksbefragung
kein Eingriff in die (negative) Meinungsfreiheit (BVerfGE 65,

1/40 f.). Fließen Elemente der Meinungsäußerung mit einer Tatsachenmitteilung zusammen, ist im Zweifel von einer Meinungsäußerung auszugehen, die unter den Schutz der Meinungsfreiheit fällt (BVerfGE 61, 1/9; 90, 1/15).

339   Nicht von der Meinungsfreiheit geschützt ist die bewusste Behauptung unwahrer Tatsachen. Sie kann zur allein schützenswerten Meinungsbildung auf richtiger Tatsachengrundlage nicht beitragen (BVerfGE 85, 1/15). Nicht geschützt ist die Behauptung erwiesen unwahrer Tatsachen (z. B. die sog. Auschwitzlüge), auch dann nicht, wenn dies der Bekräftigung einer Meinung dient (BVerfGE 85, 1/15). Die Anforderungen an die Wahrheitspflicht dürfen allerdings nicht so bemessen sein, dass darunter die Funktion der Meinungsfreiheit leidet, weil Äußerungen aus Furcht vor Sanktionen unterlassen werden (BVerfG, NJW 1994, 1779/1779). Es darf nur ein vertretbarer Aufwand verlangt werden, um die Richtigkeit einer Äußerung zu überprüfen. So darf man sich auf eine unwidersprochen gebliebene Presseäußerung in dem Sinne verlassen, dass der Schutz der Meinungsfreiheit eingreift (BVerfG, NJW 1992, 1439 ff.). Damit ist im Ergebnis auch die nicht fahrlässige Äußerung von (möglicherweise später) erwiesen unwahren Tatsachenbehauptungen verfassungsrechtlich geschützt. Zur Klarstellung: Es geht nur um die Fragen des Schutzbereichs! Auch bei hinreichender Vergewisserung kann eine zivilrechtliche Unterlassungsverpflichtung erfolgen (BVerfGE 99, 185/183 ff., siehe § 16 IV).

340   (3) Abgrenzung von Tatsachen und Meinungen. Bei der Abgrenzung von Tatsachen und Meinungen ist im Zweifel von einer Meinung auszugehen. So besagt die Äußerung „Soldaten sind Mörder" nicht, dass Soldaten in der Vergangenheit einen Mord begangen hätten. Vielmehr wird hierin ein (Un-)Werturteil über Soldaten und den Soldatenberuf zum Ausdruck gebracht (vgl. BVerfGE 93, 266 ff.).

341   Soweit die Abgrenzung von Tatsachen und Meinungen Konsequenzen für die Auslegung des einfachen Rechts hat, prüft das BVerfG die von den Fachgerichten vorgenommene Einordnung vergleichsweise intensiv nach. Vor allem muss die Deutung am Verständnis des durchschnittlichen Empfängers der Äußerung aus-

gerichtet werden; dabei sind auch die Begleitumstände der Äußerung zu berücksichtigen, soweit sie für den Rezipienten erkennbar
waren und deswegen ihr Verständnis der Äußerung bestimmen
konnten (BVerfGE 93, 266/295; NJW 1999, 483/484).

Eine verfassungsrechtliche Prüfung kann durchaus zu dem Er-   **342**
gebnis gelangen, dass sowohl die Einordnung als Tatsachenäuße-
rung als auch als Meinungsäußerung vertretbar ist und die fachgerichtliche Entscheidung deshalb nicht zu beanstanden ist.

Beispiel *(BVerfGE 94, 1ff.):* Die „Deutsche Gesellschaft für Humanes Ster-   **343**
ben" (DGHS) tritt dafür ein, dass unheilbar Kranke ihrem Leben selbst ein
Ende setzen dürfen. Der Verein V wirft der DGHS vor, sie „fälsche" in ihren
Publikationen die Biographien ihrer Opfer, indem deren lebenswillige und
hoffnungsfrohe Seite nicht vorkomme. Auf Klage der DGHS verurteilt das
zuständige OLG den V zur Unterlassung. Der Fälschungsvorwurf sei eine nicht
der Wahrheit entsprechende Tatsachenbehauptung.
Die von der DGHS eingelegte Verfassungsbeschwerde blieb ohne Erfolg.   **344**
Die Einordnung der Äußerung als Tatsachenbehauptung sei aus verfassungsrechtlicher Sicht nicht zu beanstanden (das BVerfG hält sich an den Grundsatz
einer reduzierten Kontrolldichte).

Aufbautechnisch problematisch ist, wie im Rahmen einer Ur-   **345**
teilsverfassungsbeschwerde die Abgrenzung zwischen Tatsache und
Meinung durch das Fachgericht zu prüfen ist. Zu empfehlen ist,
die Abgrenzung zwischen Tatsache und Meinung auf der Schutz-
bereichsebene zunächst unabhängig von der Einordnung durch das
Fachgericht vorzunehmen. Im Rahmen der Prüfung der Rechtsanwendung im Einzelfall ist dann gemäß der Heck'schen Formel
und der Wechselwirkungslehre darauf einzugehen, ob durch die
möglicherweise andere Einordnung, die das Fachgericht vorgenommen hat, ein Verstoß gegen spezifisches Verfassungsrecht vorliegt. In Zweifelsfällen sollte man sich in grundrechtsfreundlicher
Weise für das Vorliegen einer Meinungsäußerung entscheiden.

(4) Geschützte Verhaltensweisen. Die Meinungsfreiheit schützt   **346**
grundsätzlich die geistige Auseinandersetzung. Hierzu kann auch
ein Boykottaufruf zählen (BVerfGE 7, 198/214ff.). Nicht mehr
vom Schutzbereich erfasst ist es jedoch, wenn durch wirtschaftlichen Druck versucht wird, dem Angesprochenen die Wahlfreiheit,
ob er einer bestimmten Meinung folgt, zu nehmen (siehe BVerfGE
25, 256ff.).

347   Die Meinungsfreiheit schützt das Äußern und das Verbreiten einer Meinung. Wie die Äußerung erfolgt, ist irrelevant. „Wort, Schrift und Bild" bildet nur eine beispielhafte Aufzählung. Eine Meinung kann auch durch Plaketten, Uniformen oder in sonstiger Weise geäußert werden.

348   **b) Persönlicher Schutzbereich.** Träger des Grundrechts sind zum einen natürliche Personen, die eine Meinung äußern. Die Meinungsäußerungsfreiheit steht grundsätzlich auch Minderjährigen zu, weiterhin auch inländischen juristischen Personen und Personenvereinigungen. Staatliche Organe bzw. juristische Personen des öffentlichen Rechts können sich auf die Meinungsfreiheit nicht berufen. Sie dürfen Meinungen dann äußern, wenn sie sich auf entsprechende Kompetenznormen berufen können.

349   **Lösung Fall 31:** Einschlägig ist die Meinungs-, nicht die Pressefreiheit. Es kommt nicht darauf an, über welches Medium eine Meinung verbreitet wird. Die Pressefreiheit schützt die Institution der Presse, nicht die Kundgabe bestimmter Meinungen. Die Behauptung des N ist eine erwiesen unwahre Tatsachenbehauptung. Sie steht deshalb nicht unter dem Schutzbereich des Art. 5 Abs. 1 Satz 1 1. Var. GG (jedoch unter dem Schutz von Art. 2 Abs. 1 GG).

350   **Literatur zu § 16 II 1:** *Erichsen, Hans-Uwe,* Das Grundrecht der Meinungsfreiheit, Jura 1996, 84 ff.; *Heselhaus, Sebastian,* Neue Entwicklungen bei der Bestimmung des Schutzbereichs der Meinungsfreiheit, NVwZ 1992, 740 ff.; *Huster, Stefan,* Das Verbot der „Auschwitzlüge", die Meinungsfreiheit und das Bundesverfassungsgericht, NJW 1996, 487 ff.; *Kriele, Martin,* Ehrenschutz und Meinungsfreiheit, NJW 1994, 1897 ff.

2. Informationsfreiheit (Art. 5 Abs. 1 Satz 1 2. Var. GG)

351   **Fall 32** *(BVerfGE 27, 71 ff.):* B lässt sich im Jahr 1964 von Bekannten aus der DDR ein Exemplar der „Leipziger Volkszeitung" zuschicken. Er erhielt diese Zeitschrift nicht, da sie vom Landgericht Lüneburg wegen verschiedener Staatsschutzdelikte allgemein eingezogen worden war und von den Zollbehörden einbehalten wurde. Liegt ein Verstoß gegen die Informationsfreiheit vor?

352   **a) Allgemein zugängliche Quellen.** Die Informationsfreiheit gibt das Recht, sich aus allgemein zugänglichen Quellen ungehindert zu unterrichten. Eine Quelle ist jeder denkbare Träger von Informationen. Es kommt nicht darauf an, ob die Quelle öffentliche oder private Angelegenheiten betrifft.

Die Quelle muss allgemein zugänglich sein. Dies ist sie dann, **353**
wenn sie geeignet und bestimmt ist, der Allgemeinheit, also einem
individuell nicht bestimmbaren Personenkreis, Informationen zu
verschaffen (BVerfGE 27, 71/83; 33, 52/65). Die Quelle ist auch
dann allgemein zugänglich, wenn sie aus dem Ausland stammt.
Geschützt wird deshalb etwa der Bezug ausländischer Zeitungen
oder der Empfang ausländischer Sender. Eine Beeinträchtigung der
Informationsfreiheit liegt daher vor, wenn die Anbringung von
Parabolantennen durch Bauvorschriften oder Mietverträge untersagt wird (vgl. BVerfG, NJW 1994, 1147 ff.; NJW 1994, 2143).
Nicht allgemein zugänglich sind private oder betriebliche Aufzeichnungen, die nicht zur Veröffentlichung bestimmt sind.

Auch Gerichtsverhandlungen sind Informationsquellen. Ob sie **354**
jedoch öffentlich zugänglich sind, entscheidet der Gesetzgeber, der
das Recht hat, das Gerichtsverfahren auszugestalten. Das Verbot
von Ton- und Fernsehrundfunkaufnahmen nach § 169 S. 2 GVG
führt zu einer beschränkten allgemeinen Zugänglichkeit von Gerichtsverhandlungen, „prägt" also den Schutzbereich des Grundrechts und ist keine Schranke des Informationsrechts nach Art. 5
Abs. 2 GG (BVerfGE 103, 44/62).

b) Geschütztes Verhalten. Die Informationsfreiheit schützt die **355**
Entgegennahme von Informationen ebenso wie das aktive Beschaffen (BVerfGE 27, 71/82 f.). Vom Schutzbereich erfasst ist auch die
Installation von Parabolantennen zum Empfang ausländischer Fern-
sehprogramme (BVerfGE 90, 2732). Ein Beschaffen durch Ein-
schleichen in einen Betrieb oder eine Organisation wird nicht geschützt, da die Quellen dadurch nicht allgemein zugänglich sind
(BVerfGE 66, 116/137).

c) Grundrechtsträger. Träger des Grundrechts ist jede natürli- **356**
che oder juristische Person, die sich informieren will. Das Grundrecht besteht auch in sog. besonderen Gewaltverhältnissen, etwa
für Strafgefangene (BVerfGE 15, 288/293; 35, 307/309).

Lösung Fall 32: Die Leipziger Volkszeitung war Gegenstand der Informa- **357**
tionsfreiheit. Die Einziehung nach den Bestimmungen des StGB ändert nichts
an der allgemeinen Zugänglichkeit. Die Bestimmungen des StGB sind allerdings allgemeine Gesetze i. S. v. Art. 5 Abs. 2 GG. Die Verfassungsbeschwerde
hatte jedoch Erfolg, weil bei der Einziehungsentscheidung die Informations-

freiheit nicht berücksichtigt worden war (auch nicht als Ermessensgesichts-
punkt).

358   **Literatur zu § 16 II 2:** *Lerche, Peter,* Aktuelle Grundfragen der Informationsfreiheit, Jura 1995, 561 ff.

3. Pressefreiheit (Art. 5 Abs. 1 Satz 2 1. Var. GG)

359   **Fall 33** *(BVerfGE 97, 125 ff.):* Das Presseerzeugnis „Neue Revue" berichtet
auf der Titelseite über eine angebliche Traumhochzeit von Prinzessin C. Prinzessin C, die keine Heiratsabsichten hatte, erwirkt durch Urteil eine Gegen-
darstellung auf der Titelseite. Wird durch die Gerichtsentscheidung in das
Grundrecht der Pressefreiheit eingegriffen?

360   **a) Sachlicher Schutzbereich.** Die Pressefreiheit ist für eine
freiheitlich-demokratische Grundordnung ebenfalls von zentraler
Bedeutung. Presse sind alle zur Verbreitung an die Allgemeinheit
bestimmten **Druckerzeugnisse.** Erfasst sind Bücher, Zeitungen,
Zeitschriften, Plakate, Flugblätter und Handzettel. Die Verbreitung
an die Allgemeinheit muss aufgrund eines Vervielfältigungsvorgan-
ges erfolgen. Ein einmal hergestelltes Plakat ist deshalb kein Presseerzeugnis. An die Allgemeinheit gerichtet ist ein Druckerzeugnis
dann, wenn der Adressatenkreis unbestimmt ist. Unter dem
Schutzbereich der Pressefreiheit stehen auch gruppeninterne Publikationen (z. B. Werkszeitungen, siehe BVerfGE 95, 28/35).

361   Ähnlich wie bei der Informationsfreiheit kommt es auf die in-
haltliche Qualität des Presseerzeugnisses für den Grundrechtsschutz
nicht an. Auch Klatsch- und Sensationsblätter sind geschützt
(BVerfGE 34, 269/283; 66, 116/134). Die Pressefreiheit erstreckt
sich auch auf den Anzeigenteil (BVerfGE 21, 245/278 f.).

362   Die Pressefreiheit schützt alle mit der Pressearbeit zusammenhängenden Tätigkeiten. Dies gilt von der Beschaffung der Information bis zur Verbreitung von Nachricht und Meinung (BVerfGE
20, 162/176). Woher die Informationen stammen, spielt keine
Rolle. Es muss sich nicht um allgemein zugängliche Quellen handeln. Geschützt ist auch die Vertraulichkeit der Redaktionsarbeit
(BVerfGE 66, 116/133). Hierzu zählt auch das Vertrauensver-
hältnis zu Informanten und Presse sowie das Chiffregeheimnis
(BVerfGE 64, 108/115). Zuschriften Dritter dürfen deshalb anonym veröffentlicht werden. Nicht geschützt ist die rechtswidrige

Beschaffung von Informationen, wohl aber die Verbreitung von rechtswidrig erlangten Informationen. Die Pressefreiheit umfasst das Recht, sich über Vorgänge in einer öffentlichen Gerichtsverhandlung zu informieren und hierüber zu berichten (BVerfGE 91, 125/134).

Die in einem Presseerzeugnis enthaltene Meinungsäußerung steht **363** unter dem Schutz der Meinungs-, nicht der Pressefreiheit (BVerfGE 85, 1/12; 86, 122/128). Der Schutzbereich der Pressefreiheit wird institutionell interpretiert. Es geht um den Schutz der Aufgabe, die die Presse im Kommunikationsprozess erfüllen soll und damit um die Institution freie Presse.

Vom Schutzbereich der Pressefreiheit umfasst ist die Wiedergabe **364** der Meinungen Dritter.

Beispiel *(BVerfG, NJW 2001, 591):* Die Firma Benetton (B) schaltet in der **365** Illustrierten S mehrere Anzeigen (u. a. ein Bild eines menschlichen Gesäßes mit dem Ausdruck „H. I. V.-POSITIVE", sog. Schockwerbung). Die Illustrierte S wird nach § 1 UWG auf Unterlassung verklagt und vom BGH verurteilt.

Das Urteil greift in die Pressefreiheit der S ein. Der Schutzbereich dieses **366** Grundrechts reicht genauso weit wie der Schutzbereich der Meinungsfreiheit von B.

b) Persönlicher Schutzbereich. Träger des Grundrechts sind **367** die Personen bzw. Unternehmen, die in organisatorischer Verbindung zu den geschützten Tätigkeiten stehen. Dies können auch juristische Personen oder Vereinigungen sein. Das BVerfG gesteht auch Mitarbeitern von Presseverlagen die Berufung auf das Grundrecht der Pressefreiheit zu (BVerfGE 25, 296/304). Damit wird der Kreis der Grundrechtsträger jedoch zu weit ausgedehnt. Die Pressefreiheit kommt deshalb nur denjenigen Mitarbeitern zu, die unmittelbar am redaktionellen Teil mitarbeiten. Zu beachten ist, dass die Pressefreiheit ein staatsgerichtetes Abwehrrecht ist. Eine „innere Pressefreiheit" etwa eines Redakteurs gegenüber dem Herausgeber oder Verleger garantiert das Grundrecht nicht.

Lösung Fall 33: Der Schutz der Pressetätigkeit durch Art. 5 Abs. 1 Satz 2 **368** GG bezieht sich vor allem auf die Gestaltung der Presseerzeugnisse. In dieses Recht greift das Urteil des BGH ein. Die entsprechenden Bestimmungen des Pressegesetzes sind jedoch allgemeine Gesetze i. S. v. Art. 5 Abs. 2 GG. Im konkreten Fall war die entsprechende Verpflichtung wegen des Persönlichkeitsschutzes von C verhältnismäßig.

369   **Literatur zu § 16 II 3:** *Hager, Johannes,* Persönlichkeitsschutz gegenüber Medien, Jura 1995, 566 ff.; *Kunig, Philip,* Die Pressefreiheit, Jura 1995, 589 ff.; *Manssen, Gerrit,* Verfassungswidriges Verbot der Benetton-Schockwerbung – BVerfG, NJW 2001, 591, in: JuS 2001, 1169 ff.

4. Rundfunkfreiheit (Art. 5 Abs. 1 Satz 2 2. Var. GG)

370   **Fall 35** *(BVerfGE 97, 298 ff.):* Die Extra-Radio GmbH betreibt in Nordbayern aufgrund einer Erlaubnis der Landesmedienanstalt einen örtlichen Rundfunkbetrieb über UKW. Im Rahmen einer Frequenzbereinigung wird der GmbH die Erlaubnis entzogen. Die Verwaltungsgerichte weisen die Klage von Extra-Radio ab. Ein Verstoß gegen das Willkürverbot liege nicht vor, der Schutz von Art. 5 Abs. 1 Satz 2 GG stehe Extra-Radio als privatem Rundfunkanbieter nicht zu. Extra-Radio erhebt daraufhin Verfassungsbeschwerde.

371   **a) Sachlicher Schutzbereich.** Unter Rundfunk versteht man die Veranstaltung und Verbreitung von Darbietungen aller Art für die Allgemeinheit mit Hilfe elektromagnetischer Wellen. Rundfunk und Presse unterscheiden sich dann durch ihren technischen Verbreitungsweg. Zum Rundfunk gehören auch die neuartigen Dienste wie Pay-TV, Videotext, elektronische Aufruf- und Zugriffsdienste über das Internet. Auch beim Rundfunk kommt es auf den Inhalt nicht an. Werbesendungen werden ebenfalls von der Rundfunkfreiheit erfasst.

372   Geschützt von der Rundfunkfreiheit werden alle mit der Veranstaltung von Rundfunk zusammenhängenden Tätigkeiten. Dies geht von der Beschaffung von Informationen und der Produktion der Sendungen bis zu ihrer Verbreitung (BVerfGE 77, 65/74). Der Schutz erstreckt sich auf die dem Medium eigentümlichen Formen der Berichterstattung und die Verwendung der dazu erforderlichen technischen Vorkehrungen (Einsatz von Kameras und Mikrophonen, vgl. BVerfGE 91, 125/135). Die Rundfunkfreiheit schützt auch die Sammlung von Informationen sowie das Redaktionsgeheimnis. Insoweit gelten die gleichen Grundsätze wie bei der Pressefreiheit (BVerfGE 91, 125/134).

373   Die Rundfunkfreiheit wird vom BVerfG nicht primär als Abwehrrecht verstanden. Das Gericht geht vielmehr davon aus, dass der Rundfunk eine dienende Funktion habe, und zwar im Hinblick auf die freie Meinungsbildung. Der Gesetzgeber muss deshalb durch entsprechende materielle Verfahrens- und Organisationsre-

gelungen zum Einen die grundsätzliche Staatsfreiheit gewährleisten, zum Anderen dafür sorgen, dass die Vielfalt der bestehenden Meinungen in Rundfunk und Fernsehen in möglichster Breite und Vollständigkeit Ausdruck findet (BVerfGE 57, 295/320).

b) Persönlicher Schutzbereich. Träger des Grundrechts sind **374** zunächst natürliche und juristische Personen. Durch eine stark institutionelle Interpretation des Grundrechts ist dies jedoch weitgehend in den Hintergrund getreten. Das BVerfG sieht vor allem die vom Staat unabhängigen öffentlich-rechtlichen Rundfunkanstalten als Grundrechtsträger an (BVerfGE 31, 314/322; 59, 231/254f.). Auch private Rundfunkanstalten sind Grundrechtsträger, jedenfalls dann, wenn sie über eine Lizenz der Landesrundfunkanstalt verfügen und Rundfunkprogramme veranstalten (BVerfGE 95, 220/234).

c) Grundlinien für die gesetzgeberische Ausgestaltung der **375** **Rundfunkfreiheit.** Stärker als wohl jedes andere Grundrecht ist die Rundfunkfreiheit von der Rechtsprechung des BVerfG bestimmt. Das Grundrecht ist seiner heutigen Ausprägung eine nahezu originäre Schöpfung des BVerfG. Wichtig für das Grundverständnis sind deshalb die Anforderungen, die das BVerfG aus dieser verfassungsrechtlichen Garantie ableitet:

(1) Schaffung von Pluralität. Für die Ausgestaltung des Rund- **376** funkrechts sind grundsätzlich die Länder zuständig. Es gilt der Parlamentsvorbehalt: Die materiellen, organisatorischen und verfahrensrechtlichen Regelungen müssen vom Parlament getroffen werden. Im entsprechenden Rundfunkgesetz müssen die Grundlinien für die Rundfunkordnung niedergelegt werden. Der Gesetzgeber hat vor allem festzulegen, wie die gesellschaftlichen Gruppen an der Sicherung der Meinungsvielfalt im Rundfunk beteiligt werden. Eine verfassungsmäßige Möglichkeit bilden anstaltsinterne Kontrollgremien des öffentlich-rechtlichen Rundfunks, die sich aus Vertretern der gesellschaftlich relevanten Gruppen (Parteien, Verbänden, Kirchen) zusammensetzen (binnenpluralistisches Modell). Der Gesetzgeber kann sich auch dafür entscheiden, durch das Gesamtangebot der Programme die Meinungsvielfalt widerspiegeln zu lassen (außenpluralistisches Modell).

377   Der Gesetzgeber hat ein Mindestmaß an Verantwortung für das Gesamtprogramm. Er ist verpflichtet, dem Grundsatz des Jugendschutzes Rechnung zu tragen (BVerfGE 73, 118/199). Damit ist eine begrenzte Staatsaufsicht nötig und auch gerechtfertigt.

378   Auch wenn sich der Gesetzgeber für die Zulassung von privatem Rundfunk entscheidet, ist eine Überprüfung unverzichtbar, ob die Aufnahme privater Rundfunkveranstaltungen oder das Hinzutreten weiterer Veranstaltungen mit der Pflicht zur positiven Ordnung des Rundfunks vereinbar ist. Es ist deshalb ein Erlaubnisverfahren durchzuführen. Der Gesetzgeber muss die Voraussetzungen der Erteilung und Versagung der Erlaubnis selbst bestimmen.

379   (2) Der öffentlich-rechtliche Rundfunk. Die „Grundversorgung" ist grundsätzlich Sache der öffentlich-rechtlichen Rundfunkanstalten. Sie müssen sicherstellen, dass der klassische Auftrag des Rundfunks für die demokratische Ordnung und das kulturelle Leben in der Bundesrepublik erfüllt wird. Das Programm muss möglichst alle interessierten Bürger erreichen, und zwar zu zumutbaren finanziellen Bedingungen.

380   Der Schutz der Rundfunkfreiheit umfasst auch die finanzielle Sicherung des Aufgabenbereichs, den die öffentlich-rechtlichen Rundfunkanstalten von Verfassungs wegen erfüllen müssen. Die Tätigkeit der öffentlich-rechtlichen Rundfunkanstalt muss insgesamt hinreichend gesichert sein. Entscheidet sich der Gesetzgeber für eine duale Rundfunkordnung, also für ein Nebeneinander von privatem und öffentlichem Rundfunk, muss er die erforderlichen technischen, organisatorischen, personellen und finanziellen Voraussetzungen für den öffentlich-rechtlichen Rundfunk sicherstellen (BVerfGE 83, 238/298). Dadurch ergibt sich eine Entwicklungsgarantie des öffentlich-rechtlichen Rundfunks. Die Gebührenfestsetzung für den öffentlich-rechtlichen Rundfunk darf nicht zur Einflussnahme auf das Programm missbraucht werden. Dies muss verfahrensrechtlich abgesichert sein (BVerfG, NJW 1994, 1942 ff.).

381   **Lösung Fall 35:** Die Extra-Radio GmbH war Rundfunkveranstalterin. Sie konnte sich deshalb auf die Rundfunkfreiheit des Art. 5 Abs. 1 Satz 2 GG berufen. Das Grundrecht steht ohne Rücksicht auf öffentlich-rechtliche oder privatrechtliche Rechtsformen, auf kommerzielle oder gemeinnützige Betätigung jedenfalls allen natürlichen und juristischen Personen zu, die Rundfunkprogramme veranstalten. Da die Verwaltungsgerichte die Einschlägigkeit von Art. 5 Abs. 1 Satz 2 GG übersehen haben, beruhen ihre Urteile auf einer grundsätzlich unrichtigen Anschauung von der Bedeutung eines Grundrechts und waren deshalb aufzuheben (sog. Heck'sche Formel).

Literatur zu § 16 II 4: *Degenhart, Christoph,* Duale Rundfunkordnung und **382** Grundgesetz, – Zum vierten und fünften Fernsehurteil des Bundesverfassungsgerichts –, Jura 1988, 21 ff.; *Eberle, Carl-Eugen,* Neue Übertragungstechniken und Verfassungsrecht, ZUM 1995, 249 ff.; *Ladeur, Karl-Heinz / Gostomzyk, Tobias,* Rundfunkfreiheit und Rechtsdogmatik – Zum Doppelcharakter des Art. 5 I 2 GG in der Rechtsprechung des BVerfG, JuS 2002, 1145 ff.; *Starck, Christian,* „Grundversorgung" und Rundfunkfreiheit, NVwZ 1992, 3257 ff.

5. Filmfreiheit (Art. 5 Abs. 1 Satz 2 3. Var. GG)

Unter einem Film versteht man ein Massenmedium, bei dem ein **383** chemisch-optischer Bildträger, dem meist eine Tonspur beigefügt ist, in der Öffentlichkeit vorgeführt wird. Auch sonstige Bild-Tonträger, wie Videobänder oder Filmplatten, fallen unter die Filmfreiheit. Im Unterschied zur Rundfunkfreiheit werden Filme am Ort des Abspielens vorgeführt.

Die Filmfreiheit schützt die Herstellung und Verbreitung von **384** Filmen. Auch die Werbung für einen Film wird geschützt.

Träger des Grundrechts sind diejenigen Personen, die die ge- **385** schützte Tätigkeit ausüben. Die Zuschauer sind nicht durch die Filmfreiheit, sondern durch die Informationsfreiheit geschützt. Das Grundrecht ist auch auf juristische Personen und Personenvereinigungen anwendbar.

Soweit es sich bei einem Film um ein Kunstwerk handelt, ist **386** Art. 5 Abs. 3 GG lex specialis. Die Filmfreiheit des Art. 5 Abs. 1 Satz 2 GG schützt deshalb vor allem berichterstattende Filme („tönende Wochenschau"). Deren Bedeutung hat in den letzten Jahrzehnten durch den Siegeszug des Fernsehens stark an Bedeutung eingebüßt. Dadurch ist Filmfreiheit heute eine weitgehend bedeutungslose Garantie.

Literatur zu § 16 II 5: *Reupert, Christine,* Die Filmfreiheit, NVwZ 1994, **387** 1155 ff.

III. Eingriffe

388   Eingriffe in die Kommunikationsfreiheiten können durch Gesetz, durch sonstige imperative Maßnahmen oder durch faktische
Einwirkungen geschehen. Von der Meinungsfreiheit umfasst ist
auch die Nutzung von öffentlichen Straßen bzw. Parks. Beschränkungen dieses Rechts sind deshalb Eingriffe in die Meinungsfreiheit.

389   Eingriffe in die Pressefreiheit sind etwa das Verbot der Berufsausübung als Redakteur (BVerfGE 10, 118/121) oder eine Be-
schlagnahme von Zeitungen bzw. von redaktionellen Unterlagen
(BVerfGE 56, 247/248f.). Auch eine Subventionierung von bestimmten Zeitungen kann einen Eingriff darstellen (vgl. BVerfGE
80, 124/131).

390   Die Rundfunkfreiheit wird durch jede Handlung beeinträchtigt,
die die Unabhängigkeit der Rundfunkanstalten behindert. Dies gilt
vor allem für die staatliche Einflussnahme auf Auswahl, Inhalt und
Ausgestaltung des Programms (BVerfGE 59, 231/258ff.).

IV. Verfassungsrechtliche Rechtfertigung von Eingriffen

1. Die Schranke der „allgemeinen Gesetze" (Art. 5 Abs. 2 GG)

391   **Fall 36** *(BVerfGE 71, 206ff.):* Die Illustrierte „stern" berichtet 1983 über
die Ermittlungen der Bonner Staatsanwaltschaft in der „Flick-Affäre". Noch
vor der Hauptverhandlung wurden Auszüge aus den Vernehmungsprotokollen
veröffentlicht. Die Redakteure wurden daraufhin wegen Verstoßes gegen
§ 353d StGB angeklagt. Das zuständige Amtsgericht legte gemäß Art. 100 GG
dem BVerfG die Frage vor, ob § 353d StGB mit Art. 5 Abs. 1 und 2 GG vereinbar ist.

392   In Art. 5 Abs. 2 sind die Kommunikationsfreiheiten einer dreifa-
chen Schranke unterstellt, zum einen den allgemeinen Gesetzen,
weiterhin den gesetzlichen Bestimmungen zum Schutz der Jugend
und dem Recht der persönlichen Ehre. Von zentraler Bedeutung
sind dabei die allgemeinen Gesetze, während die anderen beiden
Schranken als Unterfall allgemeiner Gesetze verstanden werden,
wodurch sie in der Rechtsprechung keine besondere Beachtung
finden.

Der Begriff der allgemeinen Gesetze wird folgendermaßen defi- **393**
niert: Allgemeine Gesetze sind solche, die sich nicht gegen die Äußerung einer Meinung als solche richten, die vielmehr dem Schutz
eines schlechthin, ohne Rücksicht auf eine bestimmte Meinung, zu
schützenden Rechtsgutes dienen (BVerfGE 7, 198/209 f.; 62, 230/
244; 71, 162/175). Diese Formel zerfällt bei näherem Hinsehen in
zwei Teile. Beim ersten Teil geht es um das Merkmal der Meinungsneutralität („nicht gegen die Äußerung einer Meinung als
solche", dies wird auch als **„Sonderrechtslehre"** bezeichnet),
beim zweiten Teil zielt sie ab auf eine abstrakte Güterabwägung
(„ohne Rücksicht auf eine bestimmte Meinung zu schützendes
Rechtsgut", **Abwägungslehre**).

Mit dem Element der Meinungsneutralität ist nur wenig anzu- **394**
fangen. In der konkreten Anwendung richten sich angeblich „mei-
nungsneutrale" Gesetze durchaus gegen bestimmte Meinungen,
denn sonst käme es zu keinem Grundrechtseingriff. Wichtiger ist
daher die abstrakte Rechtsgüterabwägung. Der Meinungsfreiheit
und den anderen Kommunikationsgrundrechten können nur solche Beschränkungen auferlegt werden, die zum Schutz eines anderen, besonders wichtigen Rechtsgutes abstrakt gerechtfertigt
sein können. Dadurch erübrigt sich im Regelfall ein Rückgriff
auf „verfassungsimmanente Schranken" (kollidierendes Verfassungsrecht), der auch bei qualifizierten Gesetzesvorbehalten grundsätzlich möglich ist.

Zu den allgemeinen Gesetzen gehören die Bestimmungen des **395**
BGB über den Ehr- und Persönlichkeitsschutz und die strafrechtli-
chen Bestimmungen über den Ehrschutz. Die gesetzlichen Regelungen über das Gegendarstellungsrecht gehören ebenfalls zu den
allgemeinen Gesetzen (BVerfG, NJW 1998, 1381/1382). Erforderlich ist jedoch stets ein formelles Gesetz, in dem der Schutz des
anderen Rechtsgutes zum Ausdruck kommt.

Von besonderer Bedeutung für die Beschränkung der Mei- **396**
nungs- und Pressefreiheit ist der Schutz des allgemeinen Persönlichkeitsrechts (Art. 2 Abs. 1 i. V. m. Art. 1 GG). Bei der Abwägung zwischen dem Informationsinteresse der Öffentlichkeit und
den Rechten vor allem von Prominenten an dem Schutz ihrer Privatsphäre ist eine konkrete Abwägung im Hinblick auf die kon-

kreten Umstände des Berichts und der Berichterstattung erforderlich (vgl. oben § 11 III).

397   **Lösung Fall 36:** § 353 d StGB schränkt die Meinungs- und Pressefreiheit ein. Die Beschränkung muss durch Art. 5 Abs. 2 GG verfassungsrechtlich gedeckt sein. § 353 d StGB müsste ein allgemeines Gesetz sein. Die Vorschrift ist meinungsneutral. Die Vorschrift schützt die Durchführung des Strafverfahrens als eines wichtigen gegenüber der Meinungsfreiheit jedenfalls gleichwertigen Rechtsgutes. Insbesondere wird die Unbefangenheit der Verfahrensbeteiligten geschützt. Hierzu ist die Vorschrift geeignet, erforderlich und verhältnismäßig.

2. Wechselwirkungslehre

398   **Fall 37** *(BVerfGE 7, 198 ff.):* Senatsdirektor Lüth wandte sich im Jahr 1950 mehrfach öffentlich gegen Veit Harlan und rief zum Boykott von dessen Filmen auf, da Harlan Regisseur des antisemitischen Propagandafilms „Jud Süß" gewesen war. Die Zivilgerichte verurteilten Lüth zur Unterlassung. Lüth legte hiergegen Verfassungsbeschwerde ein.

399   **a) Allgemeines.** Die allgemeinen Gesetze sind in der Regel nicht darauf angelegt, unmittelbar die Meinungsfreiheit zu regeln oder zu beschränken. Der eigentliche Grundrechtseingriff erfolgt vielfach erst durch ihre konkretisierende Anwendung, vor allem durch Gerichtsurteile. Eine besondere Erkenntnis im Umgang mit den Kommunikationsfreiheiten ist nun, dass die Schranke des Art. 5 Abs. 2 GG ihrerseits aus der Erkenntnis der Bedeutung des Grundrechts im freiheitlich-demokratischen Staat auszulegen ist und in ihrer diese Grundrechte beschränkenden Wirkung selbst wieder einzuschränken ist (BVerfGE 71, 206/214). Notwendig ist also eine Gesamt-Güterabwägung zwischen dem beeinträchtigten Kommunikationsgrundrecht und den Interessen, die mit den allgemeinen Gesetzen verfolgt werden (BVerfGE 35, 202/224). Grundsätzlich gibt es dabei eine Vermutung zugunsten der freien Rede (BVerfGE 61, 1/11).

400   **b) Beispiele.** Bei **Werturteilen** geht der Persönlichkeitsschutz dann der Meinungsfreiheit vor, wenn die Äußerung ein Angriff auf die Menschenwürde ist (BVerfGE 75, 369/380; NJW 1995, 3303/3304). Weiterhin darf sich die Äußerung nicht als reine Schmähkritik oder als Formalbeleidigung darstellen (BVerfGE 93, 266/293 f.; 99, 185/196). Bei **Tatsachenbehauptungen** kommt es vor allem auf den Wahrheitsgehalt an. Wahre Aussagen müssen hingenommen werden, auch wenn sie nachteilig für den Betroffenen sind, unwahre hingegen nicht. Auch bei wahren Aussagen können Persönlichkeitsbelange überwiegen, wenn die Aussagen die Intim-, Privat- oder Vertraulichkeitssphäre betreffen und sie nicht durch ein berechtigtes Informationsinteresse der Öffentlichkeit gerechtfertigt sind (BVerfGE 34, 269/281 ff.; 99, 185/197). Die Meinungsfreiheit tritt auch dann zurück, wenn eine wahre Äußerung einen besonderen „Persönlichkeitsschaden" anzurichten droht (BVerfGE 35, 202/232: Verhinderung der Resozialisierung). Je mehr jemand in der Öffentlichkeit steht, desto eher muss er sich auch polemische und überspitzte Kritik gefallen lassen.

Die Einordnung einer Äußerung als Werturteil ist für den Äu- **401** ßernden im Regelfall günstiger als die Einordnung als Tatsachenbehauptung. Vor allem die Straf- und Zivilgerichte dürfen deshalb nicht vorschnell von einer Tatsachenbehauptung ausgehen, wenn auch ein Verständnis als Werturteil möglich ist. Mehrere mögliche Deutungen müssen von den Gerichten erwogen werden (vgl. auch oben Rdnr. 283 ff.).

Lösung Fall 37: Die Äußerung des Lüth steht unter dem Schutz der Mei- **402** nungsfreiheit. §§ 826, 1004 BGB sind allgemeine Gesetze, die die Meinungsfreiheit einschränken. Diese Gesetze müssen aber im Lichte der Bedeutung der grundrechtlichen Garantien interpretiert werden. Nach einer Analyse der Urteilsgründe kam das BVerfG zum Ergebnis, dass die Zivilgerichte diesen verfassungsrechtlichen Anforderungen nicht gerecht geworden sind. Vor allem habe Lüth aus lauteren Motiven an das sittliche Gefühl der von ihm angesprochenen Kreise appelliert und sie zu einer nicht zu beanstandenden moralischen Haltung aufgerufen. (Im Ergebnis muss das Urteil des Zivilgerichts darauf überprüft werden, ob die Einschlägigkeit der grundrechtlichen Garantien richtig gewürdigt worden ist. Es handelt sich um eine Art Kontrolle des Abwägungsergebnisses).

3. Zensurverbot (Art. 5 Abs. 1 Satz 3 GG)

Das Zensurverbot in Art. 5 Abs. 1 Satz 3 GG beschränkt die **403** Beschränkungsmöglichkeiten (sog. Schrankenschranke). Eine Einschränkung gemäß Abs. 2 ist nicht möglich, wenn eine Zensur vorliegt. Mit der Zensur ist insoweit nur die **Vorzensur** gemeint (BVerfGE 33, 53/71). Unter einer Vorzensur versteht man die Verpflichtung, bei der Herstellung oder Verbreitung des Kommu-

nikationsproduktes dieses einer Stelle vorzulegen, die die Veröffentlichung dann zulassen oder verbieten kann (BVerfGE 47, 198/
236 f.). Die Nachzensur, also die Reaktion auf eine geschehene
Veröffentlichung, fällt hingegen unter Art. 5 Abs. 2 GG.

4. Kollidierendes Verfassungsrecht

404   **Fall 38:** A will ein Buch mit dem Titel „Kampf dem Staatskapitalismus"
veröffentlichen. Hierin beschreibt er, wie Anschläge auf Politiker und Wirt-
schaftsführer geplant und durchgeführt werden können. Vor Erscheinen des
Buches greifen die Sicherheitsbehörden ein. Das Buch wird auf gesetzlicher
Grundlage verboten, die bereits gedruckten Exemplare werden eingezogen.
Liegt ein Verstoß gegen Art. 5 Abs. 1 GG vor?

405   Eine Beschränkung der Kommunikationsfreiheiten ist auch unter Berufung auf kollidierendes Verfassungsrecht möglich (BVerfGE
66, 116/136). Dies hat vor allem Bedeutung für die Gesetze, die
sich gegen eine bestimmte Meinung richten und daher nicht mehr
im Sinne der Formel des BVerfG allgemein sind. Das Zensurverbot
gilt für kollidierendes Verfassungsrecht nicht (vgl. BVerfGE 27,
88/99 f.).

406   **Lösung Fall 38:** Die Sicherheitsbehörden dürfen die Veröffentlichung des
Buches gegebenenfalls unter Rückgriff auf die polizeiliche Generalklausel unterbinden. Dies geschieht zum Schutz von kollidierendem Verfassungsrecht,
nämlich dem Schutz von Leben und körperlicher Unversehrtheit der möglicherweise bedrohten Personen (Art. 2 Abs. 2 Satz 1 GG).

407   **Literatur zu § 16 VI:** *Gornig, Gilbert,* Die Schrankentrias der Art. 5 II GG,
JuS 1988, 274 ff.; *Hoppe, Bernd,* Die „allgemeinen Gesetze" als Schranke der
Meinungsfreiheit, JuS 1991, 734 ff.

§ 17. Wissenschaftsfreiheit (Art. 5 Abs. 3 GG)

I. Schutzbereich

1. Sachlicher Schutzbereich

408   **a) Einheitlichkeit der Garantie.** Art. 5 Abs. 3 GG schützt die
Freiheit von Wissenschaft, Forschung und Lehre. Forschung und
Lehre sind dabei die wesentlichen Teilbereiche der Wissenschaft.

Insgesamt handelt es sich um eine einheitliche verfassungsrechtliche Garantie der Wissenschaftsfreiheit.

b) Begriff der Wissenschaft. Der Begriff der Wissenschaft ist **409** ähnlich schwer zu definieren wie der Begriff der Kunst. Das BVerfG geht davon aus, dass die Wissenschaftsfreiheit die auf wissenschaftlicher Eigengesetzlichkeit beruhenden Prozesse, Verhaltensweisen und Entscheidungen beim Auffinden von Erkenntnissen, ihrer Deutung und ihrer Weitergabe betrifft (BVerfGE 47, 327/367). Unter Forschung versteht man den nach Inhalt und Form ernsthaften und planmäßigen Versuch zur Ermittlung der Wahrheit, und zwar in einem methodisch geordneten Verfahren mit einem Kenntnisstand, der in der Regel auf einem wissenschaftlichen Studium beruht (vgl. auch BVerfGE 35, 79/113; 47, 327/367). Insoweit ist der Schutz umfassend, erfasst werden auch vorbereitende und unterstützende Tätigkeiten, vor allem auch die Organisation der Forschung und die Veröffentlichung von Forschungsergebnissen.

An der Wissenschaftlichkeit eines Werkes fehlt es nicht schon **410** dann, wenn es Einseitigkeiten oder Lücken oder methodische Mängel aufweist; dem Bereich der Wissenschaft ist ein Werk erst dann entzogen, wenn es den Anspruch von Wissenschaftlichkeit nicht nur vereinzelt oder nach der Sicht bestimmter Schulen, sondern systematisch verfehlt (BVerfG, NJW 1994, 1781/1782). Das ist insbesondere dann der Fall, wenn es nicht auf Wahrheitserkenntnis gerichtet ist, sondern vorgefassten Meinungen oder Ergebnissen lediglich den Anschein wissenschaftlicher Gewinnung oder Nachweisbarkeit verleiht (BVerfG, a.a.O.).

c) Der Begriff der Lehre. Lehre im Sinne von Art. 5 Abs. 3 **411** GG ist die wissenschaftliche Lehre, die im Zusammenhang mit der Forschung des Lehrenden entsteht. Dabei kennzeichnet sich die wissenschaftliche Lehre auch dadurch, dass fremde Forschungen weitergegeben werden. Keine Lehre ist etwa der Unterricht an Schulen. Die Forschungsfreiheit garantiert den Hochschullehrern die Bestimmung, den Ablauf und die methodische Ausgestaltung der Lehrveranstaltungen (z.B. die Entscheidung darüber, inwieweit im Rahmen des Biologiestudiums Tierversuche durchgeführt werden, siehe BVerwG, NVwZ 1998, 853/854).

412   **d) Treue zur Verfassung (Art. 5 Abs. 3 Satz 2 GG).** Abs. 3
Satz 2 trifft die Klarstellung, dass die Freiheit der Lehre nicht von der
Treue zur Verfassung entbindet. Eine echte Beschränkung der Wissenschaftsfreiheit ist damit jedoch nicht verbunden. Es handelt sich
eher um eine Konkretisierung der dienstrechtlichen Verpflichtung
zur Loyalität gegenüber der freiheitlich-demokratischen Grundordnung. Wissenschaftliche Kritik an der Verfassung ist deshalb zulässig.

2. Persönlicher Schutzbereich

413   Träger des Grundrechts ist grundsätzlich jeder, der eigenverant-
wortlich in wissenschaftlicher Weise tätig ist oder tätig werden will
(BVerfGE 35, 79/112). Dies sind vor allem, aber nicht nur die
Hochschullehrer. Auch Studenten können sich auf die Wissenschaftsfreiheit berufen, soweit sie eine gewisse Vorbildung erworben haben und auf dieser Grundlage wissenschaftlich tätig sind
(BVerfGE 55, 37/67 f.).

414   Die Wissenschaftsfreiheit kommt auch juristischen Personen zugute, die Wissenschaft betreiben und organisieren. Dies gilt auch
für die Hochschulen und Fakultäten mit öffentlich-rechtlichem
Status. Für Fachhochschulen wirkt die Wissenschaftsfreiheit eher
am Rande (BVerfG 61, 210/244; 64, 323/359).

II. Eingriffe

415   Die Wissenschaftsfreiheit ist im Kern ein Abwehrrecht gegen
staatliche Einwirkungen. Ein Eingriff kann in einer Einflussnahme
auf den einzelnen Wissenschaftler oder in einer Einflussnahme auf
die wissenschaftlichen Einrichtungen von Institutionen bestehen.
Daher schützt die Wissenschaftsfreiheit vor allem auch die Hoch-
schulautonomie.

III. Verfassungsrechtliche Rechtfertigung von Eingriffen

416   **Fall 39:** Professor P führt ohne Einholung der gesetzlich vorgeschriebenen
Erlaubnis zur Erforschung des zentralen Nervensystems Versuche an Schim-
pansen durch, indem er operativ Nervenstränge der Affen durchtrennt. Da-

raufhin wird er wegen Verstoßes gegen das Tierschutzgesetz zu einer Geldstrafe verurteilt.

Die Wissenschaftsfreiheit steht nicht unter Schrankenvorbehalt. **417** Insbesondere ist Abs. 2 nicht anwendbar. Eine Beschränkung kommt deshalb nur durch kollidierendes Verfassungsrecht in Betracht, wobei jeweils eine gesetzliche Konkretisierung erforderlich ist. Oft ist eine Abwägung mit anderen Verfassungsgrundsätzen nötig, etwa mit der Berufsfreiheit von Studienbewerbern oder mit den Grundsätzen des Berufsbeamtentums.

Lösung Fall 39: P ist wissenschaftlich tätig. Durch den Genehmigungsvor- **418** behalt und die Bestrafung wird in sein Grundrecht aus Art. 5 Abs. 3 Abs. 1 GG eingegriffen. Der Eingriff ist jedoch durch kollidierendes Verfassungsrecht gerechtfertigt. Nach der Änderung von Art. 20 a GG ist der Schutz der Tiere Verfassungsgut. Es ist eine verhältnismäßige Beschränkung der Forschungsfreiheit von P, vor derartig massiven Eingriffen gegenüber Säugetieren eine behördliche Erlaubnis vorzuschreiben.

IV. Objektive Dimension des Grundrechts

Fall 40 *(BVerfGE 35, 79 ff.):* Das Universitätsgesetz des Landes N sieht vor, **419** dass die Gruppe der Professoren in universitären Gremien nur noch gleichberechtigt mit Vertretern der Studenten und des Mittelbaus vertreten ist.

Die Wissenschaftsfreiheit verpflichtet den Staat zur Ausgestaltung **420** einer freien Wissenschaft. Der Staat hat insoweit die personellen, finanziellen und organisatorischen Mittel zu ermöglichen und zu fördern (BVerfGE 35, 79/114 f.). Er hat also eine Ausgestaltungspflicht und Förderungspflicht. Diese Förderungs- und Ausgestaltungspflicht kann von den Trägern des Grundrechts eingeklagt werden (BVerfGE 35, 79/116). Der Gesetzgeber hat allerdings einen erheblichen Gestaltungsspielraum (BVerfGE 66, 155/177).

Lösung Fall 40: Das Gesetz verstößt nach Auffassung des BVerfG gegen **421** das aus Art. 5 Abs. 3 GG abzuleitende Teilhaberecht im Hinblick auf staatliche Leistungen. Deshalb muss der Gesetzgeber einen maßgeblichen Einfluss der Hochschullehrer auf wissenschaftsrelevante Fragestellungen (Lehrprogramm, Forschung, Personal im wissenschaftlichen Bereich) sicherstellen.

Literatur zu § 17: *v. Brünneck, Alexander,* Die Freiheit von Wissenschaft **422** und Forschung, JA 1989, 165 ff.; *Losch, Bernhard,* Verantwortung der Wissenschaft als Rechtsproblem, NVwZ 1993, 625 ff.

§ 18. Kunstfreiheit (Art. 5 Abs. 3 GG)

I. Schutzbereich

1. Sachlicher Schutzbereich

423   **Fall 41** *(BVerfGE 83, 130ff.):* V verlegt seit 1978 den Roman „Josefine Mut-
zenbacher – Die Lebensgeschichte einer wienerischen Dirne, von ihr selbst
erzählt". Der Roman wurde 1979 von der Bundesprüfstelle als schwer jugend-
gefährdend in die Liste jugendgefährdender Schriften aufgenommen. Eine solche Indizierung führt zu erheblichen Beschränkungen der Vertriebsmöglich-
keiten. Das Vorliegen von Kunst wurde von der Prüfstelle von vornherein
verneint, weil die Schrift pornographisch sei. War das Verhalten der Prüfstelle
rechtmäßig?

424   Der Umgang mit der Kunstfreiheit ist für den Rechtsanwender
besonders problematisch. Eine generelle Definition von Kunst ist
nicht möglich (BVerfGE 67, 213/225). Es ist dem Staat verwehrt,
sich zum staatlichen Kunstrichter aufzuspielen. Die grundsätzliche
Eigenständigkeit der Kunst muss akzeptiert werden. Der Staat hat
nicht das Recht, das künstlerische Niveau zu bestimmen oder Vorgaben für die künstlerische Betätigung zu machen. Andererseits
muss die Verfassungsgarantie der Kunst beachtet werden. Inhalt
und Grenzen des Gewährleistungsgehaltes müssen deshalb bestimmt werden.

425   Um den Kunstbegriff greifbar zu machen, sind verschiedene
Formeln zu seiner Definition entwickelt worden. Nach dem **ma-
terialen Kunstbegriff** besteht das Wesentliche der künstlerischen
Betätigung in der freien schöpferischen Gestaltung, in der Eindrü-
cke, Erfahrungen, Erlebnisse des Künstlers durch das Medium einer
bestimmten Formensprache zu unmittelbarer Anschauung gebracht
werden (BVerfGE 30, 173/188f.). Dieser Begriff ist eher unpräzise.
Er ist eigentlich eher eine Beschreibung als eine Definition.

426   Der zweite Kunstbegriff wird als **formaler Kunstbegriff** bezeichnet. Das Wesentliche eines Kunstwerks besteht darin, dass es
einem bestimmten Werktyp zugeordnet werden kann (etwa Malen,
Bildhauen, Dichten, Theaterspielen). Dieser formale Kunstbegriff
ist zweifellos zu eng, da das Bestreben moderner Kunst gerade

darin besteht, ständig neue Werktypen zu entwickeln. Positiv lässt sich jedoch beim Vorliegen eines Werktyps in der Regel auf das Vorliegen von Kunst schließen. Bei einem Nichtvorliegen eines anerkannten Werktyps darf allerdings nicht ohne weiteres das Vorliegen von Kunst abgelehnt werden.

Schließlich gibt es noch den **offenen Kunstbegriff**. Das kenn- **427** zeichnende Merkmal einer künstlerischen Äußerung besteht danach darin, dass es wegen der Mannigfaltigkeit des Aussagegehaltes möglich ist, der Darstellung im Wege einer fortgesetzten Interpretation immer weitreichendere Bedeutungen zu entnehmen, so dass sich eine praktisch unerschöpfliche, vielstufige Informationsvermittlung ergibt (BVerfGE 67, 213/226 f.). Das Vorliegen von Pornographie schließt nicht aus, dass es sich um Kunst handelt (BVerfGE 83, 130 ff.). Die Rechtsprechung ist zudem gezwungen, sich mit dem Prinzip der Anerkennung durch Anerkannte zu helfen. Der Staat darf die Kunsteigenschaft dann nicht verneinen, wenn Kunstsachverständige und andere Künstler überwiegend von der Kunsteigenschaft eines Werkes ausgehen. Im Zweifelsfall ist der Kunstbegriff weit auszulegen.

Lösung Fall 41: Kunsteigenschaft kann nicht alleine deshalb verneint wer- **428** den, weil „Pornographie" vorliegt. Die Prüfstelle hätte sich deshalb vor der Indizierung mit der Kunsteigenschaft des Werkes auseinandersetzen müssen.

2. Persönlicher Schutzbereich

Fall 42 *(BVerfGE 30, 173 ff.):* A war Adoptivsohn des Schauspielers Gustav **429** Gründgens. A erwirkte ein zivilrechtliches Urteil gegen den Verlag V, dem verboten wurde, den Roman „Mephisto – Roman einer Karriere" von Klaus Mann zu vervielfältigen, zu verbreiten und zu veröffentlichen, da dieser eine verleumderische Biographie des mittlerweile verstorbenen Schauspielers darstelle. Hiergegen erhob V unter Berufung auf Art. 5 Abs. 3 GG Verfassungsbeschwerde.

Der persönliche Schutzbereich der Kunstfreiheit wird ähnlich **430** wie der sachliche Schutzbereich weit ausgelegt. Träger des Grundrechts ist nicht nur derjenige, der das Kunstwerk herstellt, (sog. **Werkbereich**), sondern auch die Person, die das Kunstwerk der Öffentlichkeit zugänglich macht. Hierzu zählt etwa ein Verleger (siehe BVerfGE 30, 173/191; 36, 321/331). Träger der Kunstfreiheit können auch juristische Personen und Personenvereinigungen sein, weiterhin Kunst- und Musikhochschulen, auch soweit es sich um Einrichtungen des öffentlichen Rechts handelt.

431   **Lösung Fall 42:** V war Grundrechtsträger der Kunstfreiheit, da er als Verleger eine unentbehrliche Mittlerfunktion zwischen Künstler und Publikum ausübt. Der Eingriff in die Kunstfreiheit des V-Verlages war nach Auffassung des BVerfG jedoch durch den fortwirkenden Achtungsanspruch zugunsten von Gründgens gerechtfertigt, den das Gericht aus Art. 1 Abs. 1 GG ableitet. Der entscheidende Aspekt war, dass das Werk von Klaus Mann eine „Schmähschrift in Romanform" war.

II. Eingriffe

432   Die Kunstfreiheit wird dann beeinträchtigt, wenn der Staat entweder den Werk- oder den Wirkbereich regelt oder beschränkt. Dies kann durch Gesetze, z. B. durch strafrechtliche Verbote, aber auch durch Verwaltungsakte oder gerichtliche Entscheidungen geschehen.

III. Verfassungsrechtliche Rechtfertigung von Eingriffen

1. Die Beurteilung von einschränkenden Gesetzen

433   **Fall 43** *(BVerfGE 81, 278 ff.):* B wird aufgrund der Herstellung einer Kollage (männlicher Corpus uriniert auf die Bundesflagge) wegen Verunglimpfung des Staates und seiner Symbole nach § 90 a Abs. 1 Nr. 2 StGB zu einer Geldstrafe verurteilt. Die Kollage hatte Kunstcharakter. Liegt ein rechtswidriger Eingriff in Art. 5 Abs. 3 GG vor?

434   Die Kunstfreiheit unterliegt keinem Gesetzesvorbehalt. Sie kann daher lediglich durch kollidierendes Verfassungsrecht, also zum Schutz anderer verfassungsrechtlich geschützte Werte beschränkt werden (BVerfGE 67, 213/228). Die Eingriffe bedürfen einer gesetzlichen Grundlage. Dazu ist eine Abwägung zwischen den verschiedenen Interessen erforderlich. Insoweit ist der Wirkbereich weniger stark geschützt als der Werkbereich (BVerfGE 77, 240/ 253 ff.). So ist es zulässig, die Genehmigung für die Aufstellung von Monumentalfiguren der Baukunst im Außenbereich wegen Widerspruchs zu städtebaulichen Interessen zu verweigern, da die entsprechende Bestimmung des Bauplanungsrechts (§ 35 Abs. 3 BauGB) der Verwirklichung der Staatszielbestimmung des Art. 20a GG dient (BVerwG, NJW 1995, 2648ff.).

Lösung Fall 43: Die Anfertigung der Kollage steht unter dem Schutz von **435** Art. 5 Abs. 3 Satz 1 1. Var. GG. Durch die Verurteilung wird in den Schutzbereich eingegriffen. Die verfassungsrechtliche Rechtfertigung des Eingriffs muss durch ein formelles Gesetz geschehen. Dies ist § 90a Abs. 1 Nr. 2 StGB. Fraglich ist, ob die Vorschrift auch der Kunstfreiheit Schranken setzt. Ansonsten dürfte sie auf Kunstwerke nicht angewendet werden. Voraussetzung für eine Anwendbarkeit wäre, dass § 90a Abs. 1 Nr. 2 StGB zum Schutz kollidierenden Verfassungsrechts geeignet, erforderlich und verhältnismäßig ist. Art. 22 GG kann insoweit nicht unmittelbar als Schutzgut herangezogen werden, da dort nur die Farben der Bundesflagge festgelegt werden. Nach Auffassung des BVerfG setzt Art. 22 GG jedoch das Recht des Staates voraus, zu seiner Selbstdarstellung Symbole zu verwenden. Zweck sei es, an das Staatsgefühl der Bürger zu appellieren. Als freiheitlicher Staat sei die Bundesrepublik auf die Identifikation ihrer Bürger mit den in der Flagge versinnbildlichten Grundwerten angewiesen. Diese Grundwerte gäben die in Art. 22 GG vorgeschriebenen Staatsfarben wieder. Sie ständen also für die freiheitlich-demokratische Grundordnung. Jede Verunglimpfung könne die für den inneren Frieden notwendige Autorität des Staates beeinträchtigen (BVerfGE 81, 278/295f.). § 90a Abs. 1 Nr. 2 StGB kann deshalb auch auf die Herstellung oder Verbreitung von Kunstwerken angewendet werden.

2. Die Beurteilung der Rechtsanwendung im konkreten Fall

Hinsichtlich der Kunstfreiheit bemüht sich das BVerfG darum, **436** die Gerichte vor dem Ausspruch zivil- oder strafrechtlicher Sanktionen auf eine hinreichende **werkgerechte Interpretation** zu verpflichten. Dies spielt insbesondere bei satirischen Darstellungen eine Rolle.

Deshalb wurde im Fall 43 die Verurteilung aufgehoben. Es war **437** keine werkgerechte Interpretation erfolgt, da bei satirischen Darstellungen zwischen Einkleidung und Aussagekern hätte unterschieden werden müssen (BVerfGE 81, 278/294). Die angeführte Karikatur habe deshalb vorrangig antimilitärische Tendenz. Die Staatlichkeit oder die verfasste Ordnung der Bundesrepublik Deutschland sollte nach Auffassung des BVerfG nicht angegriffen werden. Da die Strafgerichte dies verkannt hatten, waren die Urteile wegen Verstoßes gegen Art. 5 Abs. 3 Satz 1 GG aufzuheben (sehr zweifelhaft).

438   **Literatur zu § 18:** *Borgmann, Klaus,* Kann Pornographie Kunst sein? – BVerfGE 83, 130, in: JuS 1992, 916 ff.; *Steinberg, Rudolf/Hartung, Sven,* Straßenkunst als Gemeingebrauch oder als Sondernutzung?, JuS 1990, 795 ff.; *Würkner, Joachim,* Die Freiheit der Kunst in der Rechtsprechung von BVerfG und BVerwG, NVwZ 1992, 1 ff.; *ders.,* Was darf die Satire?, JA 1988, 183 ff.

§ 19. Schutz von Ehe, Familie und Elternrecht (Art. 6 GG)

I. Überblick

439   Art. 6 GG umfasst verschiedene Garantien, die sich mit der Ehe, der Familie und der Kindererziehung befassen. Art. 6 Abs. 1 GG enthält das Grundrecht von Ehe und Familie. Der Verfassungswortlaut bringt jedoch bereits zum Ausdruck, dass hierin eine besondere staatliche Schutzverpflichtung enthalten ist. Gleichwohl lässt sich Art. 6 Abs. 1 GG auch als Abwehrrecht einordnen. Weiterhin entnimmt die Rechtsprechung Art. 6 Abs. 1 und 2 GG ein besonderes Gleichheitsgebot (dazu unten V).

440   Das Recht der Eltern, ihre Kinder zu erziehen, ist in Art. 6 Abs. 2 GG niedergelegt. Bei der Kindererziehung handelt es sich nicht nur um ein Recht, sondern auch um eine Pflicht. Der staatlichen Gemeinschaft wird ein Wächteramt übertragen (Art. 6 Abs. 2 Satz 2 GG). Art. 6 Abs. 4 GG enthält ein Leistungsrecht der Mütter hinsichtlich des Schutzes und der Fürsorge durch die Gemeinschaft. Art. 6 Abs. 5 GG verpflichtet zur Gleichstellung von ehelichen und unehelichen Kindern.

II. Schutzbereich

1. Schutz von Ehe und Familie

441   **Fall 44:** Durch ein neues Scheidungsgesetz wird eine neue Regelung in das BGB eingeführt, dass Ehepartner durch einseitige, empfangsbedürftige Willenserklärung (Scheidungsbrief) eine Auflösung der Ehe bewirken können. Liegt ein Verstoß gegen Art. 6 Abs. 1 GG vor?

a) Schutz der Ehe. Art. 6 Abs. 1 GG verpflichtet den Staat **442**
zum Schutz der Ehe. Hierin ist zunächst eine Institutsgarantie enthalten. Der Staat muss Normen erlassen, die es den Bürgern ermöglichen, eine Ehe zu schließen. Soweit entsprechende Normen
bestehen, darf er sie nicht ersatzlos abschaffen. Der Verfassung liegt
dabei das Bild der „verweltlichten" bürgerlich-rechtlichen Ehe zugrunde (BVerfGE 31, 58/82 f.; 53, 224/245). Nichteheliche Gemeinschaften oder eheähnliche Gemeinschaften stehen deshalb
nicht unter dem Schutz des Art. 6 Abs. 1 GG, können Ehen jedoch in gewissem Rahmen rechtlich gleichgestellt werden, z. B. im
Unterhalts- oder Erbrecht.

Auch gleichgeschlechtliche Verbindungen sind aus dem Ehebe- **443**
griff ausgeschlossen (BVerfG, NJW 1993, 3058; E 105, 313/345).
Damit ist es dem Gesetzgeber allerdings nicht verwehrt, auch für
gleichgeschlechtliche Partnerschaften eine Rechtsform zu schaffen
oder besondere rechtliche Regelungen zu erlassen, die solche Partnerschaften eheähnlich ausgestalten (Lebenspartnerschaften, siehe
BVerfGE 105, 313 ff.). Ein Nivellierungsverbot oder ein Abstands-
gebot im Hinblick auf gleichgeschlechtliche Lebensgemeinschaften
lässt sich aus der Verfassung nicht ableiten (BVerfGE 105, 313/
348). Der Gesetzgeber ist zum besonderen Schutz der Ehe verpflichtet, zur Gleichstellung anderer Lebensgemeinschaften ist er
bei Vorliegen entsprechender sachlicher Gründe berechtigt. Die
Ehe darf allerdings gegenüber sonstigen Lebensformen nicht
schlechter gestellt werden.

Von Art. 6 Abs. 1 GG geschützt ist nur die Einehe; bei etwa im **444**
Ausland geschlossenen Mehrehen kommt ein Schutz durch den
Aspekt des Schutzes der Familie in Betracht (BVerwGE 71, 228/
231 f.).

b) Geschütztes Verhalten der Ehefreiheit. Das durch Art. 6 **445**
Abs. 1 GG geschützte Verhalten im Hinblick auf die Ehe reicht
von der Eheschließung über das eheliche Zusammenleben bis zur
Entscheidung der Eltern, wann und wieviele Kinder sie haben
wollen. Geschützt ist auch das Recht auf Ehescheidung (BVerfGE
31, 58/82 f.; 53, 224/250), die Freiheit der Wahl des Ehepartners
und des Zeitpunktes der Eheschließung, weiterhin die Entschei-

dung über die Wahl des Ehe- bzw. Familiennamens (BVerfGE 84, 9/22).

446   **c) Schutz der Familie.** Auch der Begriff der **Familie** knüpft an das bürgerlich-rechtliche Institut der Familie an (BVerfGE 6, 55/82). Familie ist insoweit die umfassende Gemeinschaft zwischen Eltern und Kindern (BVerfGE 80, 81/90). Es kommt nicht darauf an, ob die Kinder ehelich oder nichtehelich sind. Geschützt wird auch die Gemeinschaft zwischen Alleinerziehenden und ihren Kindern, zwischen Eltern und heranwachsenden bzw. volljährigen Kindern, weiterhin die Gemeinschaft mit Adoptiv-, Stief- oder Pflegekindern. Geschützt ist die Familiengründung und das familiäre Zusammenleben.

447   **Lösung Fall 44:** Die Regelung über den „Scheidungsbrief" könnte gegen die Institutsgarantie des Art. 6 Abs. 1 GG verstoßen. Zum bürgerlich-rechtlichen „Bild" der Ehe gehört der Grundsatz der Unauflöslichkeit. Eine Scheidung kann nur in einem besonders geregelten gerichtlichen Verfahren bewirkt werden. Der Gesetzgeber ist zwar zu einer Weiterentwicklung des Eherechts befugt. Der „Kernbereich" des Instituts, seine Essentialia, dürfen jedoch nicht grundlegend geändert werden. Dies geschieht jedoch durch die Einführung eines „Scheidungsbriefes". Die Reform ist daher verfassungswidrig.

448   **d) Grundrechtsträger.** Art. 6 Abs. 1 GG ist kein deutschen Staatsangehörigen vorbehaltenes Grundrecht. Es steht vielmehr auch Ausländern zu.

449   Eine Besonderheit gegenüber anderen Grundrechten besteht darin, dass das Mitglied der Ehe oder der Familie persönlich in den Schutzbereich miteinbezogen ist, also berechtigt ist, den Schutz für sich selbst gegenüber staatlichen Maßnahmen in Anspruch zu nehmen, die seine eheliche oder familiäre Gemeinschaft berühren. Das gilt auch dann, wenn die staatlichen Maßnahmen den anderen Ehepartner, ein Elternteil oder Kinder betreffen.

2. Schutz des Elternrechts (Art. 6 Abs. 2, 3 GG)

450   Das Elternrecht umfasst die Pflege, d. h. die Sorge für das körperliche Wohl, und die Erziehung der minderjährigen Kinder. Die im Elternrecht wurzelnden Rechtsbefugnisse nehmen mit fortschreitendem Alter des Kindes ab und erlöschen mit der Volljährigkeit (BVerfGE 59, 360/382; 72, 122/137). Das Elternrecht er-

streckt sich auch auf die religiöse Unterweisung des Kindes und die Ausbildung in der Schule.

Träger des Grundrechts sind die leiblichen Eltern, weiterhin die **451** Adoptiveltern, nicht jedoch die Pflegeeltern (BVerfGE 79, 51/60; offengelassen von BVerfG, NJW 1994, 183/183). Träger des Elternrechts sind auch die Väter nichtehelicher Kinder. Deren Interessen sind etwa bei Adoptionsentscheidungen oder der Ausgestaltung des Sorgerechts zu beachten; der Gesetzgeber muss entsprechend ausgestaltende Regelungen treffen (BVerfG, NJW 1995, 2155 ff.; NJW 2003, 955 ff.). Auch die rein biologischen (nicht rechtlichen) Väter sind in gewissem Umfang in ihrem Interesse am Umgang mit „ihrem" Kind geschützt. Der Gesetzgeber muss Regelungen schaffen, die es dem leiblichen (biologischen) Vater ermöglichen, die rechtliche Vaterposition zu erlagen, wenn dies dem Schutz einer familiären Beziehung zwischen dem Kind und seinen rechtlichen Eltern nicht entgegensteht (BVerfG, NJW 2003, 2151).

III. Eingriff

Gesetzesvorbehalte für Eingriffe in Grundrechte aus Art. 6 **452** Abs. 1 und Abs. 2 GG bestehen nur für bestimmte Konstellationen (siehe IV.). Negative Einwirkungen auf Ehe- und Elternrecht werden jedoch nicht grundsätzlich als Eingriff in das Grundrecht verstanden. Das Recht der Ehe und das Elternrecht sind auf gesetzliche Ausgestaltungen angewiesen. Der Erlass von gesetzlichen Bestimmungen, die diesen Auftrag erfüllen, stellt keinen Eingriff in das Grundrecht dar. Vielmehr sind solche gesetzgeberischen Regelungen allein in der Institutsgarantie zu messen. Sie müssen deshalb dem Bild der verweltlichten bürgerlich-rechtlichen Ehe und der bürgerlich-rechtlichen Familie entsprechen. Fortentwicklungen sind möglich. Die „Essentialia" dürfen jedoch nicht angetastet werden.

Die auf Einreise und Aufenthalt zwecks Nachzugs in die Bun- **453** desrepublik Deutschland begründet (BVerfGE 76, 1/47 f.). Daher müssen Ausländer sowie Deutsche, die Ehen mit Ausländern schließen, damit rechnen, dass das eheliche bzw. familiäre Zusam-

menleben sich nicht stets in der Bundesrepublik Deutschland voll-
ziehen kann. Ein Eingriff in das Ehe- oder Familienrecht soll erst
dann vorliegen, wenn es dem Ehepartner oder den Familienange-
hörigen nicht möglich oder nicht zumutbar ist, dem Ausländer ins
Ausland zu folgen (BVerfG, NJW 1994, 3155).

454   Ein typischer Eingriff in das Grundrecht der „Ehe" (Abs. 1) ist
die rechtliche Beschränkung der Eheschließungsfreiheit. Ein Eingriff in das Elternrecht (Abs. 2 Satz 1) ist etwa der Entzug oder die
Beschränkung des Sorgerechts. Als Eingriff angesehen wird auch
der Entzug von elterlichen Beteiligungsrechten im Rahmen eines
Jugendstrafverfahrens (BVerfG, NJW 2003, 2004 ff.).

IV. Verfassungsrechtliche Rechtfertigung von Eingriffen

1. Eingriffe in Ausübung des staatlichen Wächteramtes (Art. 6 Abs. 2 Satz 2)

455   In beschränktem Umfang sind Eingriffe durch Art. 6 Abs. 2
Satz 2 erlaubt (staatliches Wächteramt). Erforderlich ist eine formellgesetzliche Grundlage, die hinreichend bestimmt sein muss.

> **Beispiel** *(BVerfG, NJW 2003, 2007 ff.):* Nach einer Bestimmung im JGG
> sollten die Eltern von der Hauptverhandlung im Jugendgerichtsverfahren aus-
> geschlossen werden, soweit Bedenken gegen ihre Anwesenheit bestehen. Der
> Begriff „Bedenken" ist für eine Norm, die zu Eingriffen in das Elternrecht er-
> mächtigt, zu unbestimmt.

Das Wächteramt darf nur im Interesse des Kindeswohls ausgeübt
werden. Im Kollisionsfall ist das Kindeswohl gegenüber dem Elternrecht vorrangig (BVerfGE 99, 145/156). Verfahrensrechtlich
muss das Kindeswohl ggf. durch die Bestellung eines Ergänzungs-
pflegers abgesichert werden (BVerfGE 99, 145/157). In Sorge-
rechts- und ähnlichen Verfahren folgt aus Art. 6 Abs. 2 Satz 2 GG
ein Anspruch des Kindes auf Anhörung. Verstöße gegen das Kindeswohl führen zu einem Verstoß gegen das Elternrecht aus Art. 6
Abs. 2 Satz 1 GG (so BVerfGE 99, 145/156 ff.).

456   Eingriffe in das Elternrecht sind durch das Verhältnismäßigkeitsprinzip beschränkt. Der Staat muss nach Möglichkeit versuchen,
durch helfende, unterstützende, auf Herstellung oder Wiederher-

stellung eines verantwortungsgerechten Verhaltens der Eltern gerichtete Maßnahmen sein Ziel zu erreichen (BVerfGE 24, 119/
144 f.).

2. Zwangsweise Trennung von Eltern und Kindern (Art. 6 Abs. 3 GG)

Besondere Regelungen enthält Abs. 3 für die Trennung von El- **457**
tern und Kindern. Trennung meint die körperliche Trennung von
beiden. Abs. 3 ist insoweit nicht nur im Augenblick der Trennung
maßgeblich, sondern auch dann, wenn es über Entscheidungen über
die Aufrechterhaltung dieses Zustandes geht (BVerfGE 68, 176/
187).

3. Eingriffe aufgrund der staatlichen Schulhoheit (Art. 7 Abs. 1 GG)

Eine Art besonderen Gesetzesvorbehalt für das elterliche Erzie- **458**
hungsrecht enthält Art. 7 Abs. 1 GG (siehe § 20 II). Der dort
begründete staatliche Einwirkungs- und Erziehungsbereich bedarf gegebenenfalls des Ausgleichs mit dem elterlichen Erziehungsrecht.

4. Sonstige Eingriffe

Eingriffe in die Grundrechte des Art. 6 Abs. 1/Abs. 2 GG sind **459**
weiterhin durch kollidierendes Verfassungsrecht möglich. So kann
etwa eine nachhaltige Beeinträchtigung der Sicherheit der Bundesrepublik Deutschland einen Eingriff rechtfertigen.

V. Objektive Grundrechtswirkungen

1. Finanzielle Förderung von Familien

Ehe und Familie muss der Staat vor Beeinträchtigungen durch **460**
andere Kräfte bewahren. Der Gesetzgeber hat insoweit jedoch einen weiten Gestaltungsfreiraum. Dies gilt insbesondere für die

wirtschaftliche Förderung von Familien. Finanzielle Leistungen stehen dabei unter dem Vorbehalt des Möglichen im Sinne dessen, was der Einzelne vernünftigerweise von der Gesellschaft beanspruchen kann (BVerfGE 87, 1/35). Es besteht keine Verpflichtung des Staates, jegliche die Familie treffende finanzielle Belastung auszugleichen (BVerfGE 75, 348/360).

461   Art. 6 Abs. 1 GG enthält nach Auffassung des BVerfG jedoch einen **besonderen Gleichheitssatz** (NJW 1999, 557 ff.). Dieses Benachteiligungsverbot steht jeder belastenden Differenzierung entgegen, die an die Existenz der Ehe oder die Wahrnehmung des Elternrechts in ehelicher Erziehungsgemeinschaft anknüpft. Verheiratete dürfen nicht schlechter gestellt werden als unverheiratete Personen in gleicher Lage. Hieraus folgt, dass der Gesetzgeber nicht das Recht hat, Kinderbetreuungskosten steuerlich nur zugunsten von alleinstehenden Eltern mit Kindern zu berücksichtigen, verheiratete Eltern hingegen von der Begünstigung auszunehmen. Die Anzahl der Kinder muss zudem bei der Ermittlung des steuerfreien Existenzminimums berücksichtigt werden. Hierbei muss der Betreuungsbedarf als notwendiger Bestandteil des Familienexistenzminimums einkommenssteuerrechtlich unbelastet bleiben.

2. Vollzug ausländerrechtlicher Bestimmungen

462   Im Rahmen des Vollzugs ausländerrechtlicher Bestimmungen ist die objektive Wertentscheidung des Art. 6 Abs. 1 GG zu beachten. Im Rahmen des Ermessens muss der Schutz von Ehe und Familie Berücksichtigung finden. Dies gilt sowohl bei Ausweisungsentscheidungen als auch dann, wenn Angehörige eines in der Bundesrepublik lebenden Ausländers in die Bundesrepublik einreisen wollen.

463   Der Schutz vor allem der Familie ist allerdings abgestuft. Erziehungsgemeinschaften zwischen Eltern und minderjährigen Kindern kommt ein stärkerer verfassungsrechtlicher Schutz zu als etwa eine Hausgemeinschaft von älteren erwachsenen Kindern mit ihren Eltern oder einer reinen „Begegnungsgemeinschaft".

3. Besonderer Schutz der werdenden Mütter (Art. 6 Abs. 4 GG)

Fall 45 *(BVerfG NJW 2001, 957 ff.)*: Die weitgehend einkommens- und **464** vermögenslose M ist schwanger und drängt ihren Freund V zur Heirat. V ist hierzu nur bereit, wenn M ehevertraglich in einen gegenseitigen Unterhaltverzicht für den Fall einer Scheidung einwilligt und V von Unterhaltsansprüchen des Kindes K freistellt. Ist eine entsprechende Vereinbarung wirksam?

Der besondere Schutz des Abs. 4 GG kommt insbesondere wer- **465** denden Müttern zugute (BVerfGE 55, 154, 157 f.; 88, 203/258). Sie steht auch Müttern nach der Entbindung zu, erfasst aber nicht die ganze Lebenszeit einer Frau, die einmal Mutter geworden ist. Hinsichtlich der Ausgestaltung dieses Schutzanspruchs hat der Staat ein weites Ermessen. Geboten ist jedoch ein wirksamer arbeitsrechtlicher Kündigungsschutz (BVerfGE 84, 133/156; 85, 167/ 175; 85, 360/372).

Lösung Fall 45: Die Vereinbarung könnte gegen verfassungsrechtliche **466** Wertentscheidungen verstoßen (Vertragsfreiheit nach Art. 2 Abs. 1 GG, Kindeswohl nach Art. 6 Abs. 2 GG, Schutz werdender Mütter nach Art. 6 Abs. 4 GG). Für die Sittenwidrigkeit (§ 138 BGB) und damit Unwirksamkeit spricht die finanzielle Zwangslage der M. M befindet sich aufgrund der Schwangerschaft zudem in einer psychischen und physischen Ausnahmesituation, die V ausnutzt. Die Vereinbarung verstößt zudem gegen das Kindeswohl. Die Unterhaltsansprüche des K gegen M bleiben zwar unberührt. Da bei einer Scheidung i. d. R. die Frau das Sorgerecht erhält, wird wegen der Freistellungsverpflichtung M gezwungen, den Barunterhalt für K aufzubringen. Damit verschlechtert sich die wirtschaftliche Lage von K. Die Vereinbarung ist deshalb unwirksam.

4. Gleichstellungsauftrag nach Art. 6 Abs. 5 GG

Ein Gleichstellungsauftrag gegenüber dem Gesetzgeber enthält **467** Art. 6 Abs. 5 GG. Insoweit ist eine Ungleichbehandlung von ehelichen und nichtehelichen Kindern verfassungsrechtlich unzulässig.

Literatur zu § 19: *Friauf, Karl Heinrich,* Verfassungsgarantie und sozialer **468** Wandel – das Beispiel von Ehe und Familie, NJW 1986, 2595 ff.; *Gusy, Christoph,* Der Grundrechtsschutz von Ehe und Familie, JA 1986, 183 ff.; *ders.,* Familiennachzug und Grundgesetz, DÖV 1986, 321 ff; *Lindenberg, Ina Maria/Micker, Lars,* Die Vereinbarkeit des Lebenspartnerschaftsgesetzes mit Art. 6 Abs. 4 GG, DÖV 2003, 707 ff.; *Meissner, Claus,* Familienschutz im Ausländerrecht, Jura

1993, 1 ff., 113 ff.; *Scholz, Rupert / Uhle, Arnd*, „Eingetragene Lebenspartnerschaft"
und Grundgesetz, NJW 2001, 393 ff.

§ 20. Schulwesen (Art. 7 GG)

I. Überblick

469   In Art. 7 GG sind verschiedene, sachlich nur teilweise zusam-
menhängende Regelungen getroffen worden. Abs. 1 stellt das gesamte Schulwesen unter die Aufsicht des Staates. Diese Bestimmung stellt quasi einen Gesetzesvorbehalt für Eingriffe in das elterliche Erziehungsrecht (Art. 6 Abs. 2 GG) und in den Betrieb von
„privaten" Schulen (besser: „Schulen in privater Trägerschaft") dar.
Abs. 2 und Abs. 3 beschäftigen sich dann mit dem traditionell besonders strittigen Problem des Religionsunterrichts in öffentlichen
Schulen. Abs. 4–6 betreffen die Schulorganisation, insbesondere die
Errichtung und den Betrieb von Privatschulen.

II. Schulaufsicht (Art. 7 Abs. 1 GG)

470   **Fall 46** *(BVerfGE 47, 46 ff.):* In Hamburg wurde 1970 durch eine Richtlinie der Schulbehörde Sexualkundeunterricht an den öffentlichen Schulen eingeführt. Die Eltern des Schülers S sehen sich in ihrem Grundrecht aus Art. 6
Abs. 2 GG verletzt, da Sexualerziehung eine Sache der Eltern sei.

1. Begriff der Schule

471   Der Staat übt die Aufsicht über Schulen aus. Schulen sind Einrichtungen, die auf gewisse Dauer berechnet sind und ein zusam-
menhängendes Unterrichtsprogramm haben. Keine Schulen sind
etwa Vortragsreihen, Fahrschulen, Kindergärten oder Volkshoch-
schulen. Keine Schulen sind die Universitäten bzw. die Fachhochschulen, die jedenfalls teilweise unter der Garantie von Art. 5
Abs. 3 GG stehen.

2. Inhalt und Grenzen der Schulaufsicht

Zur Schulaufsicht gehört die Gesamtheit der staatlichen Befug- **472** nisse zur Organisation, Leitung und Planung des Schulwesens (BVerfGE 26, 228/238). Der Staat hat das Recht, die Ausbildungsgänge und Unterrichtsziele festzulegen, die Aufnahmeentscheidungen der Schulleitung zu koordinieren, über die Auswahl und Verwendung von Schulbüchern zu entscheiden und die Erziehungsziele festzulegen.

Art. 7 Abs. 1 GG ist eine Art Gesetzesvorbehalt für das in Art. 6 **473** Abs. 2 GG garantierte Erziehungsrecht. Eingriffe in das elterliche Erziehungsrecht, die auf Art. 7 Abs. 1 GG gestützt werden, müssen jedoch im Einzelnen am Verhältnismäßigkeitsprinzip gemessen werden. Der staatliche Erziehungsauftrag in der Schule ist dem elterlichen Erziehungsrecht gleichgeordnet (BVerfGE 34, 165/182f.; 52, 223/236). Die Eltern haben kein Recht zu verlangen, dass ihnen eine ihren Wünschen entsprechende Schule zur Verfügung gestellt wird (BVerwGE 35, 111/112).

Lösung Fall 46: Die individuelle Sexualerziehung gehört zum Erziehungs- **474** recht der Eltern und steht unter dem Schutz von Art. 6 Abs. 2 GG. Aufgrund des Erziehungs- und Bildungsauftrages (Art. 7 Abs. 1 GG) ist der Staat jedoch berechtigt, Sexualerziehung in der Schule durchzuführen. Die Einführung des Sexualkundeunterrichts bedarf jedoch einer formellgesetzlichen Grundlage (Wesentlichkeitstheorie). Bei der Ausgestaltung des Sexualkundeunterrichts muss darauf geachtet werden, dass die verschiedenen Wertvorstellungen auf diesem Gebiet beachtet werden, auf das Erziehungsrecht der Eltern und auf deren religiöse und weltanschauliche Überzeugungen muss Rücksicht genommen werden. Die Einführung des Sexualkundeunterrichts ohne formellgesetzliche Grundlage verstößt deshalb gegen das Erziehungsrecht der Eltern aus Art. 6 Abs. 2 GG.

Literatur zu § 20 II: *Jarass, Hans D.,* Zum Grundrecht auf Bildung und **475** Ausbildung, DÖV 1995, 674 ff.

III. Religionsunterricht (Art. 7 Abs. 2, 3 GG)

Fall 47 *(BVerfGE 107, 75ff.):* S besucht das Gymnasium im Bundesland **476** BW. Er meldet sich mit Zustimmung seiner Eltern ordnungsgemäß vom Religionsunterricht ab. Nach einer entsprechenden Bestimmung im Landesschulgesetz ist er deshalb verpflichtet, an einem weltanschaulich und religiös neutralen Ethikunterricht (gleiche Stundenzahl, ebenfalls ordentliches Lehrfach) teilzunehmen. Ist diese Verpflichtung mit den Grundrechten des S vereinbar?

477   Das Grundgesetz geht von der grundsätzlichen Trennung von Staat und Kirche aus. Der Staat ist zur Bekenntnisneutralität verpflichtet. Teilweise wird dieses Prinzip jedoch durchbrochen, z.B. durch Art. 7 Abs. 3 GG. Danach ist der Staat verpflichtet, in öffentlichen Schulen Religionsunterricht durchführen zu lassen. Der Staat muss den Religionsunterricht veranstalten und die Kosten dafür tragen. Der Religionsunterricht ist Pflichtfach, die Erziehungsberechtigten haben jedoch das Recht, ihre Kinder nicht am Religionsunterricht teilnehmen zu lassen (Abs. 2). Als Pflichtfach kann der Religionsunterricht auch bei der Versetzungsentscheidung berücksichtigt werden (BVerwGE 42, 346/349).

478   Der Pflicht des Staates korrespondiert ein Anspruch der jeweiligen Religionsgemeinschaften. Ein Anspruch der Religionsgemeinschaften besteht auch dahingehend, dass der Unterricht im Bereich Religion in Übereinstimmung mit ihren Grundsätzen erteilt wird. Lehrer haben als Ausdruck ihrer Religionsfreiheit (Art. 4 Abs. 1 GG) das Recht, die Erteilung von Religionsunterricht abzulehnen (Art. 7 Abs. 2 Satz 3 GG).

479   Die Verpflichtung des Art. 7 Abs. 3 GG besteht nicht in Ländern, in denen am 1. Januar 1949 eine andere Regelung bestand (Art. 141 GG, sog. Bremer Klausel). Strittig ist, ob Art. 141 GG auch auf die fünf neuen Länder Anwendung findet. Es entspricht der Zielsetzung der Vorschrift, Besonderheiten in einzelnen Gebieten zu berücksichtigen. Weitere Erfordernisse wie das ununterbrochene Bestehen des Landes als Rechtssubjekt stellt die Vorschrift nicht auf. Dies spricht für eine entsprechende Anwendung der Bestimmung auch im Beitrittsgebiet.

480   **Lösung Fall 47:** Ein Verstoß gegen das Grundrecht des S aus Art. 4 Abs. 1 GG liegt nicht vor, weil der Ethikunterricht konfessionell neutral durchgeführt wird. Die Bestimmung des Schulgesetzes greift also nur in den Schutzbereich des Grundrechts des S aus Art. 2 Abs. 1 GG ein. Das Schulgesetz gehört jedoch zur verfassungsmäßigen Ordnung. Art. 7 Abs. 1 GG enthält einen umfassenden schulischen Bildungs- und Erziehungsauftrag und gibt dem Staat die Befugnis, neue und zusätzliche Unterrichtsfächer wie etwa das Fach Ethik, einzuführen. Das elterliche Erziehungsrecht (Art. 6 Abs. 2 GG) wird damit zulässigerweise eingeschränkt.

Die von Art. 7 Abs. 2 GG gewährte Wahlfreiheit hinsichtlich der Teilnahme **481** am Religionsunterricht muss der Gesetzgeber aber akzeptieren. Er darf durch die Einführung von Ersatzunterricht keinen Zwang im Hinblick auf die Teilnahme am Religionsunterricht ausüben. Der eingeführte Ethikunterricht ist jedoch dem Religionsunterricht gleichwertig (verwandte Unterrichtsinhalte, gleiche Stundenzahl, gleiche Bedeutung für das Zeugnis). Daher ist das Schulgesetz verfassungsgemäß.

Literatur: *Heckmann, Dirk,* Verfassungsmäßigkeit des Ethik-Unterrichts – **482** DVBl. 1998, 1344, in: JuS 1999, 227 ff.: *Renck, Ludwig,* Rechtsfragen des Religionsunterrichts im bekenntnisneutralen Staat, DÖV 1994, 27 ff.

IV. Privatschulfreiheit (Art. 7 Abs. 4, 5 GG)

Fall 48 *(BVerwG, NVwZ 1998, 60):* T betreibt eine staatlich anerkannte **483** Lehranstalt für medizinisch-technische Assistenten (MTA). Der Antrag auf Genehmigung nach Art. 7 Abs. 4 GG wird abgelehnt, da das Schulgesetz des entsprechenden Landes solche Lehranstalten aus dem Anwendungsbereich des Schulgesetzes herausnimmt.

Das Grundgesetz entscheidet sich in Art. 7 Abs. 4 und 5 GG ge- **484** gen ein staatliches Schulmonopol. Grundsätzlich wird das Recht gewährleistet, private Schulen zu errichten (Instituts- bzw. Einrichtungsgarantie). Dieses Recht ist jedoch eingeschränkt. Folgende Unterscheidungen sind zu treffen:

1. Zulassung von privaten Volksschulen (Art. 7 Abs. 5 GG)

a) Begriff der Volksschule. Unter einer Volksschule versteht **485** man die Grund- und Hauptschule im herkömmlichen Sinn. Das Grundgesetz knüpft insoweit an Art. 145 Satz 1 und 2 WRV an („Es besteht allgemeine Schulpflicht. Ihrer Erfüllung dient grundsätzlich die Volksschule mit mindestens acht Schuljahren …").

b) Genehmigungsvoraussetzungen für Volksschulen. Pri- **486** vate Volksschulen sollen die Ausnahme bleiben (Abs. 5). Sie werden von der zuständigen Verwaltungsbehörde nur dann zugelassen, wenn die Unterrichtsverwaltung ein besonderes pädagogisches Interesse anerkennt oder wenn auf Antrag von Erziehungsberechtigten eine Gemeinschafts-, Bekenntnis- oder Weltanschauungsschule errichtet werden soll oder eine öffentliche Volksschule dieser Art in der Gemeinde nicht besteht.

487   Ob ein pädagogisches Interesse besonderer Art vorliegt, steht nicht im Ermessen des Schulträgers oder der Eltern (BVerfGE 88, 40/51). Erforderlich ist, dass eine sinnvolle Alternative zum bestehenden, öffentlichen und privaten Schulangebot geboten wird, das die pädagogische Erfahrung bereichert und der Entwicklung des Schulsystems insgesamt zugute kommt (BVerfGE 88, 40/53). Grundsätzlich sollen die öffentlichen Grundschulen jedoch einen Vorrang behalten (BVerfGE 88, 40/55). Es besteht insoweit ein Beurteilungsspielraum der Unterrichtsverwaltung, der jedoch engen Grenzen unterliegt. Die Behörde muss feststellen, ob das besondere pädagogische Interesse den Vorrang der öffentlichen Grundschule, den die Verfassung grundsätzlich vorsieht, überwiegt (BVerfGE 88, 40/55). Die gerichtliche Überprüfung ist hinsichtlich der Bewertung des pädagogischen Konzepts im konkreten Fall und hinsichtlich der Abwägung beschränkt.

2. Zulassung von privaten Ersatzschulen (Art. 7 Abs. 4 GG)

488   **a) Begriff der privaten Ersatzschulen.** Private Ersatzschulen bedürfen ebenfalls der staatlichen Genehmigung (Abs. 4 Satz 2). Ersatzschule ist eine Privatschule, die nach dem mit ihrer Errichtung erfolgten Gesamtzweck als Ersatz für eine in dem Land vorhandene oder grundsätzlich vorgesehene öffentliche Schule, die keine Volksschule ist, dienen soll (BVerfGE 27, 195/201 f.; 75, 40/76).

489   **b) Genehmigungsvoraussetzungen für private Ersatzschulen.** Die Genehmigung unterliegt jedoch restriktiven Voraussetzungen. Nach Abs. 4 Satz 2 muss die Einrichtung zum einen öffentlichen Schulen gleichwertig sein, zum anderen darf eine Sonderung nach den Besitzverhältnissen der Eltern nicht gefördert werden. Diese beiden Anforderungen führen dazu, dass eine rein privat finanzierte Ersatzschule nicht existenzfähig ist. Wenn ein den öffentlichen Schulen vergleichbarer Standard gehalten werden soll, müssen Schulgebühren erhoben werden, die nur von gut betuchten Eltern bezahlt werden könnten und die damit zu einer Sonderung der Kinder nach den Besitzverhältnissen der Eltern führen. Daraus schließt das BVerfG, dass der Staat die Pflicht hat, das Ersatzschulsystem auch finanziell zu unterstützen (BVerfGE 75, 40/66 ff.). Es handelt sich deshalb um einen der seltenen Fälle, in denen unmittelbar aus dem Grundgesetz ein Finanzierungsanspruch dem Grunde nach abgeleitet werden kann.

Aus der grundsätzlichen staatlichen Finanzierungspflicht folgen **490** aber in der Regel keine subjektiven Rechte einzelner Träger von Ersatzschulen auf bestimmte Zahlungen. Der Gesetzgeber ist lediglich verpflichtet, die Existenz von Ersatzschulen überhaupt zu ermöglichen. Seiner grundsätzlichen Pflicht kommt er nur dann nicht nach, wenn er die wirtschaftliche Grundlage für Privatschulen insgesamt in Frage stellt. Eine Handlungspflicht des Staates besteht erst dann, wenn die Institution des Ersatzschulwesens eindeutig gefährdet wäre (BVerfGE 75, 40/67).

3. Sonstige Schulen

Sonstige Schulen, die weder Ersatz- noch Volksschulen sind, **491** können ohne Genehmigung errichtet werden.

4. Verbot von Vorschulen (Art. 7 Abs. 6 GG)

Das Verbot von Vorschulen (Abs. 6) richtet sich gegen den **492** Staat. Es soll verhindert werden, dass der Staat bereits im Kindesalter die Kinder der Erziehung durch die Eltern entzieht.

Lösung Fall 48: Ein Interesse an einer Genehmigung nach Art. 7 Abs. 4 **493** Satz 2 GG besteht für T vor allem, um in den Genuss finanzieller Förderung durch den Staat zu kommen. Voraussetzung hierfür wäre, dass die Lehranstalt eine Ersatzschule ist. Ob eine Schule Ersatzschule ist, richtet sich auch nach Landesrecht. Da es im Land L keine öffentliche Schule gibt, die der Anstalt des T entspricht, kann es sich nicht um eine Ersatzschule handeln. Im Hinblick auf den Gleichheitssatz (Art. 3 Abs. 1 GG) ist die Herausnahme aus dem Bereich des Schulgesetzes dadurch gerechtfertigt, dass MTA-Anstalten herkömmlicherweise mit Krankenhäusern verbunden sind und deshalb über die Pflegesätze mitfinanziert werden.

Literatur zu § 20 IV: *Geis, Max-Emanuel,* Die Anerkennung des „beson- **494** deren pädagogischen Interesses" nach Art. 7 Abs. 5 GG, Ein Bezug zur Dogmatik des Beurteilungsspielraums, DÖV 1993, 22 ff.; *Pieroth, Bodo,* Erziehungsauftrag und Erziehungsmaßstab der Schule im freiheitlichen Verfassungsstaat, DVBl. 1994, 949 ff.; *Vogel, Johann Peter,* Zur Errichtung von Grundschulen in freier Trägerschaft, – Die Rechtsprechung des Bundesverfassungsgerichts und die bayerische Verwaltungspraxis –, DÖV 1995, 587 ff.

§ 21. Versammlungsfreiheit (Art. 8 GG)

495 **Fall 49:** Die nicht verbotene rechtsradikale N-Partei plant eine Demonstration in der Fußgängerzone der kreisfreien Stadt S. Wegen verfassungsfeindlicher Bestrebungen untersagt die Stadt S die Versammlung unter Berufung auf § 15 Abs. 1 VersG. Als Begründung führt die Stadt aus, dass der Schutz von Art. 8 GG Gegnern der Verfassung nicht zustehe.

I. Schutzbereich

1. Sachlicher Schutzbereich

496 **a) Versammlung und Ansammlung.** Art. 8 GG garantiert die Versammlungsfreiheit. Voraussetzung hierfür ist zunächst das Vorliegen einer Versammlung. Eine Versammlung kennzeichnet sich dadurch, dass sie Ausdruck gemeinschaftlicher, auf Kommunikation angelegter Entfaltung ist (BVerfGE 69, 315/342 f.). Voraussetzung ist also eine innere Verbindung der Personen zu gemeinsamem Handeln (BVerwGE 82, 34/38). Die Zusammenkunft muss darauf gerichtet sein, an der öffentlichen Meinungsbildung teilzunehmen. Eine Versammlung im Sinne des Grundrechts ist deshalb eine örtliche Zusammenkunft mehrerer Personen zur gemeinschaftlichen, auf die Teilhabe an der öffentlichen Meinungsbildung gerichtete Erörterung oder Kundgebung (BVerfGE 104, 92/104).

497 Liegt ein solcher gemeinsamer Zweck nicht vor, handelt es sich nicht um eine Versammlung, sondern um eine Ansammlung oder eine Volksbelustigung, die allein von Art. 2 Abs. 1 GG geschützt ist. Dadurch können Ansammlungen straßen- und straßenverkehrsrechtlichen Erlaubnispflichten unterzogen werden, was Gebührenpflichten sowie die Möglichkeit der Nichtgenehmigung bzw. die erleichterte Erteilung von Auflagen zur Folge hat.

498 Bei unterhaltenden oder kommerziellen Veranstaltungen wird in der Regel die Existenz einer inneren Verbindung bestritten. „Fuck

Parade" und „Love Parade" werden überwiegend nicht als Versammlung angesehen, da es sich schwerpunktmäßig um Musik-Tanzveranstaltungen handelt (BVerfG, NJW 2001, 2459 f.).

Die Versammlung braucht nicht ortsfest zu sein, geschützt sind **499** auch Demonstrationszüge. Hinsichtlich der Teilnehmerzahl muss eine Versammlung aus mindestens zwei Personen bestehen.

b) Geschütztes Verhalten. Hinsichtlich des geschützten Ver- **500** haltens ist die Versammlungsfreiheit weit zu interpretieren. Die sich Versammelnden können über Ort, Zeit, Art und Inhalt der Versammlung entscheiden (BVerfGE 69, 315/343). Geschützt sind auch die vorbereitenden Maßnahmen wie die Organisation, Werbung für die Veranstaltung und die Anreise (BVerfGE 84, 203/209). Aus Art. 8 GG folgt unmittelbar das Recht, öffentliche Straßen und Plätze für die Demonstration zu nutzen.

Mit anderen Grundrechten steht Art. 8 GG in der Regel in **501** Idealkonkurrenz. Soll etwa eine bestimmte Meinung kundgetan werden, können sich die Versammlungsteilnehmer auch auf Art. 5 Abs. 1 Satz 1 1. Var. GG berufen.

c) Erfordernis der Friedlichkeit. Der Schutzbereich von **502** Art. 8 Abs. 1 GG ist dahingehend beschränkt, dass die Versammlung friedlich sein muss, um unter dem Schutz des Art. 8 Abs. 1 GG zu stehen. In Anlehnung an § 5 Nr. 3 VersG geht man davon aus, dass eine Versammlung dann nicht friedlich ist, wenn sie einen gewalttätigen oder aufrührerischen Verlauf nimmt. Unfriedlich ist eine Versammlung vor allem dann, wenn Handlungen von einiger Gefährlichkeit stattfinden (z. B. Ausschreitungen gegen Personen oder Sachen). Dass es zu Behinderungen Dritter kommt, lässt den Grundrechtsschutz allein noch nicht entfallen.

Auch eine Sitzblockade kann von Art. 8 Abs. 1 GG geschützt **503** sein (BVerfGE 73, 206/249; 87, 399/406). Wenn sich die Teilnehmer anketten oder auf sonstige Weise eine physische Barriere bilden, kann zwar strafrechtlich der Nötigungstatbestand des § 240 StGB vorliegen. Gleichwohl entfällt der Schutz des Art. 8 Abs. 1 GG durch ein solches Verhalten nicht (BVerfGE 104, 92/106; zweifelhaft, da strafbares Tun grundrechtlich unterstützt wird). Soweit nur einige Teilnehmer unfriedlich sind, verlieren auch nur sie den grundrechtlichen Schutz des Art. 8 Abs. 1 GG (BVerfGE 69, 315/361).

2. Persönlicher Schutzbereich

504   Träger des Grundrechts ist jeder Deutsche im Sinne von Art. 116 GG. Auch Minderjährige sind Grundrechtsträger. Die überwiegende Meinung geht davon aus, dass auch juristische Personen und Personenvereinigungen sich auf das Grundrecht berufen können. Die Versammlung selbst ist hingegen kein Grundrechtsträger.

505   **Lösung Fall 49:** Das Verbot der Stadt S ist rechtswidrig. Die Veranstaltung ist eine Versammlung i. S. v. Art. 8 Abs. 1 GG. Die N-Partei ist auch Grundrechtsträger. Ein Verbot nach Art. 21 Abs. 2 GG liegt nicht vor. Hinsichtlich des Zwecks der Veranstaltung verhalten sich Art. 8 GG und § 15 Abs. 1 VersG neutral. Ein „Parteiverbot durch die Hintertür" kann nicht verfügt werden (großzügig für die Möglichkeit des Verbotes von Neonazi-Demonstrationen hingegen das OVG Münster, siehe etwa NJW 2001, 2986 f. m. w. N.).

II. Eingriff

506   In den Schutzbereich wird eingegriffen, wenn staatliche Maßnahmen das Versammlungsverhalten regeln. Dies geschieht etwa durch Anmelde- und Erlaubnispflichten, Auflösungen oder Verbote. Das Grundrecht kann auch durch faktische Behinderungen beeinträchtigt werden. Dies geschieht etwa dann, wenn Kontrollen bei Anfahrten zur Versammlung nur schleppend vorgenommen werden (siehe BVerfGE 69, 315/349) oder wenn Personen, die an der Versammlung teilnehmen wollen, etwa durch Registrierung oder andere Maßnahmen von der Teilnahme abgeschreckt werden sollen.

III. Verfassungsrechtliche Rechtfertigung von Eingriffen

1. Beschränkungen von Versammlungen unter freiem Himmel

507   Die Versammlungsfreiheit steht nach Art. 8 Abs. 2 GG teilweise unter Gesetzesvorbehalt. Der Gesetzesvorbehalt betrifft Versammlungen unter freiem Himmel, also nicht solche in geschlossenen

Räumen. Eine geschlossene Versammlung liegt dann vor, wenn der Raum zur Seite hin umschlossen ist und nur durch Eingänge zugänglich ist. Auf die Abgeschlossenheit „nach oben hin" kommt es nicht an.

a) Verfassungsmäßigkeit der gesetzlichen Grundlagen. Zur **508** Rechtfertigung eines Eingriffs bedarf es einer gesetzlichen Grundlage. Die wichtigste gesetzliche Grundlage für Eingriffe in das Versammlungsrecht ist das Versammlungsgesetz (VersG). Damit ist den Behörden ein Rückgriff auf das allgemeine Polizei- und Ordnungsrecht im Anwendungsbereich des Versammlungsgesetzes verwehrt (sog. **Polizeifestigkeit des Versammlungsrechts**). Das Versammlungsgesetz gilt jedoch nur für öffentliche Versammlungen, also Versammlungen, bei denen die Zulassung nicht auf einen individuell bezeichneten Personenkreis beschränkt ist. Für nichtöffentliche Versammlungen muss auf das allgemeine Polizei- und Ordnungsrecht zurückgegriffen werden.

Nach § 14 Abs. 1 VersG sind öffentliche Versammlungen unter **509** freiem Himmel spätestens 48 Stunden vor der Bekanntgabe (nicht vor der Durchführung) der zuständigen Behörde anzuzeigen. Eine Versammlung ist also nicht genehmigungspflichtig! Auch Genehmigungen nach dem Straßenrecht oder Straßenverkehrsrecht sind nicht erforderlich.

Die Anmeldepflicht nach § 14 Abs. 1 VersG ist verfassungs- **510** rechtlich hinsichtlich von Eil- oder Spontanversammlungen problematisch. Das BVerfG geht gleichwohl von ihrer Verfassungsmäßigkeit aus. Spontanversammlungen unterliegen jedoch keiner Anmeldepflicht, da sie sonst generell verboten wären (BVerfGE 85, 69/75). Liegt eine Eilversammlung vor, bei der die Anmeldefrist nur unter Gefährdung des Demonstrationszwecks gewahrt werden kann, ist die Versammlung so früh wie möglich anzumelden (BVerfGE 85, 69/75). Es ist zweifelhaft, ob damit die Grundsätze über die verfassungskonforme Interpretation noch eingehalten werden. Richtiger dürfte es sein, § 14 Abs. 1 VersG als verfassungswidrig einzustufen.

b) Verfassungsmäßigkeit von Einzelmaßnahmen. Bei der **511** Auslegung des eingreifenden Gesetzes ist die Wechselwirkungstheorie zu beachten (BVerfGE 87, 399/407). Die einschränkende Maßnahme muss strikt im Hinblick auf die Verhältnismäßigkeit überprüft werden. Die Sicherheitsbehörden müssen die Zusammenarbeit mit den Veranstaltern suchen. Je mehr die Veranstalter zu vertrauensbildenden Maßnahmen oder zur Kooperation bereit sind, desto höher rückt die Schwelle für behördliches Eingreifen wegen Gefährdung der öffentlichen Sicherheit (BVerfGE 69, 315 ff.).

512 Wichtig ist bei der Beurteilung von Einzelmaßnahmen die Unterscheidung von Versammlungsauflagen und Versammlungsverboten. Auflagen (z. B. das Verbot, durch eine bestimmte Straße zu ziehen) sind rechtlich eher zulässig als Verbote, die angesichts der hohen Bedeutung des Art. 8 Abs. 1 GG nur zur Abwehr von Gefahren für verfassungsrechtlich geschützte Rechtsgüter zulässig sind (also etwa bei Gefahren für Leben, körperliche Unversehrtheit oder Eigentum).

513 Ebenso wenig dürfen Versammlungen mit rechtsradikalem Hintergrund unter Rückgriff auf die sog. öffentliche Ordnung verboten werden. Hierunter versteht man im polizeirechtlichen Sinne die Gesamtheit der essentiellen ungeschriebenen Regeln für das Verhalten des Einzelnen in der Öffentlichkeit. Dies ist aber kein Einfallstor für das Verbot von vor der Mehrheit der Bevölkerung abgelehnten Kundgebungsinhalten (BVerfG, NJW 2001, 2072 ff.). Veranstaltungen rechtsradikaler Parteien können nicht wegen möglicher Verfassungsfeindlichkeit der veranstaltenden Partei verboten werden. Insofern entfaltet Art. 21 Abs. 2 S. 2 GG Sperrwirkung auch gegenüber den Versammlungsbehörden. Bis zu einer Entscheidung des BVerfG müssen rechtsradikale Parteien behandelt werden wie andere Veranstalter auch (str.).

514	Art der Maßnahme	Rechtliche Beurteilung
	1. Verbot wegen zu erwartender gewalttätiger Gegendemonstrationen	rechtswidrig, Sicherheitsbehörden müssen gegen gewalttätige Gegendemonstranten vorgehen
	2. Verbot wegen zu erwartender Gewalttätigkeiten der Teilnehmer	rechtmäßig, wenn hierfür hinreichend konkrete Anhaltspunkte vorliegen

Art der Maßnahme	Rechtliche Beurteilung
3. Auflage, dass die Teilnehmer keine einheitliche Kleidung tragen dürfen	rechtswidrig, solange nicht gegen das Uniformverbot (§ 3 VersG) verstoßen wird
4. Auflagen, dass keine Fahnen oder Gegenstände mit verfassungsfeindlichen Symbolen mitgeführt werden dürfen	rechtmäßig, vgl. §§ 86, 86 a StGB
5. Verbot des Mitführens von Gegenständen (Trommeln, Fackeln Baseballschläger)	i. d. R. rechtswidrig, es sei denn, es gibt konkrete Anhaltspunkte für Einsatz der Gegenstände zu Gewaltzwecken

Abgrenzungsschwierigkeiten ergeben sich bei der zeitlichen **515** Durchführung von Versammlungen:

Beispiel *(BVerfG, NJW 2001, 1409):* Die rechtsradikale N-Partei will am **516** 27. 1. 2001 (sog. Holocaust-Gedenktag) eine Demonstration mit dem Thema „Für Meinungsfreiheit – Demo statt Infotisch" durchführen. Die Versammlungsbehörde verlangt im Wege der Auflagen eine Verschiebung auf den 28. 1. 2001.

Die Auflage ist zum Schutz der öffentlichen Ordnung rechtmäßig. Dem **517** 27. 1. kommt als Tag der Befreiung des KZ Auschwitz eine wichtige Symbolkraft zu. Die Durchführung der geplanten Demo durch die N-Partei würde soziale und ethische Anschauungen verletzen. Die Demo steht zudem mit dem 27. 1. in keinem untrennbaren Zusammenhang.

Weiteres Beispiel: Die N-Partei will am 1. 9. (Kriegsbeginn 2. Weltkrieg) **518** eine Demo „Gegen Krieg und militärischen Größenwahn" durchführen.

Da in diesem Fall das Thema und der Termin untrennbar miteinander ver- **519** bunden sind, kann eine Verschiebung etwa auf den 2. 9. nur unter den strengen Voraussetzungen eines Demonstrationsverbotes verfügt werden.

2. Beschränkungen von Versammlungen in geschlossenen Räumen

Versammlungen in geschlossenen Räumen unterliegen zwar **520** keinem Gesetzesvorbehalt. Sie können auf gesetzlicher Grundlage jedoch dann beschränkt werden, wenn dies zum Schutz eines kollidierenden Verfassungsgutes zwingend geboten ist. Rechtsgrundlage bei öffentlichen Versammlungen in geschlossenen Räumen sind die §§ 5 ff. VersG.

521

	Art der Versamm- lung	Schutz- bereich eröffnet	Gesetzes- vorbehalt Art. 9 Abs. 2 GG?	Anwendbar- keit VersG?	Anmerkung
1.	unter freiem Himmel, öffentlich	ja	ja	ja; §§ 14 ff.	
2.	unter freiem Himmel, nicht öffent- lich	ja	ja	nein, allg. Sicherheits- recht	man kann bezweifeln, ob es diese Variante gibt
3.	geschlosse- ner Raum, öffentlich	ja	nein	ja, §§ 5 ff.	
4.	geschlosse- ner Raum, nicht öf- fentlich	ja	nein	grundsätz- lich	nein; ev. analoge An- wendung von §§ 3, 21 ff.; ansonsten: allg. Sicher- heitsrecht

IV. Objektiv-rechtliche Dimension des Grundrechts

1. Auslegung von Straftatbeständen

522   **Fall 50** *(BVerfGE 87, 399 ff.):* D nimmt an einer ordnungsgemäß angemel- deten Demonstration vor der Kaserne in K teil. Obwohl alle Auflagen der Versammlungsbehörde eingehalten werden, verfügt die Polizei die Auflösung der Versammlung. D entfernt sich nicht unverzüglich vom Versammlungsort. Er wird deshalb wegen Verstoßes gegen § 29 Abs. 1 Nr. 2 VersG zu einer Geldbuße verurteilt.

523   Aus Art. 8 GG entnimmt man eine grundsätzliche Pflicht des Staates, die Durchführung von Versammlungen zu ermöglichen. Dies hat Bedeutung vor allem für die Benutzung öffentlicher Stra- ßen, auf die in der Regel ein Anspruch besteht. Hinsichtlich der Nutzung sonstiger öffentlicher Flächen besteht jedoch nur ein Anspruch auf fehlerfreien Ermessensgebrauch (BVerwGE 91, 135/

139 f. – Bonner Hofgartenwiese). Im Vorfeld von Großdemonstrationen müssen die staatlichen Behörden versammlungsfreundlich verfahren (BVerfGE 69, 315 ff.).

Lösung Fall 50: Die Demonstration vor der Kaserne stand unter dem Schutz von Art. 8 Abs. 1 GG. Dies gilt auch dann, wenn es sich um eine Sitzblockade gehandelt hat. Die Verhängung einer Geldbuße ist ein Eingriff in die Versammlungsfreiheit, der grundsätzlich von Art. 8 Abs. 2 GG gestattet ist. § 29 Abs. 1 Nr. 2 VersG ist eine zunächst verhältnismäßige Beschränkung der grundrechtlichen Freiheit. Fraglich ist aber, ob auch die Anwendung des Gesetzes verfassungsgemäß erfolgt. Der Bedeutung von Art. 8 Abs. 1 GG wird es jedoch nicht gerecht, von einer Ordnungswidrigkeit auch dann auszugehen, wenn die Auflösungsverfügung gemäß § 15 Abs. 2 VersG nicht rechtmäßig ist. Da dies der Fall war, verstößt die Verhängung des Bußgeldes gegen Art. 8 Abs. 1 GG. Dem Gesetzgeber sei es zwar nicht von vornherein verwehrt, Widersetzlichkeit gegen behördliche Anordnung unter Strafe oder Buße zu stellen, ohne dass es auf die Verhängung der Rechtmäßigkeit der Anordnung ankäme. Dies müsse jedoch im Gesetz ausdrücklich zum Ausdruck kommen (BVerfGE 87, 399/411). **524**

2. Verfassungsprozessuale Besonderheiten

Fall 51 *(BVerfG, NJW 2001, 2078 f.):* Die rechtsextreme N-Partei will am 1. 5. 2001 in der Stadt A eine Kundgebung unter dem Motto „Arbeitsplätze zuerst für Deutsche" durchführen. Mit Bescheid vom 24. 4. 2001 verfügt die Stadt A nach § 15 Abs. 1 VersG ein Versammlungsverbot. Als Begründung führt die Stadt aus, es seien anlässlich des Aufzugs Straftaten zu erwarten. Konkrete Belege hat die Stadt hierfür jedoch nicht. Die N-Partei ruft zunächst ohne Erfolg die Verwaltungsgerichte an. Dann stellt sie Antrag auf Erlass einer einstweiligen Anordnung nach § 32 Abs. 1 BVerfGG. Mit Erfolg? **525**

Nach § 32 Abs. 1 BVerfGG kann das BVerfG einstweilige Anordnungen treffen, wenn dies zur Abwehr schwerer Nachteile dringend geboten ist. Von vornherein abgewiesen wird ein Antrag nach § 32 Abs. 1 BVerfGG, wenn er evident unzulässig oder unbegründet ist. Ansonsten wird eine sog. **folgeorientierte Doppelhypothese** durchgeführt: **526**

(1) Welche Nachteile entstehen, wenn die einstweilige Anordnung nicht ergeht, die Verfassungsbeschwerde aber im Ergebnis Erfolg hat?

(2) Welche Nachteile entstehen, wenn die einstweilige Anordnung ergeht, die Verfassungsbeschwerde aber im Ergebnis keinen Erfolg hat?

527 Überwiegt (a) (b), ergeht die Anordnung, sonst nicht. So kann man im Grundsatz auch im Versammlungsrecht verfahren (BVerfG, NJW 2001, 2076/2077), auch wenn die genannte Formel eher für die Überprüfung von Normen formuliert worden ist.

528 Im Versammlungsrecht stellt sich regelmäßig das Problem, dass Hauptsacheentscheidungen der Verwaltungsgerichte oder gar des BVerfG nicht rechtzeitig ergehen können. Die Verwaltungsgerichtsbarkeit hat in vielen Fällen in (eindeutig rechtwidriger) Weise den gebotenen einstweiligen Rechtsschutz nicht gewährt. Das BVerfG sah sich deshalb veranlasst, etwas zu tun, was eigentlich nicht seine Aufgabe ist (Stichwort: kein Superrevisions- oder hier kein Superbeschwerdegericht): Es prüft die dem Rechtsschutzbegehren zugrunde liegenden Sachverhalte. Dabei müssen die entsprechenden Ermittlungen und tatsächlichen Würdigungen der besonderen Bedeutung des Art. 8 Abs. 1 GG für eine freiheitlich-demokratische Grundordnung gerecht werden. Beschränkungen und Verbote von Versammlungen werden aufgehoben, wenn die entsprechenden Bestimmungen offensichtlich falsch angewendet worden sind.

529 **Lösung Fall 51:** Das BVerfG wird die Durchführung des Aufzugs im Wege einer einstweiligen Anordnung nach § 32 Abs. 1 BVerfGG erlauben. Ohne konkrete Hinweise kann nicht von einer Gefährdung der öffentlichen Sicherheit ausgegangen werden. Auch der Umgang mit möglichen Verfassungsfeinden muss rechtsstaatsgemäß erfolgen.

530 **Literatur zu § 21:** *Battis, Ulrich/Grigoleit, Klaus,* Die Entwicklung des verfassungsrechtlichen Eilrechtsschutzes – Eine Analyse der neuen BVerfG-Entscheidungen, NJW 2001, 2051 ff.; *Burgi, Martin,* Art. 8 GG und die Gewährleistung des Versammlungsorts, DÖV 1993, 633 ff.; *Geis, Max-Emanuel,* Die Eilversammlung als Bewährungsprobe verfassungskonformer Auslegung NVwZ 1992, 1025 ff.; *Gröpl, Christoph,* Grundstrukturen des Versammlungsrechts, Jura 2001, 18 ff.; *Gusy, Christioph,* Aktuelle Fragen des Versammlungsrechts, JuS 1993, 555 ff.; *Hoffmann-Riem, Wolfgang,* Neuere Rechtsprechung des BVerfG zur Versammlungsfreiheit, NVwZ 2002, 257 ff.; *Mittelsdorf, Kathleen,* Blockade mit Versammlungscharakter als strafbare Nötigung – BVerfG, NJW 2002, 1031, in: JuS 2002, 1062 ff.; *Schörnig, Wolfgang,* Änderung von Zeitpunkt und Ort einer Versammlung im Wege der Auflage?, NVwZ 2001, 1246 ff.; *Seidel, Gerd,* Das Versammlungsrecht auf dem Prüfstand, DÖV 2002, 283 ff.

§ 22. Vereinigungsfreiheit (Art. 9 Abs. 1 GG)

I. Schutzbereich

Fall 52 *(BVerfG, NJW 1993, 1253f.):* D ist Mitglied einer sog. Drückerko- **531** lonne. Im Auftrag einer Werbefirma warb er ohne behördliche Erlaubnis von Haus zu Haus Mitglieder für die „Deutsche Luftrettung e. V.". Wegen Verstoßes gegen das landesrechtliche Sammlungsgesetz wird D zu einer Geldbuße verurteilt. Hiergegen erhebt er Verfassungsbeschwerde.

1. Begriff der Vereinigung

Art. 9 Abs. 1 GG schützt das Recht, Vereine und Gesellschaften **532** zu bilden, also das Prinzip freier sozialer Gruppenbildung. Vereine und Gesellschaften werden unter dem Sammelbegriff der „Vereinigung" zusammengefasst. Eine Differenzierung ist nicht erforderlich, da Vereine und Gesellschaften rechtlich gleichbehandelt werden.

Eine Vereinigung ist ein Zusammenschluss mehrerer natürlicher **533** oder juristischer Personen bzw. Personenvereinigungen für längere Zeit zu einem gemeinsamen Zweck auf freiwilliger Basis bei Unterwerfung unter eine organisatorische Willensbildung. Deshalb gehören gesetzlich angeordnete öffentlich-rechtliche Zwangszusammenschlüsse (z. B. Rechtsanwaltskammer, Ärztekammer) nicht zu den von Art. 9 Abs. 1 GG geschützten Vereinigungen.

Es kommt nicht darauf an, welchen Zweck eine Vereinigung **534** verfolgt. Dies kann ein ideeller, aber auch ein wirtschaftlicher Zweck sein. Eine Vereinigung muss jedoch mindestens zwei Mitglieder haben. Vereinigungen sind also beispielsweise eingetragene Vereine, Personengesellschaften sowie Kapitalgesellschaften, soweit sie mehrere Mitglieder haben.

Subsidiär ist die Vereinigungsfreiheit gegenüber der Glaubens- **535** freiheit (Art. 4 Abs. 1 GG). Die Bildung und Betätigung einer Religionsgemeinschaft fällt deshalb unter Art. 4, Art. 140 GG i. V. m. Art. 137 Abs. 2 WRV.

2. Individuelle Vereinigungsfreiheit

536   **a) Sachlicher Gewährleistungsumfang.** Die Vereinigungsfreiheit besteht aus einer individuellen und einer kollektiven Komponente. Die individuelle Vereinigungsfreiheit schützt das Tätig-
werden der künftigen oder gegenwärtigen Vereinigungsmitglieder.
Alle Deutschen haben also das Recht, eine Vereinigung zu gründen, die Gründung einer Vereinigung vorzubereiten, sich in einer
Vereinigung zu betätigen oder aus einer Vereinigung auszutreten.
Die individuelle Vereinigungsfreiheit hat somit eine positive und
eine negative Seite. Hinsichtlich der negativen Vereinigungsfreiheit
ist allerdings zu beachten, dass die Rechtsprechung davon ausgeht,
dass der Pflichtzusammenschluss in einer öffentlich-rechtlichen
Körperschaft nicht an Art. 9 Abs. 1 GG zu messen ist, sondern lediglich an Art. 2 Abs. 1 GG. Dies wird damit begründet, dass diese
öffentlich-rechtlichen Zwangsverbände ihrerseits das Recht aus
Art. 9 Abs. 1 GG nicht in Anspruch nehmen können (sog. Kehr-
seitenargument).

537   **b) Grundrechtsträger.** Träger des Grundrechts der individuellen Vereinigungsfreiheit sind alle Deutschen. Träger des Grundrechts sind gemäß Art. 19 Abs. 3 GG auch juristische Personen
oder Personenvereinigungen. Nichtdeutsche können sich auf Art. 2
Abs. 1 GG berufen. Hinsichtlich von EU-Bürgern ist im Anwendungsbereich der Verträge im Rahmen des Art. 2 Abs. 1 GG das
gleiche Schutzniveau zu garantieren wie im Rahmen des Art. 9
Abs. 1 GG.

3. Kollektive Vereinigungsfreiheit

538   **a) Sachlicher Gewährleistungsumfang.** Art. 9 Abs. 1 GG ist
insoweit ein kollektives Grundrecht, als es auch den Vereinigungen
selbst zusteht (siehe BVerfGE 84, 372/378). Die Vereinigung ist in
ihrer Existenz und Funktionsfähigkeit sowie in der Selbstbestimmung über ihre eigene Organisation, das Verfahren ihrer Willensbildung und die Führung ihrer Geschäfte geschützt (BVerfGE 50,
290/354; 80, 244/253). Nicht von Art. 9 Abs. 1 geschützt ist hingegen die Tätigkeit der Vereinigung, soweit sie keinen vereinsspe-

zifischen Charakter hat. Wenn eine Vereinigung etwa beruflich tätig wird, gilt hinsichtlich dieser Betätigung der Grundrechtsschutz des Art. 12 Abs. 1 GG. Die Vereinigung ist damit den gleichen Einschränkungen unterworfen wie eine in gleicher Weise tätige natürliche Person. Ein Verwaltungsakt, der ein Chemieunternehmen in der Rechtsform einer AG verpflichtet, eine neue Kläranlage zu bauen, greift in Art. 12 Abs. 1 und 14 Abs. 1 GG ein, nicht in Art. 9 Abs. 1 GG. Das Verbot einer Versammlung, die von einer Bürgerinitiative organisiert wird, ist an Art. 8 und Art. 5 GG zu messen.

b) Grundrechtsträger. Träger der kollektiven Vereinigungs- **539** freiheit ist jede von Art. 9 Abs. 1 GG erfasste Vereinigung. Sie muss allerdings entsprechend Art. 19 Abs. 3 GG ihren Sitz in der Bundesrepublik Deutschland haben. Sie muss des Weiteren von Deutschen beherrscht sein. Ansonsten käme man dazu, dass Ausländern das Grundrecht des Art. 9 Abs. 1 GG als kollektives Grundrecht zuständе, obwohl sie nicht unter den individuellen Schutzbereich fallen.

Lösung Fall 52: Mitgliederwerbung steht zwar grundsätzlich unter dem **540** Schutz von Art. 9 Abs. 1 GG. Dies gilt jedoch nur für die „typische" Mitgliederwerbung. Im vorliegenden Fall steht die Gewinnung von finanziellen Zuwendungen im Vordergrund. Daher ist die Tätigkeit nur von Art. 12 Abs. 1 oder 2 Abs. 1 GG erfasst. Diese Grundrechte werden durch das landesrechtliche Sammlungsgesetz verfassungsmäßig eingeschränkt. Der Erlaubnisvorbehalt dient dazu, den Bürger vor psychischen Zwangslagen zu schützen und Opfersinn und Gebefreudigkeit der Bevölkerung nicht zu unlauteren Zwecken zu missbrauchen.

II. Eingriff

Fall 53 *(BVerfGE 50, 290 ff. – Mitbestimmung):* Durch Bundesgesetz wird für **541** große Kapitalgesellschaften die paritätische Mitbestimmung der Arbeitnehmer im Aufsichtsrat eingeführt, vorbehaltlich des Stichentscheidungsrechts des Vorsitzenden, der von der Seite der Anteilseigner gewählt wird. Liegt ein Eingriff in Art. 9 Abs. 1 GG vor?

Die Vereinigungsfreiheit kann zunächst durch imperative Maß- **542** nahmen der öffentlichen Gewalt beeinträchtigt werden. Hierzu gehört etwa die Entziehung der Rechtsfähigkeit eines Vereins (§ 43

BGB) oder das Verbot einer Vereinigung. Auch faktische Beeinträchtigungen von einigem Gewicht können eine Grundrechtsbeeinträchtigung darstellen.

543   Fraglich ist, inwieweit die sonstigen Bestimmungen des Gesellschafts- und Vereinsrechts Grundrechtseingriffe sind (z. B. Registerpflicht, Vorschriften über Kapitalausstattung etc.). Hierbei geht die überwiegende Meinung davon aus, dass die Vereinigungsfreiheit in mehr oder minder großem Umfang auf Regelungen angewiesen ist, die die freien Zusammenschlüsse und ihr Leben in die allgemeine Rechtsordnung einfügen, die Sicherheit des Rechtsverkehrs gewährleisten, Rechte der Mitglieder sichern und den schutzwürdigen Belangen Dritter oder auch öffentlichen Interessen Rechnung tragen (siehe BVerfGE 50, 290/254 f.). Insoweit soll es sich nicht um Eingriffe handeln, sondern um **Ausgestaltung** des Grundrechts. Allerdings ist der Gesetzgeber verpflichtet, „das Prinzip freier Assoziation und Selbstbestimmung" zu wahren. Vorzugswürdig erscheint es, vom Vorliegen eines Eingriffs auszugehen, der allerdings nicht an Art. 9 Abs. 2 GG zu messen ist, sondern nur am Verhältnismäßigkeitsgrundsatz.

544   **Lösung Fall 53:** Das BVerfG hat einen Eingriff in Art. 9 Abs. 1 GG verneint. Es sei davon auszugehen, dass die Vereinigungsfreiheit auf gesetzliche Regelungen angewiesen sei, damit die Garantie „praktisch wirksam" werden könne. Die Ausgestaltung müsse sich am Schutzgut des Art. 9 Abs. 1 GG orientieren; freie Assoziation und Selbstbestimmung seien mit sonstigen (vor allem auch sozialen) Belangen zum Ausgleich zu bringen. Das Gesetz beeinträchtigt das Prinzip des freien Zusammenschlusses nicht. Auch die Funktionsfähigkeit der Gesellschaften werde nicht beeinträchtigt. Daher liege kein Verfassungsverstoß vor.

III. Verfassungsrechtliche Rechtfertigung von Eingriffen

1. Kein Verbot von Verfassungs wegen

545   Art. 9 Abs. 1 steht in Art. 9 Abs. 2 GG unter Gesetzesvorbehalt. Der Wortlaut der Vorschrift spricht zwar dafür, dass Vereinigungen, die sich gegen die dort genannten Rechtsgüter richten, von Verfassungs wegen verboten sind. Eine solche Auffassung wäre jedoch grundrechtsfeindlich. Vereinigungen hätten keine Sicherheit dahingehend, ob sie verboten „sind" oder nicht. Deshalb muss verlangt werden, dass eine Verbotsverfügung durch die Verwaltung ergeht. Diese Verbotsverfügung hat **konstitutive Wirkung.** Eingriffe in die Vereinigungsfreiheit bedürfen deshalb einer for- **546** mell gesetzlichen Grundlage. Art. 9 Abs. 2 GG ist auf politische Parteien nicht anwendbar; insofern ist Art. 21 Abs. 2 GG lex specialis.

2. Anforderungen an die Verbotsnormen

Die Ermächtigung zum Verbot einer Vereinigung setzt die Er- **547** füllung eines der in Abs. 2 genannten Tatbestände voraus. Verboten werden können zunächst Vereinigungen, deren Zwecksetzung oder Tätigkeit sich gegen die Strafgesetze richtet. Damit sind nur allgemeine Strafgesetze gemeint, die ein Verhalten unabhängig davon pönalisieren, ob es vereinsmäßig begangen wird. Das Verhalten einzelner Mitglieder ist dann relevant, wenn es dem Verein zugerechnet werden kann. Einzelne Verstöße gegen Strafgesetze genügen nicht. Die Verstöße müssen vielmehr in einem inneren Zusammenhang mit der Vereinstätigkeit stehen und diese prägen.

Ein weiterer Verbotsgrund ist, dass sich die Vereinigung gegen **548** die verfassungsmäßige Ordnung richtet. Der Begriff der verfassungsmäßigen Ordnung wird hier im Sinne von „freiheitlich-demokratische Grundordnung" verstanden (BVerwGE 47, 330/352). Dies ist im Sinne einer grundrechtsfreundlichen Interpretation der Vereinigungsfreiheit richtig. Nur wer sich gegen die Grundprinzipien der Verfassung wendet, kann sein Vereinigungsrecht verlieren. Erforderlich ist weiterhin, dass sich die Vereinigung aktiv und aggressiv kämpferisch gegen die verfassungsmäßige Ordnung richtet (BVerwGE 37, 344/358f.; 61, 218/220).

Schließlich können solche Vereinigungen verboten werden, die **549** sich gegen die Völkerverständigung richten. Dies ist dann der Fall, wenn eine Vereinigung auf die Störung des Friedens zwischen den Völkern und Staaten abzielt.

3. Anforderungen an die Verbotsverfügung

Die Verbotsverfügungen selbst müssen verhältnismäßig sein. **550** Unabhängig von den qualifizierten Voraussetzungen des Art. 9

Abs. 2 GG können Einschränkungen dann gerechtfertigt sein, wenn sie zum Schutz von kollidierendem Verfassungsrecht notwendig sind. So kann auf gesetzlicher Grundlage die Vereinigungsfreiheit von Strafgefangenen beschränkt werden, soweit dies zur Durchführung des Strafvollzugs erforderlich ist.

551   **Literatur zu § 22:** *Kunig, Philip,* Vereinsverbot, Parteiverbot, Jura 1995, 384 ff.; *Murswiek, Dietrich,* Grundfälle zur Vereinigungsfreiheit – Art. 9 I, II GG, JuS 1992, 116 ff.; *von Mutius, Albert,* Die Vereinigungsfreiheit gem. Art. 9 Abs. 1 GG, Jura 1984, 193 ff.

§ 23. Koalitionsfreiheit (Art. 9 Abs. 3 GG)

I. Schutzbereich

552   **Fall 54** *(BVerfG, NJW 1996, 1201 ff.):* Arbeitnehmer und Gewerkschaftsmitglied A verteilt in seinem Betrieb Flugblätter der G-Gewerkschaft. Von seinem Arbeitgeber erhält A daraufhin eine Abmahnung. Die Klage hiergegen wird vom BAG letztinstanzlich abgewiesen, da sich A nicht auf die Koalitionsfreiheit berufen könne. A erhebt Verfassungsbeschwerde.

1. Begriff der Koalition

553   Der Schutzbereich der Koalitionsfreiheit (Art. 9 Abs. 3 GG) ist nur dann eröffnet, wenn eine Koalition vorliegt. Eine Koalition ist ein Sonderfall einer Vereinigung i. S. v. Art. 9 Abs. 1 GG (zu den Begriffsmerkmalen siehe oben § 22 I 1). Die Vereinigung muss weiterhin einen speziellen Zweck haben, nämlich den, die Arbeitsbedingungen zu fördern. Dies muss der Hauptzweck sein. Die Förderung der Wirtschaftsbedingungen kommt nur als ergänzender Aspekt in Betracht. Koalitionen sind deshalb beispielsweise Gewerkschaften und Arbeitgeberverbände, nicht hingegen sonstige Wirtschaftsverbände wie Kartelle oder Verbrauchervereinigungen.

554   Eine Koalition i. S. d. Art. 9 Abs. 3 GG liegt weiterhin nur dann vor, wenn die Vereinigung von der Gegenseite unabhängig ist (BVerfGE 4, 96/106 f.; 50, 290/368). Sie muss zudem gegnerfrei organisiert werden (BVerfGE 50, 290/373 ff.). Dies ist dann nicht der Fall, wenn in einem Arbeitgeberverband Arbeitnehmer Mitglieder sind oder umgekehrt in einem Arbeitnehmerverband Arbeitgeber. Die Vereinigung muss frei gebildet sein, überbetrieblich tätig sein und eine ausreichende Durchsetzungsfähigkeit haben (BVerfGE 58, 233/249). Die Tariffähigkeit ist hingegen keine notwendige Voraussetzung für das Vorliegen einer Koalition (BVerfGE 19, 303/312).

2. Individuelle Koalitionsfreiheit

Ähnlich wie bei der Vereinigungsfreiheit gibt es eine individuelle und eine kollektive Koalitionsfreiheit. Die individuelle Koalitionsfreiheit schützt das Recht, einer Koalition beizutreten, ihr nicht beizutreten, in ihr zu verbleiben, in ihr nicht zu verbleiben oder sich in einer Koalition zu betätigen bzw. nicht zu betätigen. Träger der individuellen Koalitionsfreiheit ist jeder Arbeitgeber und jeder Arbeitnehmer (BVerfGE 84, 212/224). Dazu gehören auch Ausländer und Minderjährige. Das Grundrecht ist auf juristische Personen des Privatrechts gemäß Art. 19 Abs. 3 GG anwendbar. Zivilrechtliche Vereinbarungen, die die Koalitionsfreiheit beschränken, sind nichtig (Art. 9 Abs. 3 Satz 2 GG, unmittelbare Drittwirkung). **555**

3. Kollektive Koalitionsfreiheit

Als kollektive Komponente enthält Art. 9 Abs. 3 GG ein Grundrecht der Koalitionen. Geschützt sind zunächst alle Tätigkeiten der Koalition, die für den Erhalt und die Sicherung der Koalition unerlässlich sind (BVerfGE 57, 220/246). Dazu gehört etwa die Wahl der Organisationsform, die Satzungsautonomie und die Mitgliederwerbung, aber auch der Ausschluss von Mitgliedern, die gegen die Ziele der Koalition verstoßen. Weiterhin schützt die kollektive Koalitionsfreiheit auch das Recht, sich spezifisch koalitionsmäßig zu betätigen und die in Abs. 3 genannten Zwecke zu verfolgen. Hierzu gehört insbesondere der Abschluss von Tarifverträgen. **556**

Der Schutz des Art. 9 Abs. 3 GG greift auch dann, wenn die betreffende Tätigkeit für die Wahrung der Koalitionszwecke nicht unerlässlich ist (BVerfGE 93, 352/358). Es gibt keine Beschrän- **557**

kung des Schutzes der koalitionsmäßigen Betätigung auf einen
„Kernbereich" (str.). Geschützt ist also beispielsweise der Abschluss
von Tarifverträgen, weiterhin aber auch der Streik, die Abwehr-
aussperrung durch Arbeitgeber, die gewerkschaftliche Präsenz im
Betrieb, die gewerkschaftliche Betätigung in Betriebsräten und
Personalvertretungen, die außergerichtliche Beratung (BVerfGE
88, 5/15). Träger der kollektiven Koalitionsfreiheit sind alle Koalitionen.

558   **Lösung Fall 54:** Das BVerfG hebt die Entscheidung des BAG auf, wenn
und soweit eine Verletzung spezifischen Verfassungsrechts vorliegt (siehe oben
§ 8 V 2). Der Schutz des Art. 9 Abs. 3 GG erstreckt sich auf alle koalitionsspe-
zifischen Verhaltensweisen, nicht nur auf solche Tätigkeiten, die zur Erhaltung
und Sicherung einer Koalition unerlässlich sind. Das Urteil des BAG beruht
deshalb auf einer unrichtigen Anschauung von der Bedeutung, insbesondere
vom Schutzbereich eines Grundrechts und ist deshalb aufzuheben.

II. Eingriffe

559   Ein Eingriff in die Koalitionsfreiheit liegt zunächst dann vor,
wenn das geschützte Verhalten geregelt wird. Auch faktische oder
mittelbare Beeinträchtigungen können Eingriffe sein. So greift die
Errichtung einer öffentlich-rechtlichen Zwangskörperschaft mit
ähnlichen Aufgaben wie bei einer Koalition in die Koalitionsfreiheit ein (BVerfGE 38, 281/303 f.).

560   Die Koalitionsfreiheit steht nicht unter Gesetzesvorbehalt.
Schwierig ist deshalb die Einordnung von die Koalitionsfreiheit aus-
gestaltenden Regelungen. Hier geht die überwiegende Meinung
davon aus, dass der Gesetzgeber berechtigt ist, Rechtsinstitute und
Normenkomplexe zu schaffen, die erforderlich sind, um die grundrechtlich garantierten Freiheiten ausüben zu können (BVerfGE 50,
290/368; 88, 103/115). Der Gesetzgeber hat insoweit einen weiten
Handlungsspielraum, um einen rechtlichen Rahmen zu schaffen,
der ein ausgewogenes Aushandeln der Arbeits- und Wirtschaftsbedingungen ermöglicht (BVerfG, NJW 1995, 185 ff.). Die Ausgestaltung kann auch durch Richterrecht erfolgen (BVerfGE 88,
103/115), es sei denn, der Staat ist selbst als Partei involviert, z.B.
beim Einsatz von Beamten auf bestreikten Arbeitsplätzen in staatli-

chen Betrieben. In diesem Fall muss der Gesetzgeber die Frage eines solchen Einsatzes regeln (BVerfG, NJW 1993, 1379/1380). Die Ausgestaltung muss sich stets am Normziel des Art. 9 Abs. 3 GG orientieren (BVerfGE 92, 26/41). Der Kernbereich der Koalitionsfreiheit darf nicht beeinträchtigt werden.

Es lässt sich allerdings bezweifeln, ob diese Rechtsprechung 561 überzeugt. Richtigerweise handelt es sich auch bei Ausgestaltungsregelungen um Eingriffe in die Koalitionsfreiheit. Sie müssen deshalb auf kollidierendes Verfassungsrecht gestützt werden. Dies ist in der Regel möglich, da Hintergrund einer Regelung meist der Schutz anderer Grundrechtsträger der Koalitionsfreiheit ist.

III. Verfassungsrechtliche Rechtfertigung von Eingriffen

Fall 55 *(BVerfGE 84, 212ff.):* Die Gewerkschaft führt einen Streik für hö- 562 here Löhne durch. Über zwei Wochen treten 4300 Arbeitnehmer in den Streik. Die Arbeitgeberverbände sperren daraufhin 130000 Arbeitnehmer aus. Das BAG stellt die Rechtswidrigkeit des Aussperrungsbeschlusses fest. Die Arbeitgeber erheben hiergegen Verfassungsbeschwerde. Mit Erfolg?

Die Koalitionsfreiheit steht nicht unter Gesetzesvorbehalt. Die 563 Schranken des Art. 9 Abs. 2 GG sind auf die Koalitionsfreiheit nicht anwendbar. Dies ergibt sich aus der systematischen Stellung. Deshalb sind Eingriffe nur durch kollidierendes Verfassungsrecht zu rechtfertigen. Im Verhältnis Staat-Bürger ist insoweit eine gesetzliche Konkretisierung erforderlich (BVerfGE 88, 103/116). Ansonsten bestehen keine Bedenken dagegen, dass die Grenzen der Koalitionsfreiheit richterrechtlich konkretisiert werden. Kollidierendes Verfassungsrecht kann sich vor allem aus der Koalitionsfreiheit Dritter ergeben (BVerfGE 84, 212/228).

Das BVerfG hat es weiterhin als zulässig angesehen, wenn der 564 Gesetzgeber Vorschriften über die zwingende Befristung der Arbeitsverhältnisse von wissenschaftlichen Mitarbeitern an den Hochschulen und staatlichen Forschungseinrichtungen trifft und eine anderweitige tarifvertragliche Regelung ausschließt (§ 57a Satz 2 HRG, vgl. dazu BVerfGE 94, 268ff.). Der damit verbundene Eingriff in die Koalitionsfreiheit rechtfertigt sich u. a. daraus, dass der Gesetzgeber Stellen im sog. Mittelbau für Nachwuchswissenschaftler zur Verfügung stellen will, die in periodischem Abstand neu besetzt werden. Schutzgut ist also die Wissenschaftsfreiheit (Art. 5 Abs. 3 GG). Jede Beschränkung muss im Übrigen dem Grundsatz der Verhältnismäßigkeit entsprechen.

565   **Lösung Fall 55:** Die Aussperrung durch die Arbeitgeber ist von Art. 9 Abs. 3 Satz 1 GG geschützt. Die Feststellung durch das BAG greift in den Schutzbereich ein. Da eine gesetzliche Grundlage für die Bestimmung der Grenzen des Arbeitskampfes nicht besteht, darf das BAG die Grenzen zulässiger Maßnahmen richterrechtlich bestimmen. Das BAG lässt die Aussperrung nur zu, soweit dies erforderlich ist, um das Verhandlungsgleichgewicht der Tarifparteien wiederherzustellen. Die Aussperrung von 130000 Arbeitnehmern bei 4300 Streikenden durfte das BAG als unverhältnismäßig und damit rechtswidrig ansehen.

§ 24. Brief-, Post- und Fernmeldegeheimnis (Art. 10 GG)

I. Schutzbereich

1. Allgemeines

566   Art. 10 GG enthält nach seinem Wortlaut drei verschiedene Grundrechte. Sie lassen sich jedoch auch als ein einheitliches Grundrecht verstehen, nämlich als ein solches der **Vertraulichkeit individueller Kommunikation,** soweit der Kommunikationsinhalt schriftlich oder fernmeldetechnisch übertragen wird. Gleichwohl ist es nötig, die einzelnen Tatbestandsmerkmale zu definieren (dazu I 2.–4.).

567   Räumlich beschränkt sich Art. 10 GG nicht auf das Inland. Er ist auch dann anwendbar, wenn beispielsweise der BND mit Empfangsanlagen im Inland die Kommunikation im Ausland erfasst und aufzeichnet (so das BVerfG).

2. Briefgeheimnis

568   Das Briefgeheimnis schützt die Vertraulichkeit von schriftlichen Mitteilungen. Es muss sich um individuelle Kommunikation handeln. Postwurfsendungen fallen nicht darunter. Das Briefgeheimnis

kommt nur verschlossenen Briefen bzw. Inhalten zugute (str.). Auf die Übermittlungsart kommt es nicht an. Das Briefgeheimnis greift auch dann ein, wenn eine Privatperson als Übermittler eingesetzt wird.

3. Postgeheimnis

Das Postgeheimnis schützt nach überwiegender Auffassung die **569** körperliche Nachrichtenübermittlung und Kommunikation durch Posteinrichtungen (BVerfGE 67, 157/171). Dazu gehören Briefe, Pakete, Päckchen und Warenproben. Der Schutz beginnt mit der Einlieferung der Sendung bei der „Post" und endet mit der Ablieferung an den Empfänger.

Ursprünglich war durch das Grundrecht die Post als staatliches **570** Sondervermögen sowie die postexterne Staatsgewalt gebunden. Seit der Privatisierung der früheren deutschen Bundespost und der Schaffung der Deutschen Post AG stellt sich die Frage, inwieweit auch diese noch an das Grundrecht gebunden ist (die post-externe Staatsgewalt bleibt gebunden). Art. 87 f Abs. 2 GG spricht gegen eine Grundrechtsbindung, da dort ausdrücklich festgelegt wird, dass die entsprechenden Tätigkeiten privatwirtschaftlich erfolgen. Auch wenn der Staat nach wie vor die Aktienmehrheit bei der Deutschen Post AG innehat, gibt es keinen Grund dafür, die Deutsche Post AG anders zu behandeln als sonstige im herkömmlichen Postbereich tätige Unternehmen. Den Staat trifft deshalb aus Art. 10 Abs. 1 GG heute vor allem eine Schutzpflicht. Er muss sicherstellen, dass die im Postbereich tätigen Unternehmen das Postgeheimnis beachten.

4. Fernmeldegeheimnis

Das Fernmeldegeheimnis schließlich schützt die unkörperliche **571** Nachrichtenübermittlung mit Hilfe des Fernmeldeverkehrs (neuere Terminologie: „Telekommunikation"). Hierzu gehört vor allem die Übertragung von Daten über Standleitungen, über Mobilfunk oder über Satellitenfunksysteme. Erfasst wird neben dem Inhalt auch das Ob und das Wie der Kommunikation. Art. 10 Abs. 1 GG schützt insoweit die Vertraulichkeit der Information im Hinblick auf den Übertragungsvorgang (BVerfGE 106, 28/36).

572 Zur Abgrenzung: Der sog. Lauschangriff (Überwachung dessen, was innerhalb von geschlossenen Räumen gesprochen wird) greift nicht in Art. 10 Abs. 1 GG, sondern in die Unverletzlichkeit der Wohnung (Art. 13 Abs. 1 GG) ein. Gewährt ein Teilnehmer des Telekommunikationsvorganges einem Dritten die Möglichkeit der Kenntnisnahme (Lautsprecher, Mithöreinrichtung), ist der Gewährleistungsbereich des Art. 10 Abs. 1 GG ebenfalls nicht betroffen. Insoweit geht es um den Schutz des gesprochenen Wortes durch das allgemeine Persönlichkeitsrecht (Art. 2 Abs. 1 GG i. V. m. Art. 1 Abs. 1 GG, siehe BVerfGE 106, 28 ff.).

573 Der Markt für Telekommunikation ist mittlerweile ebenfalls privatisiert worden. Die Deutsche Telekom AG befindet sich bereits in erheblichem Umfang in privater Hand. Sie ist nicht mehr als Staatsgewalt grundrechtsgebunden (siehe Art. 87 f Abs. 2 GG). Der Schutz des Fernmeldegeheimnisses beschränkt sich deshalb nicht mehr auf von der Deutschen Telekom AG betriebene Telekommunikationsanlagen sondern erfasst auch die von Privaten betriebenen Anlagen.

574 Den Staat trifft zudem eine Schutzpflicht zugunsten der Wahrung des Fernmeldegeheimnisses. Er muss durch rechtliche Regelungen dafür Sorge tragen, dass sich Private nicht unbefugt Kenntnis von Inhalt und Umständen des Telekommunikationsvorganges verschaffen.

5. Persönlicher Schutzbereich

575 Träger des Grundrechts ist jedermann, auch Minderjährige und juristische Personen oder Personenvereinigungen, die eine der geschützten Tätigkeiten ausüben. Geschützt sind auch Unternehmen, die die Übermittlungsleistungen anbieten.

II. Eingriffe

576 In das Grundrecht kann durch Regelungen eingegriffen werden, die das Recht der individuellen Kommunikation beeinträchtigen. In das Grundrecht wird auch dann eingegriffen, wenn eine staatliche Stelle Übermittlungsdaten fixiert (BVerfGE 85, 386/396). Zu beachten ist, dass es immer um staatliche Eingriffe gehen muss. Gegen unbefugte Kenntnisnahme durch Private schützt das Strafrecht (vgl. § 202 StGB).

III. Verfassungsrechtliche Rechtfertigung von Eingriffen

1. Der allgemeine Gesetzesvorbehalt (Art. 10 Abs. 2 Satz 1 GG)

Der Gesetzesvorbehalt des Art. 10 Abs. 2 Satz 1 GG verlangt zu-   **577** nächst das Vorliegen eines formellen Gesetzes. Der eigentliche Eingriff kann dann auch aufgrund einer Rechtsverordnung oder Satzung geschehen. Das einschränkende Gesetz muss das Zitiergebot des Art. 19 Abs. 1 Satz 2 GG wahren. Ein Eingriff aufgrund von § 34 StGB ist deshalb nicht möglich. Jede Beeinträchtigung muss zudem mit dem Übermaßverbot vereinbar sein.

2. Der besondere Gesetzesvorbehalt (Art. 10 Abs. 2 Satz 2 GG)

Fall 56 *(BVerfG, NJW 2000, 55 ff.):* Gemäß § 5 des G 10 können auf An-   **578** trag des Bundesnachrichtendienstes Beschränkungen für den internationalen Telekommunikationsverkehr angeordnet werden. Ist § 5 G 10 mit Art. 10 Abs. 2 GG vereinbar?

Der besondere Gesetzesvorbehalt des Abs. 2 Satz 2 wurde im   **579** Rahmen der Notstandsgesetze (vom 24. 6. 1968, BGBl. I, 709) in das Grundgesetz eingefügt. Er erleichtert unter bestimmten Voraussetzungen Eingriffe in das Fernmeldegeheimnis.

Der Gesetzesvorbehalt ist nur dann anwendbar, wenn eine Be-   **580** schränkung dem Schutz der freiheitlichen demokratischen Grundordnung oder des Bestandes oder der Sicherung des Bundes oder eines Landes dient. In solchen Fällen kann das Gesetz bestimmen, dass die Überwachung dem Betroffenen nicht mitgeteilt wird, zudem kann der Rechtsweg durch eine Nachprüfung einer anderen Stelle ersetzt werden. Dies ist allerdings dahingehend restriktiv zu interpretieren, dass der Ausschluss der Benachrichtigung und des Rechtsweges im Hinblick auf den Zweck des Eingriffs erforderlich sein muss. Die Informationen dürfen also nicht auf andere Weise gewonnen werden können (BVerfGE 67, 157/177). Die Benachrichtigung muss nachgeholt werden, wenn dies ohne Gefährdung des Zwecks der Maßnahme möglich ist (BVerfGE 30, 1/21). Die ersatzweise Kontrolle muss durch unabhängige und an keine Weisungen gebundene staatliche Organe sichergestellt werden (BVerfGE 67, 157/185). Die Kontrolle muss zudem materiell und verfahrensmäßig der gerichtlichen Kontrolle gleichwertig sein (BVerfGE 30, 1/23). Insofern wird also der Gesetzesvorbehalt quasi verfassungskonform im Hinblick auf das Rechtsstaatsprinzip interpretiert.

581   **Lösung Fall 56:** Da die Überwachung dem Betroffenen nicht mitgeteilt wird und der Rechtsweg ausgeschlossen ist (siehe § 12 G 10) müssen die Voraussetzungen des Art. 10 Abs. 2 Satz 2 GG erfüllt sein. Fraglich ist also, ob die Beschränkung dem Schutz der freiheitlichen demokratischen Grundordnung oder des Bestandes oder der Sicherung des Bundes oder eines Landes dient. Dies wäre hinsichtlich eines bewaffneten Angriffs auf die Bundesrepublik Deutschland (§ 5 Abs. 1 Satz 3 Nr. 1 G 10) unproblematisch der Fall. Die außen- und sicherheitspolitischen Interessen der Bundesrepublik werden auch in den Fällen von § 5 Abs. 1 Satz 3 Nr. 2–4 und Nr. 6 G 10 in gewichtigem Maße berührt. Verfassungsmäßig ist auch die Bestimmung des § 5 Abs. 1 S. 3 Nr. 5 G 10, da danach nur eingegriffen werden darf, wenn die Gefahr einer Beeinträchtigung der Geldwertstabilität besteht.

IV. Objektiv-rechtliche Dimensionen des Grundrechts

582   Wie alle Grundrechte hat auch Art. 10 GG eine objektiv-rechtliche Dimension. Deshalb ist der Staat verpflichtet, im Rahmen der Privatisierung des Post- und Fernmeldeverkehrs private Anbieter zum Schutz der individuellen Kommunikation zu verpflichten.

583   **Literatur zu § 24:** *Arndt, Claus,* Grundrechtsschutz bei der Fernmeldeüberwachung, DÖV 1996, 459 ff.; *Janz, Norbert,* Erteilung von Auskünften über die Verbindungsdaten der Telefongespräche von Journalisten – BVerfG, NJW 2003, 1787, in: JuS 2003, 1063 ff.; *Schlink, Bernhard,* Die dritte Abhörentscheidung des Bundesverfassungsgerichts, NJW 1989, 11 ff.

§ 25. Freizügigkeit (Art. 11 GG)

I. Schutzbereich

1. Sachlicher Schutzbereich

a) Wohnsitz und Aufenthalt. Art. 11 Abs. 1 GG enthält eine **584** Garantie von nur sachlich beschränkter Reichweite. Freizügigkeit i. S. d. Vorschrift bedeutet die Möglichkeit, an jedem Ort innerhalb des Bundesgebietes Aufenthalt oder Wohnsitz zu nehmen (so BVerfGE 2, 266/273; 80, 137/150). Geschützt ist die Einreise in das Bundesgebiet, nicht jedoch die Ausreise aus dem Bundesgebiet, die von Art. 2 Abs. 1 GG geschützt ist (BVerfGE 6, 32/34f.).

Der Wohnsitz bestimmt sich nach § 7 BGB. Der Begriff des **585** Aufenthaltes ist weiter und umfasst auch den Wohnsitz. Ein Aufenthalt wird dann genommen, wenn jemand die Absicht hat, an einem bestimmten Ort eine bestimmte Weile zu verbleiben. Wie lang der beabsichtigte Verweilzeitraum sein muss, ist strittig. Die Vorschläge reichen von wenigen Minuten über einen Tag mit Übernachtung bis hin dazu, dass nur die Schaffung eines neuen und dauernden Lebensmittelpunktes geschützt sei (so BVerwGE 3, 308/312). Wenige Minuten dürften jedoch als Zeitraum zu kurz sein. Insofern ist die Grundrechtsgarantie der Freiheit der Person (Art. 2 Abs. 2 Satz 2 GG) einschlägig. Daher erscheint die mittlere Lösung am ehesten einsichtig.

b) Verhältnis zu anderen Grundrechten. Grundsätzlich ist **586** es unerheblich, aus welchen Gründen ein Ortswechsel erfolgt. Geschieht dies jedoch aus beruflichen Gründen, ist nicht Art. 11 Abs. 1 GG einschlägig, sondern Art. 12 Abs. 1 GG. Sog. Residenzpflichten von Beamten oder Organwaltern der Rechtspflege sind an Art. 12 Abs. 1 und Art. 33 GG, nicht hingegen an Art. 11 GG zu messen (h. M.). Das Recht zur Mitnahme von Eigentum fällt unter Art. 14 GG, soweit es sich nicht um die engere persönliche Habe handelt.

2. Persönlicher Schutzbereich

587 Träger des Grundrechts ist jeder Deutsche i. S. v. Art. 116 GG.
Auch Minderjährige können sich auf das Grundrecht berufen. Dies
ergibt sich aus dem Gesetzesvorbehalt des Abs. 2 („Schutze der
Jugend vor Verwahrlosung"). Inländische juristische Personen kön-
nen sich auf Art. 11 GG berufen, soweit sie keinen wirtschaftlichen
Zweck verfolgen (dann wäre Art. 12 Abs. 1 GG einschlägig). Die
Freizügigkeit von Nichtdeutschen richtet sich nach Art. 2 Abs. 1
GG.

II. Eingriff

588 Das Grundrecht schützt vor allem vor imperativen Einwirkungen, etwa Genehmigungspflichten oder Nachweispflichten für einen Ortswechsel. Mittelbare oder faktische Belastungen werden
hingegen nach überwiegender Auffassung nicht erfasst (BVerwGE
64, 153/159).

III. Verfassungsrechtliche Rechtfertigung von Eingriffen

1. Beschränkung durch oder aufgrund eines Gesetzes

589 Beschränkungen des Grundrechts sind unmittelbar durch ein
formelles Gesetz möglich. Weiterhin kommen Beschränkungen auf
formellgesetzlicher Grundlage durch Rechtsverordnungen oder
Verwaltungsakt in Betracht. Materiell rechtmäßig ist die Beschränkung nur dann, wenn das Gesetz dazu dient, einen der besonderen
Zwecke des Abs. 2 zu erfüllen. Weiterhin muss das Gesetz hierzu
geeignet, erforderlich und verhältnismäßig sein.

2. Materielle Anforderungen an Beschränkungsmaßnah-
men

590 Die Beschränkung des Grundrechts ist dann möglich, wenn keine
ausreichende Lebensgrundlage vorhanden ist und der Allgemeinheit daraus besondere Lasten entstehen würden. Eine ausreichende

Lebensgrundlage ist dann nicht vorhanden, wenn die entsprechende Person der Sozialhilfe anheimfallen würde.

Die Freizügigkeit kann weiterhin eingeschränkt werden, wenn **591** dies zur Abwehr einer drohenden Gefahr für den Bestand oder die freiheitliche demokratische Grundordnung des Bundes oder eines Landes erforderlich ist. Der Begriff der freiheitlich-demokratischen Grundordnung umfasst die wesentlichen Verfassungsprinzipien des Grundgesetzes. Zu denken ist etwa an Fälle, in denen verfassungsfeindliche Extremisten versuchen, ein Ghetto an einem bestimmten Ort zu bilden.

Seuchengefahren sind durch übertragbare Krankheiten verur- **592** sachte Gefahren. Die schweren Unglücksfälle müssen mit Naturkatastrophen vergleichbar sein. Jugend i. S. d. Gesetzesvorbehaltes sind solche Personen, die noch nicht volljährig sind. Der Kriminalvorbehalt („strafbare Handlungen vorbeugen") dient der Ergreifung von vorbeugenden Maßnahmen. Weitere Maßnahmen sind schließlich dann möglich, wenn sie sich auf kollidierendes Verfassungsrecht stützen lassen.

Bei Eingriffen in die Freizügigkeit unterliegt der Gesetzgeber **593** dem Zitiergebot des Art. 19 Abs. 1 Satz 2 GG. Eingriffe aufgrund der polizeilichen Generalklausel sind deshalb nur in den Ländern zulässig, in denen dem Zitiergebot Genüge getan wurde

Literatur zu § 25: *Kunig, Philip,* Das Grundrecht auf Freizügigkeit, Jura **594** 1990, 306 ff.; *Pieroth, Bodo,* Das Grundrecht der Freizügigkeit (Art. 11 GG), JuS 1985, 81 ff.

§ 26. Berufsfreiheit, Arbeitszwang, Zwangsarbeit (Art. 12 GG)

I. Übersicht

Art. 12 GG enthält insgesamt drei Grundrechte. Abs. 1 gibt das **595** Recht, Beruf, Arbeitsplatz und Ausbildungsstätte frei zu wählen. Weiterhin wird die Berufsausübung erwähnt (Art. 12 Abs. 1 Satz 2 GG). Hieraus leitet die überwiegende Meinung ein **einheitliches Grundrecht der Berufsfreiheit** ab (BVerfGE 7, 377/400 ff.).

596   In Abs. 2 und Abs. 3 geht es um die Freiheit von **Arbeitszwang**
und **Zwangsarbeit**. Diese beiden Garantien hängen sachlich miteinander zusammen, sie sind jedoch zu trennen, da sie unter
unterschiedlichen Gesetzesvorbehalten stehen.

II. Schutzbereich

1. Persönlicher Schutzbereich

597   Träger des Grundrechts der Berufsfreiheit sind grundsätzlich
natürliche und juristische Personen (Art. 19 Abs. 3 GG). Nicht-
EU-Bürger können sich lediglich auf Art. 2 Abs. 1 GG (allgemeine
Handlungsfreiheit) berufen. Fraglich ist, inwieweit auch EG-Aus-
länder Berechtigte i. S. d. Art. 12 Abs. 1 GG sind. Teilweise wird
die Auffassung vertreten, wegen Art. 12 EGV sei eine Erweiterung
des Grundrechtsschutzes auf EU-Bürger erforderlich.

598   Zweifellos besteht eine Kollisionslage zwischen den Gleichbe-
handlungsgeboten des EGV hinsichtlich der Behandlung von europäischen Unionsbürgern im Bereich der Anwendung des EG-
Vertrages einerseits und der besonderen Garantie der Berufsfreiheit,
die Art. 12 Abs. 1 GG allen Deutschen zuerkennt. Diese Kollision
muss jedoch nicht dadurch aufgelöst werden, dass auch EU-Bürger
gegen den eindeutigen Verfassungswortlaut als Grundrechtsträger
des Art. 12 Abs. 1 GG angesehen werden. Vielmehr reicht insoweit der Rückgriff auf Art. 2 Abs. 1 GG aus. Dieses Grundrecht ist
zwar grundsätzlich „schwächer" als Art. 12 Abs. 1 GG. Im Falle
von Unionsbürgern muss aus gemeinschaftsrechtlichen Gründen
jedoch das Schutzniveau auf das Niveau des Art. 12 Abs. 1 GG an-
gehoben werden. Daher darf eine Beschränkung der beruflichen
Freiheit, die gegenüber Deutschen unzulässig wäre, auch gegenüber EU-Bürgern nicht als verfassungsmäßig angesehen werden.
Das Schutzniveau ist daher identisch, auch wenn Grundlage für
den Schutz unterschiedliche Grundrechtsgewährleistungen sind.
Der deutschen Gesetzgebung ist es also untersagt, zu Lasten des
Unionsbürgers in stärkerem Maße öffentliche Interessen zur Geltung zu bringen als gegenüber einem Deutschen. Ein entsprechendes Gesetz wäre wegen Verstoßes gegen EG-Recht unanwendbar

und damit nicht Bestandteil der verfassungsmäßigen Ordnung
i. S. v. Art. 2 Abs. 1 GG.

Literatur zu § 26 II: *Bauer, Hartmut/Kahl, Wolfgang,* Europäische Unions- **599**
bürger als Träger von Deutschen-Grundrechten?, JZ 1995, 107.

2. Sachlicher Schutzbereich

a) Berufsbegriff

Fall 57: Aufgrund von Art. 297 EGStGB erlässt das Bundesland D eine   **600**
Verordnung, dass in Gemeinden bis 50 000 Einwohnern die Ausübung der
Prostitution untersagt ist. Prostituierte P, die ihr Gewerbe bisher in der 30 000
Einwohner zählenden Stadt S ausgeübt hat, fühlt sich in ihrer Berufsfreiheit
(Art. 12 Abs. 1 GG) beeinträchtigt. Zu Recht?

Als Beruf versteht man eine Tätigkeit, die der Schaffung und **601**
Erhaltung einer Lebensgrundlage dient bzw. zur Schaffung und Erhaltung einer Lebensgrundlage beiträgt (BVerfGE 7, 377/397; 54,
301/313). Es kommt nicht darauf an, ob die Tätigkeit selbstständig
oder unselbstständig ausgeübt wird. Kein Beruf ist gegeben, wenn
jemand ein Hobby ausübt. Die Tätigkeit muss auf Dauer angelegt
sein. Dies heißt nicht, dass sie ständig oder überwiegend ausgeübt
werden muss. Nebentätigkeiten von Beamten, Doppel- oder Ne-
benberufe werden ebenfalls vom Berufsbegriff erfasst.

Ein Beruf kann innerhalb oder außerhalb des öffentlichen Diens- **602**
tes ausgeübt werden. Soweit es sich um einen Beruf im öffentlichen Dienst handelt, gelten allerdings Sonderregelungen nach
Art. 33 GG.

Kein Merkmal des Berufsbegriffs ist das Erlaubtsein der Tätig- **603**
keit. Verbietet der Gesetzgeber eine Tätigkeit, greift er in den
Schutzbereich des Art. 12 Abs. 1 GG ein. Damit ist der Eingriff
rechtfertigungsbedürftig. Ein Beruf ist deshalb auch der Betrieb einer öffentlichen Spielbank, auch wenn hierfür eine Erlaubnis erforderlich ist und eine solche Erlaubnis zur Bekämpfung der Spiel-
sucht nur in sehr restriktiver Weise (oder gar nicht) erteilt wird
(BVerfGE 102, 197 ff.). Aus dem Berufsbegriff heraus fallen nur
offensichtlich sozialschädliche Tätigkeiten (z. B. berufsmäßiger
Rauschgifthandel, Berufskiller, Zuhälter).

604   **Lösung Fall 57:** In Betracht kommt ein Eingriff in die Berufsfreiheit der P. Dazu müsste Prostitution ein Beruf i. S. v. Art. 12 Abs. 1 GG sein. Es handelt sich um eine auf Dauer angelegte Tätigkeit zur Schaffung bzw. Erhaltung einer Lebensgrundlage. Prostitution erweckt zwar sittlichen Anstoß, die Tätigkeit ist jedoch nicht sozialschädlich. Nach dem Prostitutionsgesetz (ProstG) begründen aufgrund entsprechender Vereinbarung gegen Entgelt vorgenommene sexuelle Handlungen zivilrechtlich durchsetzbare Forderungen (§ 1 ProstG). Es liegt deshalb ein Beruf i. S. v. Art. 12 Abs. 1 GG vor.

b) Berufswahlfreiheit

605   **Fall 58** *(BVerfGE 73, 280 ff. – Notarbewerber):* Assessor A bewirbt sich mit ausreichendem Zweitem Juristischem Staatsexamen für die Übernahme in den Notardienst des Landes B. Nach einer Verwaltungsvorschrift werden für den Notardienst nur solche Bewerber in die engere Wahl gezogen, die das Zweite Staatsexamen mindestens mit vollbefriedigend bestanden haben. Wird A in seinem Grundrecht der Berufswahlfreiheit verletzt?

606   Von der Berufsfreiheit geschützt ist die Wahl eines Berufes, also die Entscheidung, überhaupt einen Beruf zu ergreifen. Geschützt ist aber auch die Entscheidung, einen Beruf nicht zu ergreifen. Das **Berufsbild** kann der Grundrechtsträger selbst bestimmen. Er kann also auch atypische Betätigungen zum Gegenstand eines Berufes machen. Die Berufswahlfreiheit umfasst auch die Wahl eines **Zweitberufes** oder einer **Nebenbeschäftigung.** Sie erstreckt sich auch auf Berufe im Rahmen des öffentlichen Dienstes. Für den Zugang zu solchen Berufen enthält aber Art. 33 Abs. 2 GG eine Sonderregelung. Zur Berufswahlfreiheit gehört auch das Recht, einen Beruf zu beenden.

607   **Lösung Fall 58:** Der Notarberuf ist ein Beruf i. S. v. Art. 12 Abs. 1 GG. A hat deshalb das Recht, diesen Beruf zu wählen. Die Berufswahlfreiheit steht jedoch unter Gesetzesvorbehalt (Art. 12 Abs. 1 Satz 2 GG wird entsprechend auf die Berufswahlfreiheit angewendet). Daher hat der Staat das Recht, die Berufswahlfreiheit zu beschränken. Zudem handelt es sich bei dem Notarberuf um einen staatlich gebundenen Beruf. Deshalb besteht gemäß Art. 33 Abs. 2 GG lediglich ein Anspruch auf gleichheitsgemäßen Zugang zum Notarberuf. Der Staat setzt die Zahl der Notarstellen in Ausübung seiner Organisationshoheit fest, da die Notare staatliche Funktionen ausüben. Die Auswahlmaßstäbe und das Auswahlverfahren müssen jedoch auf gesetzlicher Grundlage geregelt werden. Anordnungen in einer Verwaltungsvorschrift genügen insoweit nicht. Daher wird A in seinem Grundrecht aus Art. 12 Abs. 1 GG verletzt.

608   **c) Berufsausübungsfreiheit.** Neben der Wahl des Berufes wird auch die Ausübung des Berufes geschützt. Hierzu gehört die

Bestimmung über Form, Mittel und Umfang sowie Inhalt der beruflichen Tätigkeit. Von der Berufsausübungsfreiheit ist das Recht umfasst, eine Vergütung für die eigene Tätigkeit zu fordern. Das Grundrecht gibt dem Grundrechtsinhaber das Recht, erworbene berufliche Qualifikationen wahrgemäß und angemessen kund zu tun (BVerfGE 106, 181 ff. zur Führung mehrerer Facharztbezeichnungen). Geschützt sind auch Werbemaßnahmen. Dies gilt auch bei sog. freien Berufen (Ärzten, Apothekern, Anwälten etc.).

d) Arbeitsplatzwahlfreiheit. Art. 12 Abs. 1 Satz 1 GG gibt **609** das Recht, einen konkreten Arbeitsplatz nach eigener Wahl anzunehmen, beizubehalten oder aufzugeben (BVerfGE 85, 360/372 f.). Unter einem Arbeitsplatz versteht man den räumlichen Ort sowie den Umkreis der Betätigung (BVerfGE 84, 133/146). Der Schutz der Arbeitsplatzwahlfreiheit kommt nur Arbeitnehmern zugute. Selbständige können sich auf die Berufsausübungsfreiheit berufen.

e) Wahl der Ausbildungsstätte

Fall 59: Abiturient A begehrt die Zulassung zum Medizinstudium an der **610** Universität U. Obwohl noch freie Plätze vorhanden sind, lehnt die Universität eine Zulassung ab, da A in den mathematisch-naturwissenschaftlichen Fächern nur ausreichende Noten erzielt hat. Greift die Universität in das Grundrecht des A aus Art. 12 Abs. 1 GG ein?

Unter einer Ausbildungsstätte versteht man eine berufsbezogene **611** Einrichtung, die mehr als nur eine allgemeine Schulbildung vermittelt, also der Ausbildung für einen Beruf dient. Hierzu zählen Universitäten, pädagogische Akademien, der staatliche Vorbereitungsdienst für Lehrer und Juristen, Einrichtungen der betrieblichen oder überbetrieblichen Lehrlingsausbildung sowie des zweiten Bildungsweges. Ein Gymnasium (insb. Sekundarstufe II) ist keine Ausbildungsstätte (a. A. BVerfGE 58, 257/273).

Das Recht auf Zugang zur Ausbildungsstätte steht unter Kapazi- **612** tätsvorbehalt. Bei staatlichen Ausbildungsstätten besteht jedoch ein Kapazitätserschöpfungsgebot.

Lösung Fall 59: Die Universität U ist eine Ausbildungsstätte i. S. v. Art. 12 **613** Abs. 1 GG. Die Verweigerung der Zulassung stellt einen Eingriff in das Grundrecht dar. Auch mit einem schlechten Abitur hat A die Befähigung erworben, ein wissenschaftliches Studium an einer deutschen Hochschule aufzunehmen. Da Studienplätze an der Universität U verfügbar sind, besteht kein öffentlicher Grund für die Rechtfertigung des Eingriffs. A muss deshalb zugelassen werden.

614   **Literatur zu § 26 III:** *Bryde, Brun-Otto*, Art. 12 Grundgesetz – Freiheit des Berufs und Grundrecht der Arbeit – NJW 1984, 2177 ff.; *Höfling, Wolfram*, Beruf – Berufsbild – Berufsfeld, DÖV 1989, 110 ff.

III. Eingriffe in die Berufsfreiheit

615   **Fall 60:** R lässt sich im Bezirk des OLG N als Rechtsanwalt nieder. Gemäß § 60 BRAO wird er damit Mitglied in der Rechtsanwaltskammer. Wird dadurch in das Grundrecht des R aus Art. 12 Abs. 1 GG eingegriffen?

1. Regelungen mit subjektiv berufsregelnder Tendenz

616   Ein Eingriff in die Berufsfreiheit liegt dann vor, wenn die berufliche Tätigkeit bzw. die Berufswahl durch imperative Regelungen geregelt oder beeinträchtigt wird. Man spricht auch von Regelungen mit **subjektiv berufsregelnder Tendenz.** Hierzu zählen etwa Erlaubnispflichten, Auskunftspflichten, die Regelung der Vergütung oder die gesetzliche Aufhebung von Arbeitsverhältnissen.

2. Zweifelsfälle

617   Ein Eingriff kann aber auch durch mittelbare oder tatsächliche Auswirkungen eintreten. Das BVerfG verlangt jedoch insoweit eine jedenfalls **objektiv berufsregelnde Tendenz** (BVerfGE 70, 191/214). Ansonsten soll lediglich ein Eingriff in die allgemeine Handlungsfreiheit (Art. 2 Abs. 1 GG) vorliegen.

618   Die wichtigsten Problemfälle:
   – Die Rechtsprechung geht davon aus, dass Zwangsmitgliedschaften in Berufskammern Eingriffe in Art. 2 Abs. 1 GG, nicht in Art. 12 Abs. 1 GG sind (BVerwG, NJW 1983, 2651).
   – Nicht eindeutig ist die Rechtsprechung zu Vertretungsverboten im Kommunalrecht, die es Ratsmitgliedern untersagen, Ansprüche Dritter gegen die Gemeinde geltend zu machen. Auch insoweit wird teilweise auf die allgemeine Handlungsfreiheit des

Art. 2 Abs. 1 GG, nicht auf die Berufsfreiheit abgestellt (offen gelassen in BVerfG, DVBl. 1988, 54/55).
— Kein Eingriff in Art. 12 Abs. 1 GG wurde angenommen hinsichtlich der Verpflichtung, Künstlersozialversicherungsbeiträge zu leisten, die durch Gesetz Musikverlagen, Schulbuchverlagen, Tonträgerherstellern etc. auferlegt wurden (BVerfGE 75, 108/264). Die Pflicht zur Abführung einer Kouponsteuer (eine Art Zinsabschlagssteuer) durch Kreditinstitute wurde hingegen als Eingriff in die Berufsfreiheit gewertet (BVerfGE 22, 380 ff.). Auch in anderen Fällen hat die Rechtsprechung zuletzt Art. 12 Abs. 1 GG herangezogen (vgl. BVerwG, NJW 2001, 1590 für Beiträge zu berufsständischen Versorgungswerken; BVerfGE 99, 202/211 für Erstattungspflichten des Arbeitgebers im Arbeitsförderungsrecht).
— Staatliche Konkurrenz auf dem Wirtschaftssektor wird nicht als Eingriff in die Berufsfreiheit, sondern als Eingriff in die Wettbewerbsfreiheit verstanden, die in Art. 2 Abs. 1 GG verortet wird (BVerwGE 65, 167 ff.).
— Deliktische oder vertragliche Schadensersatzpflichten wegen schuldhafter Verletzung von absoluten Rechten in Ausübung des Berufes sind nach Auffassung des BVerfG kein Eingriff in Art. 12 Abs. 1 GG (BVerfG, NJW 1998, 519/520).
— Festbeträge für erstattungsfähige Kosten im Gesundheitsrecht (z.B. bei Brillen, Hörhilfen oder Medikamenten) greifen nicht in die Berufsfreiheit der Hersteller oder Lieferanten ein. Wirtschaftliche Folgen treten lediglich als Reflex auf ein kostenbewussteres Verhalten von Ärzten und Versicherten auf. Solche Wirkungen reichen nicht aus, um eine berufsregelnde Tendenz zu bejahen (BVerfG, NJW 2003, 1232 ff.). Hingegen soll durch solche Regelungen in die Berufsfreiheit der Ärzte eingegriffen werden (Therapiefreiheit, zweifelhaft).

Die Rechtsprechung überzeugt nicht. Art. 12 Abs. 1 GG ist lex **619** specialis zu Art. 2 Abs. 1 GG. Es gibt keinen Grund dafür, von der allgemeinen Dogmatik hinsichtlich mittelbarer Grundrechtseingriffe bei Art. 12 GG abzuweichen und Grundrechtseingriffe nur unter besonders restriktiven Voraussetzungen anzunehmen. Vor allem ist die Rechtsprechung auch nicht konsistent. Es ist nicht

berechenbar, wann Art. 12 Abs. 1 GG und wann Art. 2 Abs. 1 GG
herangezogen wird. In den genannten Fällen ist deshalb von einem
Eingriff in Art. 12 Abs. 1 GG auszugehen.

620   **Lösung Fall 60:** Die Pflichtmitgliedschaft in der Anwaltskammer regelt nicht
unmittelbar die Berufsausübung des R. Daher verneint die überwiegende Meinung einen Eingriff in Art. 12 Abs. 1 GG und geht von einem Eingriff in die
allgemeine Handlungsfreiheit (Art. 2 Abs. 1 GG) aus. Nach der Gegenauffas-
sung liegt ein Eingriff vor. Die Pflichtmitgliedschaft knüpft an eine berufliche
Tätigkeit an, sie ist deshalb an Art. 12 Abs. 1 GG zu messen. Nicht einschlägig
ist Art. 9 Abs. 1 GG, da es um die Mitgliedschaft in einer öffentlich-rechtlichen Vereinigung geht.

3. Eingriffe durch Realakte

621   **Fall 61** *(BVerfGE 105, 252ff.):* 1985 wird bekannt, dass in verschiedenen
Weinsorten österreichischer Herkunft Diethylenglykol beigemischt ist. Das
Bundesministerium für Gesundheit veröffentlicht nach entsprechenden Unter-
suchungen eine Liste der Weine, in denen dieser Stoff nachgewiesen worden
ist. Eine deutsche Weinkellerei, die österreichische Weine abfüllt und vertreibt,
fühlt sich in ihrem Grundrecht aus Art. 12 Abs. 1 GG verletzt. Zu Recht?

622   In den Schutzbereich kann auch durch Realakte eingegriffen
werden. Bei Informationen durch die öffentliche Hand wird allerdings nicht in jedem Handeln eine Beeinträchtigung des Schutzbereichs gesehen. Soweit öffentliche Stellen im Rahmen ihrer Aufgaben und Zuständigkeiten richtige und sachliche Informationen
verbreiten, soll ein Grundrechtseingriff nicht vorliegen (BVerfGE
105, 252ff.). Diese Rechtsprechung ist in die allgemeine Dogmatik
zum Grundrechtseingriff nur schwer zu integrieren. Den allgemeinen Regeln würde es entsprechen, bei Informationshandeln stets
einen Eingriff anzunehmen. Die Frage, ob die Informationen den
rechtlichen Anforderungen entsprechen, wäre dann ein Problem
der Rechtfertigung des Eingriffs. Dann würde sich jedoch das
Problem einer gesetzlichen Grundlage stellen, dem das BVerfG
wohl ausweichen wollte.

623   Ein Eingriff kann schließlich auch durch staatliche Konkurrenz
erfolgen. Allerdings verlangt Art. 12 Abs. 1 GG keine grundsätzliche Enthaltung des Staates auf dem Wirtschaftssektor. Etwas anderes gilt dann, wenn der Staat einen Verdrängungswettbewerb mit
nicht marktkonformen Mitteln gegen den Grundrechtsträger führt.

Lösung Fall 61: Nach Auffassung des BVerfG liegt nur dann ein Grund-   **624**
rechtseingriff vor, wenn die rechtlichen Voraussetzungen für das Informationshandeln nicht eingehalten werden.

1. Aufgabenzuweisung: Soweit Regierung oder Verwaltung eine bestimmte
   Aufgabe wahrnehmen sollen, haben sie auch die Befugnis, diese Aufgabe
   durch Informationshandeln zu erfüllen. Aufgabe des Ministeriums ist u.a.
   der Gesundheitsschutz. Dazu dürfen auch Informationen an die Öffentlichkeit verbreitet werden. Dies wird vom BVerfG nicht als Aufgabe der Verwaltung, sondern der „Staatsleitung" verstanden.
2. Zuständigkeit: Fraglich ist, ob das Bundesministerium tätig werden durfte.
   Innerhalb der Regierung ist das Gesundheitsministerium zuständig. Im
   Bund-Länder-Verhältnis soll nicht Art. 30 GG anwendbar sein. Es genügt,
   wenn die Angelegenheit länderübergreifende Bedeutung oder Auslandsbe-
   zug hat.
3. Die Informationen waren inhaltlich richtig und sachlich gehalten.
   Ergebnis: Ein Grundrechtseingriff liegt nicht vor.
   (Hinweis: Das Urteil des BVerfG enthält deutliche Elemente freier Rechts-
   schöpfung. Man kann die getroffenen Annahmen mit Bestimmungen des
   Grundgesetzes stützen, aber sie nicht wirklich ableiten).

Literatur zu § 26 III: *Heintzen, Markus,* Staatliche Warnungen als Grund-   **625**
rechtsproblem, VerwArch 81 (1990), 532 ff.

IV. Verfassungsrechtliche Rechtfertigung von Eingriffen in die Berufsfreiheit

1. Einheitlicher Gesetzesvorbehalt

Fall 62: R möchte sich im Bezirk des OLG N als Rechtsanwalt niederlas-   **626**
sen. Da er das Zweite Juristische Staatsexamen endgültig nicht bestanden hat,
wird ihm die Zulassung verweigert. R ist der Auffassung, Eingriffe in die Berufswahlfreiheit seien durch das Grundgesetz nicht erlaubt.

Art. 12 Abs. 1 Satz 2 GG enthält einen Regelungsvorbehalt al-   **627**
lein für die Berufsausübung. Dieser Regelungsvorbehalt wird von
der überwiegenden Meinung wie ein Gesetzesvorbehalt verstanden. Da es sich bei der Berufsfreiheit um ein einheitliches Grundrecht handelt (oben § 26 I), bezieht sich der Gesetzesvorbehalt auf
das gesamte Grundrecht der Berufsfreiheit. Deshalb kann auch die
Wahl des Berufs bzw. die Wahl des Arbeitsplatzes gesetzlich geregelt werden.

Lösung Fall 62: Art. 12 Abs. 1 Satz 2 GG wird als einheitlicher Gesetzes-   **628**
vorbehalt verstanden. Daher sind Eingriffe auch in die Berufswahlfreiheit möglich.

2. Erfordernis einer gesetzlichen Grundlage

629 **Fall 63** *(BVerfGE 33, 125 ff. – Facharzt):* A hat rechtmäßig die Facharztqualifikation für den Bereich „Innere Medizin" und „Röntgen" erworben. Auf seinem Praxisschild führt er beide Facharztbezeichnungen. Er verstößt damit jedoch gegen eine Satzungsbestimmung, die von der Landesärztekammer erlassen worden ist. Sie untersagt die Führung von mehreren Facharztbezeichnungen. Rechtsgrundlage für die Satzung ist das Heilberufegesetz des Landes L, das den Ärztekammern allgemein die Befugnis zum Erlass von „verbindlichen Berufsordnungen" einräumt.

630 Jeder Eingriff in die Berufsfreiheit bedarf einer formell-gesetzlichen Grundlage. Der eigentliche Eingriff kann dann durch Rechtsverordnung, Satzung oder Verwaltungsakt bewirkt werden. Das Zitiergebot des Art. 19 Abs. 1 Satz 2 GG gilt für Eingriffe in die Berufsfreiheit nach überwiegender Auffassung nicht. Dies wird mit dem unterschiedlichen Wortlaut (Art. 19 Abs. 1 GG spricht von Einschränkungen, Art. 12 Abs. 1 Satz 2 GG von Regelungen) begründet. Überzeugend ist diese Auffassung nicht, sie hat sich jedoch mittlerweile eingebürgert.

631 Die gesetzliche Grundlage für den Eingriff unterliegt besonderen Anforderungen. Dies gilt zunächst hinsichtlich des Bestimmtheitsgrundsatzes. Auch wenn der eigentliche Eingriff durch Rechtsverordnung, Satzung oder Verwaltungsakt erfolgen darf, müssen die wesentlichen „Umrisse" des Eingriffs im formellen Gesetz selbst geregelt werden. So können etwa statusrechtliche Fragen der freien Berufe nicht durch Satzung der öffentlich-rechtlichen Berufskammern festgelegt werden (BVerfGE 33, 125/158 ff.). Das einschränkende Gesetz muss hinreichend bestimmt sein, also Umfang und Grenzen des Eingriffs deutlich erkennen lassen (BVerfGE 86, 28/40). Je intensiver der Eingriff ist, desto höher sind die Anforderungen an die Bestimmtheit (BVerfGE 87, 287/316 f.). Für Rechtsverordnungen sind die Maßstäbe des Art. 80 Abs. 1 Satz 2 GG entsprechend zu verschärfen (BVerwG, NVwZ 1995, 488).

632 **Lösung Fall 63:** Die Satzung der Landesärztekammer greift in das Grundrecht der Berufsausübungsfreiheit des A ein. Hierfür besteht eine formell-gesetzliche Grundlage. Diese gesetzliche Grundlage ist jedoch nicht hinreichend bestimmt. Zwar wendet das BVerfG Art. 80 Abs. 1 Satz 2 GG (und die entsprechenden hier anwendbaren Parallelvorschriften in den Landesverfassungen) auf Satzungsermächtigungen nicht an (zweifelhaft). Nach der Wesentlichkeitstheorie müssen jedoch die Eingriffe in die Berufswahlfreiheit durch formelles

Gesetz getroffen werden. Regelungen der Berufsausübungsfreiheit können grundsätzlich durch Satzung getroffen werden. Eine Grenze ergibt sich jedoch für sog. statusbildende Normen. Dazu lässt sich auch die Frage zählen, welche Facharztbezeichnungen geführt werden dürfen. Der Eingriff ist damit rechtswidrig.

3. Besondere Anforderungen hinsichtlich der Verhältnismäßigkeitsprüfung

a) Legitime Zwecksetzung, Geeignetheit, Erforderlichkeit

Fall 64 *(BVerfGE 53, 135ff. – Puffreisschokolade):* Nach § 14 Nr. 2 Kakao-   **633**
VO bestand für Lebensmittel, die mit Schokolade verwechselt werden können, ein absolutes Verkehrsverbot. Hiergegen erhoben Hersteller von Süßwaren-Saison-Artikeln wie Weihnachtsmännern und Osterhasen, die im Wesentlichen aus Puffreis bestehen und bei denen sich die als Bindemasse verwendete Fettglasur aus Sojafett, Staubzucker und Kakaopulver zusammensetzt, Verfassungsbeschwerde.

Auch hinsichtlich der Verhältnismäßigkeitsprüfung gelten bei   **634**
Art. 12 Abs. 1 GG besondere Regelungen. Das BVerfG hat die sog. Drei-Stufen-Lehre entwickelt, mit der die Verhältnismäßigkeitsprüfung konkretisiert wird (BVerfGE 7, 377ff. – sog. Apothekenurteil). Zunächst gilt jedoch wie bei jedem anderen Grundrechtseingriff, dass der Eingriff zur Erreichung des verfolgten Zweckes geeignet sein muss. Weiterhin muss der Eingriff erforderlich sein. Vor allem darf eine Berufswahlregelung nicht erfolgen, wenn eine Berufsausübungsregelung ebenso geeignet ist. Der Gesetzgeber hat einen erheblichen Beurteilungs- und Gestaltungsspielraum, wenn es um wirtschaftliche, sozial- oder arbeitsrechtliche Fragen geht (BVerfG 39, 210/225f.; 77, 84/106; 77, 308/332).

Lösung Fall 64: § 14 Nr. 2 KakaoVO enthält einen Eingriff in die Be-   **635**
rufsausübungsfreiheit. Eine Berufswahlregelung liegt deshalb nicht vor, weil es keinen Beruf des Puffreisherstellers sondern nur den Beruf des Süßwarenherstellers gibt. Der Eingriff erfolgt aufgrund einer Verordnung, die ihre Grundlage im LMBG findet. Fraglich ist jedoch, ob mit dem Verbot eine legitime Zwecksetzung verfolgt wird. Das Verbot dient dem Verbraucherschutz. Der Verbraucher soll vor Verwechslungen und Täuschungen bewahrt werden. Hierzu ist das Verbot auch geeignet. Es ist jedoch nicht erforderlich. Es genügt ein Kennzeichnungsgebot, zumal aus einer Verwechslung von Schokolade und Fettglasur keine Gefahr für die Gesundheit der Verbraucher entsteht.

b) Berufsausübungsregelungen

636 **Fall 65** *(BVerfGE 77, 308 ff. – Bildungsurlaub):* Nach dem hessischen Bildungsurlaubsgesetz hat ein Arbeitnehmer in Hessen Anspruch auf jährlich fünf Tage bezahlten Bildungsurlaub. Pädagogische Mitarbeiter bei Bildungsveranstaltungen haben einen zusätzlichen Anspruch von fünf Arbeitstagen Bildungsurlaub. Sind die Eingriffe in die Berufsfreiheit der Arbeitgeber gerechtfertigt?

637 (1) Allgemeines. Hinsichtlich der eigentlichen Verhältnismäßigkeitsprüfung wird zwischen Berufsausübungsregelungen (1. Stufe) und Berufswahlregelungen (2. und 3. Stufe) unterschieden. Typische Berufsausübungsregelungen sind beispielsweise Anmeldepflichten, Auskunftspflichten, Regelungen über Werbung oder Vergütungsbestimmungen. Solche Berufsausübungsregelungen werden dann als rechtmäßig angesehen, wenn vernünftige Erwägungen des Allgemeinwohls den Eingriff rechtfertigen (BVerfGE 7, 377/405 f.). Gesichtspunkte der Zweckmäßigkeit dürfen im Vordergrund stehen (BVerfGE 77, 308/332). In jedem Fall ist jedoch eine Prüfung der Verhältnismäßigkeit durchzuführen.

638 (2) Abgrenzung zwischen den einzelnen Stufen. Die Abgrenzung zwischen der 1. und 2. bzw. 3. Stufe ist nicht immer einfach. Wird der entsprechende Berufsbegriff eng gefasst, liegt eher eine Wahlregelung vor, fasst man ihn weit, eine Ausübungsregelung. Abgestellt wird auf das Berufsbild, das sich seinerseits aus den Verkehrsanschauungen ergibt.

639 **Beispiel:** Ein Verkehrsverbot für Puffreisschokolade (Fall 64) ist eine Ausübungsregelung, weil man nach den Verkehrsanschauungen davon ausgeht, dass der Beruf der des „Schokoladenherstellers" ist. Ginge man davon aus, dass es einen eigenen Beruf „Puffreisschokoladenhersteller" gäbe, läge eine Wahlregelung (3. Stufe) vor.

640 (3) Einzelfälle. Eine zulässige Berufsausübungsregelung ist die Pflicht, den Beginn eines Gewerbes gemäß § 14 GewO bei der zuständigen Behörde anzuzeigen. Auch gegen Genehmigungspflichten nach dem Gaststättenrecht (§ 4 GastG) bestehen keine Bedenken, da es sich um eine gebundene Verwaltungsentscheidung handelt, bei der die Verwaltung bei Vorliegen der gesetzlichen Voraussetzungen genehmigen muss. Zulässig sind staatliche Konzessionsentscheidungen, also Entscheidungen, bei denen die öffentliche Hand ein weitgehend ungebundenes Ermessen hat. Sie kön-

nen dann eingeführt werden, wenn öffentliche Interessen für das
Verbot einer Tätigkeit sprechen, es jedoch ausnahmsweise (oft zur
Deckung staatlicher Finanzinteressen) zugelassen werden soll. Bei-
spiele sind Konzessionen für Spielbanken oder Lotterien.

Zulässige Berufsausübungsregelungen sind **Werbebeschrän-** 641
kungen, soweit es um den Schutz des Verbrauchers oder sonst um
die Verhinderung von unlauteren Geschäftspraktiken geht. Gegenüber freiberuflich Tätigen (Ärzten, Apothekern, Rechtsanwälten,
Notaren, Architekten) gelten oft besondere Werbeverbote. Lange
Zeit wurde Werbung als mit einer freiberuflichen Tätigkeit unvereinbar angesehen. Mittlerweile hat die Rechtsprechung eine
Reihe von Auswüchsen bei Werbeverboten für verfassungswidrig erklärt (siehe BVerfGE 82, 18 ff. – Werbung durch Rechtsanwälte; BVerfGE 85, 248 ff. – Arztwerbung; BVerfGE 94, 372 ff. –
Apothekenwerbung). Vor allem können Werbeverbote nicht aus
einem der verfassungsrechtlichen Garantie vorgelagerten Berufsbild
etwa des Arztes, Apothekers oder Rechtsanwaltes gerechtfertigt
werden. Vielmehr muss jede Werbebeschränkung im Einzelfall
legitimiert werden. So sind Werbebeschränkungen für Apotheker
nur dann zulässig, wenn dies erforderlich und verhältnismäßig ist,
um einen übermäßigen Medikamentenkonsum der Bevölkerung
zu verhindern. Verfassungswidrig ist deshalb ein Verbot für Apotheken, Impfstoffe an Ärzte zu versenden und hierfür zu werden
(BVerfG, NJW 2003, 1027 ff.). Die anwaltliche Werbung darf nur
insoweit untersagt werden, als es erforderlich ist, eine übermäßige
Inanspruchnahme der staatlichen Justizbehörden zu verhindern.
Ärztliche Werbung kann dann untersagt werden, wenn sie geeignet
ist, Verunsicherungen bei der Bevölkerung herbeizuführen.

Der Staat kann das Einkommen vor allem von freiberuflich 642
Tätigen durch **Gebührenordnungen** regeln. Er hat hierbei einen
sehr weitgehenden Gestaltungsspielraum (vgl. auch BVerfGE 101,
331 ff. – Vergütung von Berufsbetreuern). Im Einzelfall können die
Grundrechtsträger sogar verpflichtet werden, nicht kostendeckende
Tätigkeiten auszuüben, wenn hierfür ein besonderes öffentliches
Interesse besteht. Niederlassungsbeschränkungen für Vertragsärzte
können gerechtfertigt werden, wenn sie zum Erhalt der Finanzier-
barkeit der gesetzlichen Krankenversicherung erforderlich sind. Die

Ausgaben pro Patient steigen nach den Erfahrungen der letzten Jahrzehnte mit zunehmender Arztdichte. Für die Beschränkung der Niederlassungsfreiheit von Apothekern sprechen derzeit hingegen keine hinreichenden öffentlichen Interessen.

643   Zulässige Beschränkungen der Berufsausübungsfreiheit enthalten grundsätzlich auch die Regelungen über den **Ladenschluss.** Sie schützen vor allem die Sonn- und Feiertagsruhe (Art. 140 GG i. V. m. Art. 139 WRV). Verfassungswidrig ist allerdings ein Verbot der Sonntagsöffnung für Apotheken an verkaufsoffenen Sonntagen (BVerfGE 104, 357 ff.). Der Arbeitszeitschutz für das Personal kann anderweitig gewährleistet werden, der Eingriff für die betroffenen Apotheken ist hingegen erheblich.

644   Die Diskussion um das Kopftuch hat auch eine Variante im Bereich der Berufsfreiheit gefunden. Es verstößt nicht gegen die Berufsausübungfreiheit eines Kaufhausbesitzers, wenn eine von ihm ausgesprochene Kündigung gegen eine Verkäuferin wegen Tragen eines Kopftuches von den Arbeitsgerichten für unwirksam erklärt wird, weil der Glaubensfreiheit der Vorrang vor der wirtschaftlichen Betätigungsfreiheit des Arbeitgebers gegeben wird (BVerfG, NJW 2003, 2815).

645   **Lösung Fall 65:** Es handelt sich um einen Eingriff in die Berufsausübungsfreiheit der Arbeitgeber. Den allgemeinen Bildungsurlaub hält das BVerfG für verfassungsmäßig. Es handelt sich um eine Maßnahme der Arbeitnehmerfortbildung, die ihre Rechtfertigung in der Notwendigkeit lebenslangen Lernens als Voraussetzung individueller Selbstbehauptung und gesellschaftlicher Anpassungsfähigkeit findet. Die Belastung der Arbeitgeber durch den Lohnfortzahlungsanspruch ist nach Auffassung des BVerfG verhältnismäßig.

646   Anders hat das BVerfG für den Urlaub der pädagogischen Mitarbeiter entschieden. Der Bildungsurlaubsanspruch an sich ist zwar nicht zu beanstanden, wohl jedoch der Lohnfortzahlungsanspruch. Diese zusätzliche Kostenbelastung betrifft solche Arbeitgeber, die pädagogische Mitarbeiter beschäftigen, unverhältnismäßig stark.

c) Subjektive Berufswahlregelungen

647   **Fall 66** *(BVerfGE 93, 213 ff.):* R war als Rechtsanwalt in der ehemaligen DDR tätig. 1980 hatte er eine Verpflichtungserklärung für die Staatssicherheit unterschrieben und bis 1989 einige weitgehend „harmlose" Berichte über Mandanten geschrieben. 1992 wird ihm die Zulassung als Rechtsanwalt entzogen. Grundlage war ein Gesetz vom 24. Juli 1992 (Gesetz zur Prüfung von Rechtsanwaltszulassungen, Notarbestellungen und Berufungen ehrenamtlicher Richter – RNPG). Voraussetzung war, dass der Betroffene wegen Verstößen gegen Grundsätze der Menschlichkeit oder der Rechtsstaatlichkeit als unwürdig erscheint, den Beruf des Rechtsanwaltes auszuüben (§ 1 Abs. 1 RNPG). R erhebt nach erfolglosem Klageverfahren Verfassungsbeschwerde.

(1) Allgemeines. Hinsichtlich der Berufswahlregelungen wird **648** zwischen subjektiven Wahlregelungen (sog. 2. Stufe) und objektiven Wahlregelungen (sog. 3. Stufe) unterschieden. Subjektive Wahlregelungen sind solche Bestimmungen, in denen der Gesetzgeber bestimmte Befähigungen oder eine Eignung verlangt, damit jemand einen Beruf ausüben darf. Beispiele sind bestimmte körperliche Voraussetzungen oder die Einhaltung einer Altersgrenze. Subjektiv sind die Wahlregelungen dann, wenn ihre Erfüllung im Verantwortungsbereich des Grundrechtsträgers liegt. Subjektive Berufswahlregelungen dürfen zum Schutz wichtiger Gemeinschaftsgüter ergehen.

(2) Problemfälle. Ein subjektives Zulassungserfordernis ist der **649** **große Befähigungsnachweis** (Meisterprüfung) zur Ausübung eines selbstständigen **Handwerks** (§ 7 HandwO). Die Rechtsprechung geht davon aus, dass zum Schutz der Leistungsfähigkeit des Handwerks das Erfordernis verfassungsmäßig ist (BVerfGE 13, 97/107; 69, 209/218). Die Rechtsprechung ist zweifelhaft. Zu beachten ist, dass es beim großen Befähigungsnachweis nicht um sicherheitsrechtliche Aspekte geht! Für industrielle Produktionen mit erheblich höherem Gefahrenpotential ist kein besonderer Befähigungsnachweis erforderlich.

Im Recht der freien Berufe bestehen häufig **Altersgrenzen.** **650** Hierbei darf der Gesetzgeber davon ausgehen, dass jedenfalls ab Vollendung des 70. Lebensjahres die individuelle Leistungsfähigkeit insoweit abnimmt, dass eine ordnungsgemäße Berufsausübung in Bereichen, wo es zu Gefährdungen hochrangiger Rechtsgüter kommen kann, nicht mehr hinreichend sichergestellt ist (BVerfGE 9, 338/345 ff.). Problematisch ist die Altersgrenze für Vertragsärzte (früher Kassenärzte) gemäß § 95 Abs. 7 Satz 2 SGB V. Danach erlischt die Zulassung eines Vertragsarztes zur gesetzlichen Krankenversicherung mit Vollendung des 68. Lebensjahres. Hierbei geht es darum, nachrückenden Ärztegenerationen bessere Chancen auf eine Vertragsarztzulassung einzuräumen. Von daher sind gegen diese Altersbegrenzung keine verfassungsrechtlichen Einwände zu erheben. Verfassungsmäßig ist es ebenfalls, dass gemäß § 98 Abs. 2 Nr. 12 SGB V die Neuzulassung solcher Ärzte ausgeschlossen ist, die das 55. Lebensjahr bereits überschritten haben (BVerfGE 103, 172 ff.). Hier geht es um Kosteneinsparungen für die gesetzliche Krankenversicherung, da neu zugelassene Ärzte in den ersten Jahren durch medizinisch nicht gebotene Leistungsausweitungen besonders hohe Kosten zu Lasten der GKV veranlassen. Bei einer Zulassung ab dem 55. Lebensjahr besteht ein besonderer Kostendruck für den Arzt und damit die besondere Gefahr von medizinisch nicht begründeter Mengenausweitung.

651   Der Beruf eines Rechtsanwaltes darf nur dann ausgeübt werden, wenn die Befähigung zum Richteramt vorliegt (§ 4 BRAO). Damit wird gewährleistet, dass zum Schutz der Rechtsuchenden und im Interesse der möglichst reibungslosen Abwicklung des Rechtsverkehrs fremde Rechtsangelegenheiten geschäftsmäßig nur von entsprechend geeigneten Personen wahrgenommen werden. Verfassungswidrig ist es allerdings, einen Verstoß gegen das Rechtsberatungsgesetz auch dann anzunehmen, wenn eine Gesellschaft sich lediglich mit der Überwachung von Patentgebühren befasst, indem Patentinhaber an das Fälligwerden von Jahresgebühren erinnert werden. In solchen Fällen sind keine besonderen Rechtskenntnisse erforderlich, die Einschränkung ist daher verfassungswidrig (BVerfGE 97, 12 ff.).

652   **Lösung Fall 66:** § 1 Abs. 1 RNPG enthält eine subjektive Zulassungsschranke. Sie dient dem Schutz eines wichtigen Gemeinschaftsgutes, nämlich dem Schutz der Integrität der Rechtsanwaltschaft als eines Organs der Rechtspflege. Die Entziehung der Zulassung gegenüber R war gleichwohl unverhältnismäßig. Nach Auffassung des BVerfG waren die dem R vorgeworfenen Verfehlungen nicht hinreichend erheblich, um ein Tätigkeitsverbot gegenüber R zu rechtfertigen.

d) Objektive Wahlregelungen

653   **Fall 67:** Abiturient A bewirbt sich um die Zulassung zum Medizinstudium an der Universität U. Da alle Plätze an andere Bewerber vergeben sind, erhält er keinen Studienplatz. Liegt ein rechtswidriger Eingriff in das Recht der Berufswahl vor?

654   (1) Allgemeines. Die dritte Stufe i. S. d. Drei-Stufen-Theorie bilden objektive Berufswahlregelungen. Sie liegen dann vor, wenn

eine Beschränkung des Berufszugangs angeordnet wird, die Gründe
hierfür jedoch außerhalb der Risikosphäre des Grundrechtsträgers
liegen. Ein klassisches Beispiel ist etwa eine **Bedarfsplanung.**

Objektive Wahlregelungen sind nur zum Schutz nachweisbarer **655**
oder höchstwahrscheinlicher Gefahren für besonders wichtige Gemeinschaftsgüter zulässig. Hierzu zählt beispielsweise die Volksge-
sundheit (BVerfGE 7, 377/414). In der Regel muss es sich um solche Rechtsgüter handeln, die selbst in der Verfassung geschützt
sind.

(2) Problemfälle. Unzulässig ist eine Bedürfnisprüfung im Sach- **656**
verständigenwesen (BVerfG, NJW 1992, 2621 ff.). Es ist kein
Grund ersichtlich, warum nicht alle diejenigen zum öffentlich be-
stellten Sachverständigen ernannt werden sollen, die über eine
entsprechende berufliche Qualifikation verfügen.

Objektive Wahlregelungen stellen **Finanz-** und **Verwaltungs-** **657**
monopole des Staates dar. Da Finanzmonopole (z. B. das Brannt-
weinmonopol) allein fiskalischen Zwecken dienen, sind sie im
Hinblick auf Art. 12 Abs. 1 GG unzulässig. (Eine andere Frage ist,
ob bei Inkrafttreten des Grundgesetzes bestehende Finanzmonopole durch Art. 105 Abs. 1 GG anerkannt worden sind und deshalb
bestehen bleiben dürfen – str. –.) Bei Verwaltungsmonopolen, z. B.
für die Luftverkehrsverwaltung (Art. 87 d GG), muss ein überragend wichtiges Gemeinschaftsgut die Einführung rechtfertigen.
Objektive Zulassungsvoraussetzungen finden sich häufig im Ver-
kehrsrecht. Zulässig ist es, im Hinblick auf einen funktionsfähigen
Linienverkehr Beschränkungen vorzunehmen. Die Beschränkung
der Zahl von Taxi-Konzessionen ist hingegen verfassungswidrig
(anders die h. M. vgl. § 13 Abs. 4 S. 1 PBefG).

Lösung Fall 67: Durch den Erwerb des Abiturs hat A die Befähigung zum **658**
Medizinstudium erworben. Die Kapazitätsknappheit an der Universität liegt
außerhalb seines Risikobereichs. Es liegt deshalb eine objektive Berufswahlregelung vor. Sie ist nur dann gerechtfertigt, wenn sie zum Schutz eines überragend wichtigen Gemeinschaftsgutes erforderlich ist. Aus der Garantie der Berufsfreiheit folgt deshalb ein Kapazitätserschöpfungsgebot für die Universitäten.
Wird über die zulässige Kapazität hinausgegangen, gefährdet dies zum einen
die Ausbildung der anderen Studenten, weiterhin die Funktionsfähigkeit von
Forschung und Lehre sowie in medizinischen Studiengängen die Patienten-
versorgung. Es liegt deshalb eine Gefahr für ein überragend wichtiges Gemeinschaftsgut vor. Der Eingriff ist verfassungsrechtlich gerechtfertigt.

e) Sonderfälle

659 **Fall 68** *(BVerfGE 77, 84 ff. – Leiharbeit):* Der Gesetzgeber gelangte Anfang der 80er Jahre zu der Auffassung, dass die Missstände im Bereich der gewerblichen Arbeitnehmerüberlassung im Baugewerbe (Schwarzarbeit, Hinterziehung von Steuern und Sozialversicherungsabgaben, Beschäftigung von ausländischen Arbeitnehmern ohne Arbeitserlaubnis) ein nicht mehr hinnehmbares Ausmaß erreicht hätten. Durch Einfügung des § 12 a AFG wurde die gewerbliche Arbeitnehmerüberlassung in Betrieben des Baugewerbes untersagt.

660 Bei der Anwendung der Drei-Stufen-Theorie ist zu beachten, dass es sich um eine Typisierung handelt. Im Einzelfall ist stets noch einmal zu prüfen, ob die Maßnahme verhältnismäßig ist. Es kann durchaus sein, dass eine Ausübungsregelung ähnlich schwer belastend ist wie eine Wahlregelung. Dann sind gegebenenfalls die Rechtfertigungsanforderungen der dritten Stufe auch auf Berufsausübungsregelungen anwendbar.

661 **Lösung Fall 68:** Es liegt ein Eingriff in den Schutzbereich des Art. 12 Abs. 1 GG vor. Es handelt sich um eine Berufsausübungsregelung, da die Arbeitnehmerüberlassung in Betrieben des Baugewerbes kein eigener Beruf ist. Vernünftige Erwägungen des Allgemeinwohls liegen vor. Der Eingriff trifft jedoch die Unternehmen, die auf Arbeitnehmerüberlassung im Baugewerbe spezialisiert sind, besonders hart. Verhältnismäßig ist der Eingriff deshalb nur dann, wenn die Voraussetzungen einer objektiven Wahlregelung (3. Stufe) vorliegen. Es muss also eine nachweisbare und höchstwahrscheinliche Gefahr für ein überragend wichtiges Gemeinschaftsgut gegeben sein. Die Nichtabführung von Sozialversicherungsabgaben gefährdet die Existenz der Sozialversicherung als eine der Säulen des Sozialstaates (vgl. Art. 74 Abs. 1 Nr. 12 GG). Verstärkte Kontrollmaßnahmen als milderes Mittel waren fehlgeschlagen. Der Eingriff ist deshalb verfassungsrechtlich gerechtfertigt.

662 **Literatur zu § 26 IV:** *Hufen, Friedhelm,* Berufsfreiheit – Erinnerung an ein Grundrecht, NJW 1994, 2913 ff.; *Ipsen, Jörn,* „Stufentheorie" und Übermaßverbot – Zur Dogmatik des Art. 12 GG, JuS 1990, 634 ff; *Lorz, Ralph Alexander,* Die Erhöhung der verfassungsgerichtlichen Kontrolldichte gegenüber berufsrechtlichen Einschränkungen der Berufsfreiheit, NJW 2002, 169 ff.; *Terhechte, Jörg Philipp,* Der Ladenschluss und die Berufsfreiheit der Apotheker – BVerfG, NJW 2002, 666, JuS 2002, 551 ff.

V. Objektive Dimension der Berufsfreiheit

663 **Fall 69** *(BVerfGE 81, 242 ff. – Handelsvertreter):* V war Handelsvertreter bei der Weingroßhandlung W. V hatte sich in seinem Vertrag verpflichtet, jegliche Konkurrenztätigkeit für zwei Jahre nach dem Ausscheiden aus dem Betrieb des

W zu unterlassen. Für den Fall einer von V verursachten Vertragsbeendigung war die im HGB vorgesehene Zahlung einer Karenzentschädigung ausgeschlossen (das HGB ließ einen solchen Ausschluss zu). V wurde wegen einer schwerwiegenden Vertragsverletzung außerordentlich gekündigt. Die Klage auf Karenzentschädigung wurde vom BGH abgewiesen.

1. Leistungsrechte

Die Berufsfreiheit steht in enger Verbindung zur Menschenwür- **664** degarantie (Art. 1 Abs. 1 GG). Viele Menschen definieren ihre Identität über ihre berufliche Tätigkeit. Die berufliche Sphäre konkretisiert in besonderer Weise das Recht auf freie Entfaltung der Persönlichkeit. Daher erkennt das BVerfG der Berufsfreiheit eine besondere objektive Dimension zu. Der Staat ist verpflichtet, die berufliche Freiheitssphäre zu schützen und zu sichern (BVerfGE 92, 26/46). Hieraus ergeben sich jedoch keine Leistungsansprüche, etwa hinsichtlich eines Rechts auf Arbeit oder eines Rechts auf einen Ausbildungsplatz (BVerfGE 84, 133/146f.). Es gibt auch keinen Anspruch auf einen Studienplatz. Die Verweigerung der Zulassung zu einer Universität richtet sich ohnehin nach Eingriffsgrundsätzen (siehe oben § 26 IV 3d).

2. Verfahrensrechtliche Absicherung der Berufsfreiheit

Wie bei allen Grundrechten besteht auch im Bereich der Be- **665** rufsfreiheit die Pflicht des Gesetzgebers und der Verwaltung, den Grundrechtsschutz durch die Ausgestaltung des Verfahrens zu unterstützen. Dies hat insbesondere bei der Durchführung von **Prüfungsverfahren** besondere Bedeutung erlangt. So ergeben sich aus der Verfassung folgende Anforderungen an Prüfungsverfahren:
- Die Prüfungsteilnehmer müssen ihren Standpunkt gegenüber einer Prüfungsentscheidung bereits im Verwaltungsverfahren wirksam vertreten können. Sie müssen deshalb über den Verfahrensstand informiert werden und die Möglichkeit haben, Einwände vorzubringen.
- Die Prüfungsbehörden müssen sich um eine vorbeugende Fehlervermeidung bemühen. Prüfungsfragen müssen hinreichend kontrolliert werden.

– Dem Prüfling muss ein hinreichender Antwortspielraum verbleiben. Vertretbare Antworten dürfen nicht als falsch gewertet werden.

666   Diese Anforderungen haben auch Auswirkungen auf die verwaltungsgerichtliche Überprüfung von Prüfungsentscheidungen. Nach Art. 12 Abs. 1 GG i. V. m. Art. 19 Abs. 4 GG besteht ein Anspruch auf eine tatsächlich wirksame gerichtliche Kontrolle (BVerfGE 84, 34/49). Auch **fachwissenschaftliche Fragen** müssen von der Rechtsprechung überprüft werden. Eine Einschränkung besteht lediglich hinsichtlich sog. **prüfungsspezifischen Wertungen,** bei denen die Gerichte nur eine willkürliche Handhabung durch die Prüfungsbehörde rügen können.

3. Bedeutung der Berufsfreiheit im Privatrecht

667   Die Berufsfreiheit hat auch im Privatrecht erhebliche Bedeutung. Der Gesetzgeber ist etwa verpflichtet, angemessene Kündigungsschutzregeln zu treffen. Die Berufsfreiheit muss bei der Auslegung und Anwendung privatrechtlicher Vorschriften beachtet werden (BVerfGE 92, 140/152).

668   **Lösung Fall 69:** V wurde zur Unterlassung von Wettbewerb ohne Karenzentschädigung verpflichtet. Damit beschränkt das Urteil des BGH die Berufsfreiheit des H. Diese Beschränkung beruht zwar maßgeblich auf einer von H geschlossenen Vereinbarung. Der Gesetzgeber ist jedoch verpflichtet, Vorkehrungen zum Schutz der Berufsfreiheit gegen vertragliche Beschränkungen zu schaffen, vor allem wenn es an einem annähernden Kräftegleichgewicht der Beteiligten fehlt. Nach diesen Grundsätzen war das Urteil aufzuheben, da ein genereller Ausschluss des Anspruchs auf Karenzentschädigung im Falle einer außerordentlichen Kündigung ein unverhältnismäßig starker Eingriff ist (beachte, dass es sich um ein Drittwirkungsproblem handelt!).

669   **Literatur zu § 26 V:** *Häberle, Peter,* Arbeit als Verfassungsproblem, JZ 1984, 345 ff.; *Hermes, Georg,* Grundrechtsschutz durch Privatrecht auf neuer Grundlage?, NJW 1990, 1764 ff.

VI. Schutz vor Arbeitszwang (Art. 12 Abs. 2 GG)

670   **Fall 70:** Im Bundesland D werden Männer zwangsweise zum Dienst in der Freiwilligen Feuerwehr herangezogen. M verweigert den Dienst, da er der Meinung ist, es handle sich um unzulässigen Arbeitszwang.

Art. 12 Abs. 2 GG schützt jedermann davor, zu einer bestimm- **671** ten Arbeit gezwungen zu werden. Eine Arbeit liegt nur dann vor, wenn es sich um eine Tätigkeit handelt, die einen gewissen Umfang besitzt. Es darf sich zudem nicht um eine Tätigkeit im Rahmen einer beruflichen Verpflichtung handeln, da dann Art. 12 Abs. 1 GG einschlägig ist (z.B. die Pflicht zur Abführung von Sozialversicherungsbeiträgen und Steuern der Arbeitnehmer durch die Arbeitgeber). Die Prüfung der Merkmale des Schutzbereichs und des Eingriffs fällt bei Art. 12 Abs. 2 GG meist zusammen.

Die Zulässigkeit von Arbeitszwang setzt zunächst ein formelles **672** Gesetz voraus. Dieses Gesetz muss eine herkömmliche allgemeine und für alle gleiche öffentliche Dienstleistungspflicht vorsehen. Herkömmlich ist eine Pflicht dann, wenn sie bereits vor Inkrafttreten des Grundgesetzes anerkannt war. Allgemein ist die Pflicht, wenn sie nicht nur einzelnen, sondern breiteren Bevölkerungskreisen auferlegt wird. Gleich ist die Pflicht schließlich, wenn die Pflichtigen in gleicher Weise belastet werden.

Kommunale Ehrenämter sind keine Berufe i.S.v. Art. 12 Abs. 1 **673** GG. Die Pflicht zur Übernahme solcher Ämter nach den Kommunalgesetzen unterfällt daher nicht Art. 12 Abs. 2 GG, sondern Art. 2 Abs. 1 GG.

Lösung Fall 70: Ein Verstoß gegen Art. 12 Abs. 2 GG liegt nicht vor. Die **674** Pflicht ist „herkömmlich", da sie traditionell üblich ist. Die Pflicht ist auch „allgemein", da nach einem abstrakten Kriterium bestimmt wird, wer feuerwehrdienstpflichtig ist. Die Pflicht ist weiterhin gleich, da die Inanspruchnahme der Verpflichteten in gleichem Umfang erfolgt. Es liegt hier allerdings ein Verstoß gegen Art. 3 Abs. 1 GG vor, da die alleinige Heranziehung von Männern nicht durch biologische Unterschiede zu rechtfertigen ist (siehe dazu unten § 33 I 2).

VII. Schutz vor Zwangsarbeit (Art. 12 Abs. 3 GG)

Fall 71 *(BVerfGE 74, 102ff.):* Der 17-jährige S wird vom Jugendgericht **675** wegen Fahrens ohne Führerschein zur Ableistung eines 16-stündigen Hilfsdienstes in einem Altenheim verpflichtet (§ 10 Abs. 1 Satz 3 Nr. 4 JGG). Ist die Verurteilung mit Art. 12 Abs. 3 GG vereinbar?

Unter einer Zwangsarbeit versteht man die Pflicht zur Indienst- **676** stellung der gesamten Arbeitskraft. Solche Zwangsarbeit ist nur bei

gerichtlich angeordneter Freiheitsentziehung zulässig. Auch insoweit ist eine formellgesetzliche Grundlage erforderlich.

677   **Lösung Fall 71:** Das BVerfG hat eine Vereinbarkeit mit Art. 12 Abs. 3 GG
bejaht. Art. 12 Abs. 2 und Abs. 3 GG dienten dazu, die im nationalsozialisti-
schen System üblich gewordene Form der Zwangsarbeit mit ihrer Herabwürdigung der menschlichen Persönlichkeit auszuschließen. Daher sei nicht jede
hoheitlich gegen den Willen einer Person geforderte Tätigkeit ein Eingriff in
den Schutzbereich (nach Auffassung des BVerfG liegt ein einheitliches Grundrecht vor). Erfasst würden nur solche Maßnahmen, die mit der Tendenz der
Herabwürdigung der Person einhergehen (sehr zweifelhaft).

678   **Literatur zu § 26 VI und VII:** *Gusy, Christoph,* Arbeitszwang – Zwangsarbeit – Strafvollzug BVerfGE 74, 102, in: JuS 1989, 710 ff.

§ 27. Unverletzlichkeit der Wohnung (Art. 13 GG)

I. Schutzbereich

1. Sachlicher Schutzbereich

679   Das Grundrecht aus Art. 13 GG schützt die Unverletzlichkeit
der Wohnung. Unter einer Wohnung versteht man solche Räume,
die der allgemeinen Zugänglichkeit durch eine räumliche Ab-
schottung entzogen sind und zur Stätte privaten Lebens und Wir-
kens gemacht sind. Geschützt sind deshalb Wohnungen im engeren
Sinne, aber auch Höfe, Keller, Böden und Hotelzimmer. Nach
überwiegender Meinung zählen auch Arbeits-, Betriebs- und Geschäftsräume zur Wohnung i. S. d. Grundrechts (BVerfGE 32, 54/
68 ff.). Dies wird im Hinblick auf die Entstehungsgeschichte des
Art. 13 GG begründet. Im europäischen Recht wird die Frage hingegen anders entschieden. Geschäftsräume stehen nicht unter dem
Schutz von Art. 8 Abs. 1 EMRK (EuGH, NJW 1989, 3080/3081).

2. Persönlicher Schutzbereich

680   Träger des Grundrechts ist derjenige, der unmittelbarer Besitzer
der geschützten Räume ist. Auf die Eigentumsverhältnisse kommt
es nicht an. Voraussetzung für den Grundrechtsschutz ist jedoch

die Rechtmäßigkeit des Besitzes bzw. die Duldung des Besitzes durch den Berechtigten. Zum geschützten Personenkreis zählen auch juristische Personen und Personenvereinigungen des Privatrechts.

II. Eingriff

Fall 72: Aufgrund der Beschwerde eines Kunden will die Gewerbeaufsicht **681** der Stadt S die Betriebsräume des Gastwirtes G auf die Einhaltung hygienischer Bestimmungen untersuchen. Es erscheint daraufhin in der Mittagszeit ein Beauftragter der Stadt und besichtigt die Küche des G. Ist die Besichtigung mit Art. 13 Abs. 1 GG vereinbar?

Ein Eingriff findet dann statt, wenn eine staatliche Stelle die Pri- **682** vatheit der Wohnung beeinträchtigt. Dies kann durch ein körperliches Eindringen geschehen. Auch das Abhören der Wohnräume oder eine optische Überwachung stellt einen Eingriff dar.

Ist der Grundrechtsinhaber mit dem Eindringen einverstanden, **683** liegt keine Grundrechtsbeeinträchtigung vor. Die Einwilligung darf jedoch nicht durch Drohung oder Täuschung erlangt worden sein.

Einen nur reduzierten Schutz bietet das Grundrecht bei Ge- **684** schäfts- und Betriebsräumen. Die zweifelhafte Erweiterung des Schutzbereiches auf Geschäfts- und Betriebsräume wird von der herrschenden Meinung in weitgehend inkonsequenter Weise dadurch relativiert, dass behördliche Überwachungs- und Betretungsrechte unabhängig von den speziellen Eingriffsvoraussetzungen der Art. 13 Abs. 2–7 GG zugelassen werden. Solche Betretungen und Besichtigungen sind zulässig, wenn folgende Voraussetzungen gegeben sind:

– Eine besondere gesetzliche Vorschrift muss zum Betreten der Räume ermächtigen (dies ist nach dem Vorbehalt des Gesetzes eine Selbstverständlichkeit).

– Das Betreten und die Besichtigungen müssen einem erlaubten Zweck dienen und für dessen Erreichung erforderlich sein (gilt nach dem Übermaßverbot ohnehin).

– Das Gesetz muss den Zweck sowie Gegenstand und Umfang der zugelassenen Besichtigung deutlich erkennen lassen (aus allgemeinen Grundsätzen folgende Bestimmtheitsanforderungen).

– Die Betretungen und Besichtigungen dürfen nur für Zeiten gestattet werden, in denen die Räume normalerweise für die jeweilige geschäftliche oder betriebliche Nutzung zur Verfügung
stehen (siehe zu den Einzelheiten auch BVerfGE 32, 54/75 ff.).

685   **Lösung Fall 72:** Auch die Betriebsräume des G sind eine Wohnung i. S. v.
Art. 13 Abs. 1 GG (h. M.). Gewerberechtliche Betretungs- und Besichtigungs-
rechte sollen durch Art. 13 GG jedoch nicht ausgeschlossen werden. Ein Eingriff in den Schutzbereich des Art. 13 Abs. 1 GG liegt deshalb dann nicht vor,
wenn eine besondere gesetzliche Vorschrift zum Betreten der Räume ermächtigt. Dies ist nach § 22 Abs. 2 GastG der Fall. Auch die übrigen Vorausetzun-
gen sind erfüllt. Ein rechtswidriger Eingriff in den Schutzbereich des Grundrechts ist deshalb nicht gegeben.

686   **Literatur zu § 27 II:** *Sachs, Michael,* Behördliche Nachschaubefugnisse und
richterliche Durchsuchungsanordnung nach Art. 13 II GG, NVwZ 1987,
560f.; *Voßkuhle, Andreas,* Behördliche Betretungs- und Nachschaurechte –
Versuch einer dogmatischen Klärung –, DVBl. 1994, 611 ff.

III. Verfassungsrechtliche Rechtfertigung von Eingriffen

1. Rechtfertigung von Durchsuchungen (Art. 13 Abs. 2 GG)

687   **Fall 73** *(BVerfGE 96, 34 ff.):* Die Staatsanwaltschaft in R beantragt im Juli
1990 beim Amtsgericht einen Durchsuchungsbeschluss für die Praxisräume des
Dr. B wegen Verdachts des Abrechnungsbetruges. Die Durchsuchung wird
zwei Jahre später im Juli 1992 durchgeführt. Ist dies mit Art. 13 Abs. 2 GG
vereinbar?

688   In Art. 13 Abs. 2–7 GG sind verschiedene Maßnahmen vorgesehen, die als Eingriff in das Grundrecht gerechtfertigt sein können.
Zunächst nennt Abs. 2 die „Durchsuchung". Unter einer Durchsuchung versteht man das ziel- und zweckgerichtete Suchen staatlicher Organe nach Personen oder Sachen oder zur Ermittlung eines
Sachverhaltes, um etwas aufzuspüren, was der Inhaber der Wohnung von sich aus nicht offen legen oder hergeben will (BVerfGE
51, 97/106; 75, 318/327; 76, 83/89). Für Durchsuchungen gilt ein
Richtervorbehalt. Bei Gefahr im Verzug darf auch ein anderes Organ die Anordnung vornehmen. Gefahr im Verzug liegt dann vor,
wenn die durch die Anrufung des Richters eintretende Verzö-
gerung den Erfolg der Durchsuchung gefährden würde. Trotz
der Eilkompetenz der Exekutive muss der Richtervorbehalt nach
Möglichkeit eingehalten werden. Dies muss organisatorisch sicher-

gestellt werden. Anordnungen durch die Staatsanwaltschaften oder
die Polizei dürfen nicht der Regelfall werden (vgl. auch BVerfG,
NJW 2001, 1121/1122). Deshalb muss der Begriff „Gefahr im
Verzug" eng ausgelegt werden. Es müssen konkrete, auf den Einzelfall bezogene Tatsachen vorliegen, aus denen die Gefahr abgeleitet wird (nicht nur Hypothesen, Spekulationen, Vermutungen
oder kriminalistische Alltagserfahrungen, siehe BVerfG, a. a. O.).

Die Durchsuchungsanordnung selbst muss mit dem Verhältnis-   **689**
mäßigkeitsprinzip vereinbar sein. Dies muss im Einzelfall von der
anordnenden Stelle überprüft werden.

Lösung Fall 73: Art. 13 Abs. 2 GG verlangt, dass die Durchsuchung von   **690**
einem Richter angeordnet wird. Der Richter muss aufgrund eigenverantwort-
licher Prüfung überzeugt sein, dass die Maßnahme verhältnismäßig ist. Die
richterliche Anordnung muss Rahmen, Grenzen und Ziel der Durchsuchung
definieren. Das BVerfG geht deshalb davon aus, dass spätestens nach Ablauf
eines halben Jahres ein Durchsuchungsbeschluss seine rechtfertigende Kraft
verliert. Nach Ablauf dieser Zeit kann dem Richter die Verantwortung für die
Durchsuchung nicht mehr zugerechnet werden. Das Vorgehen war deshalb
verfassungswidrig.

2. Rechtfertigung von technischen Überwachungen (Art. 13 Abs. 3–6 GG)

Durch ein Änderungsgesetz vom 26. 3. 1998 (BGBl. I S. 610)   **691**
wurden die Artikel 13 Abs. 3–6 in das Grundgesetz eingefügt
(„Großer Lauschangriff"). Damit werden technische Überwa-
chungsmaßnahmen im Hinblick auf Wohnungen zugelassen. Im
Einzelnen ist wie folgt zu differenzieren:

Art. 13 Abs. 3 GG betrifft die **Strafverfolgung.** Die akustische   **692**
Überwachung von Wohnungen ist zulässig zur Verfolgung von
durch Gesetz einzeln bestimmten besonders schweren Straftaten.
Erforderlich ist eine Anordnung durch einen mit drei Richtern
besetzten Spruchkörper (Art. 13 Abs. 3 Satz 3 GG). Bei Gefahr im
Verzuge kann ein einzelner Richter die Anordnung treffen (Art. 13
Abs. 3 Satz 4 GG). Die Anordnung durch die Staatsanwaltschaft
oder ein anderes Exekutivorgan ist ausgeschlossen. Die Vorschrift
enthält jedoch keine verfassungsunmittelbare Eingriffskompetenz.
Vielmehr ist zur Durchführung der Überwachung eine den Kau-
telen des Abs. 3 entsprechende gesetzliche Regelung erforderlich.

693   Bei Art. 13 Abs. 4 GG geht es um die **Gefahrenabwehr** und zwar um die Abwehr von dringenden Gefahren für die öffentliche Sicherheit. Zur öffentlichen Sicherheit zählt insbesondere die Unversehrtheit der Rechtsordnung. Weiterhin kann der Eingriff auch wegen einer gemeinen Gefahr oder einer Lebensgefahr für eine einzelne Person angeordnet werden. Hierbei sind technische Mittel zur Überwachung von Wohnungen zulässig, wobei keine ausdrückliche Beschränkung auf akustische Überwachung besteht. Zulässig ist deshalb auch eine optische Überwachung. Erforderlich ist eine richterliche Anordnung. Bei Gefahr im Verzug kann eine andere Stelle die Anordnung vornehmen. Die richterliche Anordnung muss nachgeholt werden. Auch für den Eingriff aufgrund von Abs. 4 ist zusätzlich eine gesetzliche Grundlage erforderlich.

694   Weiterhin ist es denkbar, dass auf gesetzlicher Grundlage eine Beeinträchtigung der Unverletzlichkeit der Wohnung vorgenommen wird, um eine Person bei einem Einsatz in einer Wohnung zu schützen. Auch dann sind optische und akustische Mittel zulässig. Die Anordnung kann durch eine gesetzlich bestimmte Stelle ergehen. Für die Erlangung der Kenntnisse besteht jedoch ein beschränktes Verwertungsverbot (Abs. 5 Satz 2).

695   Für die neu zugelassenen Maßnahmen besteht eine besondere Berichtspflicht nach Abs. 6.

3. Sonstige Eingriffe und Beschränkungen (Art. 13 Abs. 7 GG)

696   Für Eingriffe und Beschränkungen, die weder zu den behördlichen Betretungs- und Besichtigungsrechten gehören noch eine Durchsuchung oder eine technische Überwachung darstellen, gilt der allgemeine Gesetzesvorbehalt des Abs. 7. Es ist davon auszugehen, dass auch im Rahmen dieser Eingriffsermächtigung generell ein formelles Gesetz erforderlich ist. Der Wortlaut der Vorschrift lässt allerdings eine gegenteilige Interpretation zu. Aufgrund der polizeilichen bzw. sicherheitsbehördlichen Generalklausel ist jedoch letztlich immer eine gesetzliche Grundlage vorhanden. In solchen Fällen setzt die materielle Rechtmäßigkeit der Maßnahme voraus, dass sie zur Abwehr einer gemeinen Gefahr oder der Lebensgefahr der einzelnen Personen geeignet, erforderlich und verhältnismäßig ist. Unter einer **Gefahr** versteht man die hinreichende Wahrscheinlichkeit eines Schadenseintritts. Eine **gemeine Gefahr** liegt dann vor, wenn ein unbestimmter Kreis von Personen oder Sachen bedroht ist, etwa durch Überschwemmungen oder Brände.

Eingriffe und Beschränkungen können weiterhin durch ein Ge- **697** setz erlaubt werden. Materiell rechtmäßig ist das Gesetz nur dann, wenn es um die Verhütung dringender Gefahren für die öffentliche Sicherheit und Ordnung geht. Eine **dringende Gefahr** ist dann gegeben, wenn eine hinreichende Wahrscheinlichkeit für einen Schaden an einem wichtigen Rechtsgut vorliegt. Als Beispiel nennt die Verfassung selbst die Behebung der Raumnot, die Bekämpfung von Seuchengefahr und den Schutz gefährdeter Jugendlicher. Die dringende Gefahr braucht allerdings noch nicht eingetreten zu sein („Verhütung dringender Gefahren"). Es genügt, dass die Beschränkung des Grundrechts dem Zweck dient, einen Zustand nicht eintreten zu lassen, der eine dringende Gefahr darstellen würde (BVerfGE 17, 232/251). Die Einzelmaßnahme selbst muss noch einmal auf ihre Verfassungsmäßigkeit überprüft werden!

Literatur zu § 27: *Amelung, Knut,* Die Entscheidung des BVerfG zur „Ge- **698** fahr im Verzug" i. S. des Art. 13 II GG, NStZ 2001, 337 ff.; *Ostendorf, Heribert / Brüning Janique,* Die gerichtliche Überprüfbarkeit der Voraussetzungen von „Gefahr im Verzug" – BVerfG, NJW 2001, 1121, in: JuS 2001, 1063 ff.; *Ruthig, Josef,* Die Unverletzlichkeit der Wohnung (Art. 13 GG n. F.), JuS 1998, 506 ff.; *Schwabe, Jürgen,* Verfassungsmäßigkeit des Betretens und Durchsuchens von Wohnungen durch die Polizei, NVwZ 1993, 1173 f.

§ 28. Eigentums- und Erbrechtsgarantie (Art. 14 und 15 GG)

I. Schutzbereich der Eigentumsgarantie

1. Sachlicher Schutzbereich

Fall 74 *(BVerfGE 89, 1 ff.):* N wird zivilgerichtlich zur Räumung seiner an- **699** gemieteten Wohnung verurteilt, da der Eigentümer Eigenbedarf angemeldet hat. Unter Berufung auf Art. 14 Abs. 1 GG erhebt er Verfassungsbeschwerde. Ist diese zulässig?

700   **a) Instituts- und Rechtstellungsgarantie.** Die Eigentumsgarantie ist ein im Hinblick auf den Schutzbereich besonders
schwieriges Grundrecht. Das ergibt sich daraus, dass das Eigentum
in starkem Maße normgeprägt ist. Eigentumsfreiheit ist rechtlich
konstituierte Freiheit. Letztlich gibt es kein Eigentum ohne die
Rechtsordnung. Deshalb enthält Art. 14 Abs. 1 Satz 1 GG die Verpflichtung an den Gesetzgeber, Normen zu schaffen und bereitzuhalten, nach denen Eigentum im Sinne der Verfassung gebildet,
erworben, benutzt und veräußert werden kann sowie solche Normen in ausreichender Weise bestehen zu lassen. Insofern spricht
man von der **Institutsgarantie** des Eigentums.

701   Darüber hinaus enthält Art. 14 Abs. 1 Satz 1 GG auch eine
Rechtstellungsgarantie (auch „**Bestandsgarantie**" genannt).
Der Eigentümer darf seinen Eigentumsgegenstand erwerben, behalten, veräußern, nutzen oder nicht nutzen. Die öffentliche Gewalt ist verpflichtet, in Eigentumspositionen nur unter besonderen
Voraussetzungen einzugreifen. Art. 14 GG schützt das „Erworbene", in Abgrenzung zu Art. 12 Abs. 1 GG, der den „Erwerb"
schützt.

702   **b) Eigentumsbegriff.** (1) Keine Beschränkung auf den zivilrechtlichen Eigentumsbegriff. Der Eigentumsbegriff der Verfassung
ist mit dem Eigentumsbegriff des Zivilrechts nicht identisch.
Während im Zivilrecht Eigentum nur an körperlichen Sachen erworben werden kann, versteht man unter Eigentum im Sinne von
Art. 14 Abs. 1 GG ein konkretes vermögenswertes Recht. Hierbei
kann es sich um Eigentum i. S. d. BGB handeln. Geschützt werden
jedoch auch andere Positionen. Dies gilt vor allem, wenn sie privatrechtlich begründet worden sind. Der Eigentumsbegriff der
Verfassung ist wandelbar. Er ist in seiner geschichtlichen Entwicklung sukzessiv erweitert worden. Zum geschützten Eigentum gehört also beispielsweise:
  – Grundeigentum, aus dem auch die „Baufreiheit" abgeleitet wird,
  – Hypotheken, Grundschulden, Aktien,
  – Vorkaufsrechte, Urheberrechte, Patentrechte, Warenzeichen,
  – das Besitzrecht des Mieters (BVerfGE 89, 1/5 f.),
  – Forderungsrechte.

Problematisch ist der Schutz des **eingerichteten und ausge-** **703**
übten Gewerbebetriebes. Das BVerfG hat die Anwendbarkeit
des Art. 14 GG insoweit offen gelassen (BVerfGE 66, 116/145; 68,
193/222 f.). Es steht auf dem Standpunkt, dass der Schutz des Gewerbebetriebes nicht weiter geht als der Schutz, den die wirtschaftlichen Grundlagen des Gewerbebetriebes genießen (BVerfGE 58,
300/353). Da der BGH (BGHZ 23, 157/162) und das BVerwG
(BVerwGE 62, 224/226) das Recht als sonstiges Recht nach § 823
Abs. 1 BGB anerkennen, spricht viel dafür, dass es sich auch um
ein verfassungsrechtlich geschütztes Eigentumsobjekt handelt.

(2) Eigentum an öffentlich-rechtlichen Rechtspositionen. Zum **704**
Eigentum im verfassungsrechtlichen Sinne zählen auch öffentlich-
rechtlich geschützte Positionen. Hierfür gelten jedoch besondere
Voraussetzungen:

– Die vermögenswerte Rechtsposition muss **privatnützig zuge-**
  ordnet werden, es muss also Rechtsträgerschaft eines einzelnen
  vorliegen, nicht lediglich eine Aussicht oder Anwartschaft.
– Die Entstehung der Position muss auf **eigener Leistung** beruhen. Dies ist etwa bei der Sozialhilfe nicht der Fall.
– Die Position muss der **Existenzsicherung** des Rechtsinhabers
  zu dienen bestimmt sein.

Liegen diese Voraussetzungen vor, können auch sozialversiche- **705**
rungsrechtliche Ansprüche unter dem Schutz von Art. 14 Abs. 1
GG stehen. Geschützt sind also beispielsweise Ansprüche gegenüber der Rentenversicherung oder der Arbeitslosenversicherung
(BVerfGE 70, 101/110; 72, 9/18 f.; 75, 78/97; 94, 241 ff.). Geschützt ist auch der Anspruch auf Erstattung zuviel gezahlter Steuern (BVerfGE 70, 278/285).

(3) Kein Schutz des Vermögens als solches. Kein Eigentum i. S. d. **706**
Art. 14 Abs. 1 Satz 1 GG ist das Vermögen als solches (vgl. BVerf-
GE 91, 207/220). Durch die Auferlegung von öffentlich-rechtli-
chen Geldleistungspflichten kommt es deshalb nicht zu einem Ein-
griff in die Eigentumsgarantie. Etwas anderes soll nur dann gelten,
wenn eine Abgabe den Pflichtigen übermäßig belastet und seine
Vermögensverhältnisse grundlegend beeinträchtigt würden (siehe
BVerfGE 82, 159/190; diese Ausnahme ist nicht recht verständlich).

707   Ein Eingriff in Art. 14 Abs. 1 GG kann jedoch dann vorliegen, wenn der Umgang mit dem Eigentum steuerpflichtig ist. So wird etwa durch die Umsatzsteuerpflicht die Verfügung über Eigentumsgegenstände belastet. Damit wird der Umgang mit Eigentumsrechten beeinträchtigt.

708   **Lösung Fall 74:** Nach Auffassung des BVerfG ist die fachgerichtliche Entscheidung an Art. 14 Abs. 1 GG zu überprüfen. Das aus dem Mietvertrag folgende Besitzrecht des Mieters sei eine vermögenswerte Rechtsposition. Es sei dem Mieter privatnützig zugeordnet. Der Mieter ist auch zur Nutzung berechtigt (§§ 535 Satz 1, 536 BGB). Er habe unter Umständen auch Ansprüche auf die Unterlassung von Störungen (§§ 862 Abs. 1, 858 Abs. 1 BGB). Eine grundsätzliche Verfügungsbefugnis ist zwar nur im Rahmen von § 540 BGB gegeben, eine uneingeschränkte Verfügbarkeit sei jedoch auch nicht erforderlich. Die Verfassungsbeschwerde ist deshalb hinsichtlich einer möglichen Verletzung von Art. 14 GG zulässig.

2. Persönlicher Schutzbereich

709   **Fall 75:** Gemäß § 50 Abs. 1 Satz 1 TKG ist der Bund befugt, Verkehrswege für öffentlichen Zwecken dienende Telekommunikationslinien unentgeltlich zu benutzen. Dieses Recht überträgt der Bund gemäß § 50 Abs. 2 TKG auf Lizenznehmer im Bereich der Telekommunikation. Die Gemeinden erheben Verfassungsbeschwerde (Art. 93 Abs. 1 Nr. 4a GG) wegen Verstoß gegen Art. 14 Abs. 1 GG. Ist die Verfassungsbeschwerde zulässig?

710   Grundrechtsträger aus Art. 14 GG ist grundsätzlich jedermann, also jede natürliche Person bzw. jede juristische Person des Privatrechts oder eine andere Personenvereinigung. Ausländischen juristischen Personen und Personenvereinigungen steht das Grundrecht nicht zu. Juristische Personen des öffentlichen Rechts können sich auf das Grundrecht ebenfalls nicht berufen. Das gilt auch dann, wenn sie nach privatrechtlichen Vorschriften Eigentum erworben haben, das sie nicht für eine öffentliche Aufgabe einsetzen. Art. 14 GG schützt also nicht allgemein das „Privateigentum", sondern das „Eigentum Privater" (BVerfGE 61, 82/109). Auch Rundfunkanstalten oder Universitäten sind deshalb nicht Grundrechtsträger.

711   **Lösung Fall 75:** Die Verfassungsbeschwerde ist wegen fehlender Beteiligtenfähigkeit (§ 90 Abs. 1 BVerfGG) unzulässig. Zwar haben die Gemeinden auch an öffentlichen Verkehrswegen privates Eigentum. Sie sind jedoch insoweit nicht Grundrechtsträger, auch wenn sie zivilrechtliche Eigentümer der Grundstücke sind.

II. Eingriffe

1. Allgemeines

Ein Eingriff in die Eigentumsgarantie liegt dann vor, wenn eine   **712**
schutzfähige Position entzogen oder ihre Nutzung, Verfügung oder
Verwertung beschränkt wird. Dies kann durch imperative Regelungen geschehen, z. B. durch Genehmigungs- oder Steuerpflichten. Ein Eingriff kann aber auch dann vorliegen, wenn faktisch
oder mittelbar auf das Eigentum eingewirkt wird. So können etwa
Realakte zu einem Eingriff führen (z. B. durch Lärm oder sonstige
Immissionen). Ein Eingriff in Art. 14 Abs. 1 GG liegt auch dann
vor, wenn bei einem Altlastengrundstück der Eigentümer verpflichtet wird, eine Sanierung durchzuführen (BVerfGE 102, 1/15).

2. Inhalts- und Schrankenbestimmungen (Art. 14 Abs. 1 Satz 2 GG)

Fall 76 *(BVerfGE 58, 300 ff. – Naßauskiesung):* Nach § 1 a Abs. 3 WHG   **713**
n. F. berechtigt das private Grundeigentum nicht mehr zu Einwirkungen auf
das Wasser, die einer wasserrechtlichen Gestattung bedürfen. Bauunternehmer D wird die Erlaubnis zum Abbau von Kies unter Einwirkung auf das
Grundwasser versagt. Ist § 1 a WHG verfassungsgemäß?

Hinsichtlich imperativer Beeinträchtigungen des Eigentums wird   **714**
zwischen zwei Grundformen unterschieden. Auf der Grundlage
von Art. 14 Abs. 1 Satz 2 GG trifft der Gesetzgeber Inhalts- und
Schrankenbestimmungen. Art. 14 Abs. 3 GG berechtigt die öffentliche Hand zur Durchführung von Enteignungen.

Inhaltsbestimmung einerseits und Schrankenbestimmung andererseits sind nur schwer auseinanderzuhalten. Bestimmt der Gesetzgeber den Inhalt des Eigentums, legt er gleichzeitig auch seine
Schranken fest. Das BVerfG versteht daher unter einer „Inhaltsund Schrankenbestimmung" die generelle und abstrakte Festlegung
von Rechten und Pflichten durch den Gesetzgeber hinsichtlich
solcher Rechtsgüter, die als Eigentum zu verstehen sind (BVerfGE
72, 66/76). Das Problem, dass das Eigentum eine Schöpfung der
Rechtsordnung ist, spielt deshalb für die praktische Fallprüfung
keine Rolle. Beschränkungen der Eigentümerbefugnisse werden als

Eingriffe verstanden, auch wenn Rechte und Pflichten des Eigen-
tümers neu definiert werden. Beispiele für Inhalts- und Schrankenbestimmungen sind:

- Beschränkungen durch förmliche Gesetze, etwa durch Landes-
  bauordnungen oder die Immissionsschutzgesetze,
- Beschränkungen durch Bebauungspläne oder Rechtsverordnungen.

Gegebenenfalls können die normativ vorgezeichneten Grenzen
der Eigentümerbefugnisse durch Exekutivmaßnahmen (Verwaltungsakte) konkretisiert werden.

716   Eine Inhalts- und Schrankenbestimmung, die die Eigentümerbefugnisse über das zulässige Maß hinaus einschränkt, ist keine Enteignung, sondern bleibt eine Inhalts- und Schrankenbestimmung.
Auch der Entzug von bisher zulässigerweise ausgeübten Rechten
im Rahmen der Umgestaltung der Rechtslage stellt keine Enteignung dar (vgl. BVerfG, NJW 1998, 367 f.: Erlass einer Landschafts-
schutzverordnung, mit der ein bisher durchgeführter Kiesabbau
unterbunden wird).

717   **Lösung Fall 76:** § 1 a WHG enthält eine abstrakte und generelle Festlegung von Rechten und Pflichten. Es handelt sich also um eine Inhalts- und
Schrankenbestimmung. § 1 a WHG dient dem Umweltschutz. Das Wasser
wird wegen besonderer ökologischer Sensibilität besonders geschützt. Die Regelung ist geeignet, erforderlich und verhältnismäßig.

3. Enteignungen (Art. 14 Abs. 3 GG)

718   **Fall 77:** Die Pistole des Räubers R wird im Rahmen einer strafgerichtli-
chen Verurteilung eingezogen (§ 74 StGB). Ist er für den Verlust der Pistole zu
entschädigen?

719   Von den Inhalts- und Schrankenbestimmungen zu unterscheiden sind Enteignungen. Sie sind in Art. 14 Abs. 3 GG geregelt.
Eine Enteignung ist nach Auffassung der Rechtsprechung auf
die vollständige oder teilweise Entziehung konkreter subjektiver
Rechtspositionen i. S. v. Art. 14 Abs. 1 GG zur Erfüllung bestimmter öffentlicher Aufgaben gerichtet (so BVerfGE 70, 191/199 f., vgl.
zur Abgrenzung auch BVerfGE 102, 1/15 f.). Man spricht insoweit
auch vom **formalisierten Enteignungsbegriff.** Die Entziehung
der subjektiven Rechtsposition kann ganz oder teilweise gesche-

hen. Eine Enteignung liegt auch dann vor, wenn das Eigentum mit einem dinglichen Recht belastet wird.

Die Definition des BVerfG (sog. Entziehungsansatz) ist als ver- **720** unglückt anzusehen. Letztlich geht es bei der Enteignung nicht primär um die Entziehung, sondern um die Erfüllung von öffentlichen Aufgaben mittels des zu entziehenden Gegenstandes. Der Enteignungsbegriff ist also nicht wie vom BVerfG negativ, sondern positiv zu definieren. Eine Enteignung liegt deshalb vor, wenn es zu einem **Güterbeschaffungsvorgang** kommt.

Enteignungen sind schon nach dem Verfassungstext in zwei Va- **721** rianten denkbar. Zunächst kann die Enteignung unmittelbar durch Gesetz geschehen (sog. Legalenteignung). Weiterhin kann es aber auch zu einer Enteignung durch einen hoheitlichen Rechtsakt kommen, der in einem förmlichen Gesetz seine Grundlage hat (sog. Administrativenteignung).

Lösung Fall 77: Eine Entschädigungspflicht müsste dann vorgenommen **722** werden, wenn es sich um eine Enteignung nach Art. 14 Abs. 3 GG handelt. Eine Enteignung liegt jedoch nicht vor, sondern eine Inhalts- und Schrankenbestimmung. Es handelt sich nicht um einen staatlichen Güterbeschaffungsvorgang, die Einziehung der Pistole erfolgt nicht, damit der Staat sie Polizisten zur Verfügung stellt, sondern um weiteren Straftaten des R entgegenzuwirken. Die Einziehung ist deshalb auch ohne Entschädigung rechtmäßig.

III. Verfassungsrechtliche Rechtfertigung von Eingriffen

1. Beurteilung einer Inhalts- und Schrankenbestimmung

a) Übermaßverbot

Fall 78 *(BVerfGE 102, 1ff.):* Zur Erweiterung seines Betriebes kauft B das **723** Nachbargrundstück des N für 100 000 DM. N hatte dort lange Zeit Hutstoffe aus Kaninchenfellen hergestellt und ist mittlerweile insolvent. Wegen erheblicher Belastung des Grundstücks mit chlorierten Kohlenwasserstoffen ordnet die Umweltbehörde unter Berufung auf § 4 Abs. 3 S. 1 BBodSchG die Sanierung an und legt B die Kosten in Höhe von 200 000 DM auf. Das Grundstück sei nach der Sanierung 150 000 DM wert. Eine Existenzgefährdung des B trete nicht ein. Ist die Anordnung verfassungsmäßig?

Die Inhalts- und Schrankenbestimmungen müssen vor allem **724** dem Übermaßverbot genügen. Die beschränkenden Maßnahmen müssen also einen legitimen Zweck verfolgen, geeignet, erforderlich und verhältnismäßig sein. Eine besondere Direktive für die gesetzgeberische Ausgestaltung von Rechten und Pflichten aus dem Eigentum ist die Sozialpflichtigkeitsklausel des Art. 14 Abs. 2 GG. Hinsichtlich des Grundeigentums kann der Gesetzgeber wegen der Unvermehrbarkeit des Bodens öffentliche Interessen stärker zur Geltung bringen als bei anderen Gütern (vgl. BVerfGE 21, 73/82 f.). Andererseits ist bei der Abwägung eine besondere Bedeutung eines Eigentumsgegenstandes für den Eigentümer angemessen zu berücksichtigen. Die Schutzwürdigkeit des Eigentums hängt auch davon ab, inwieweit der Wert des Eigentums durch eigenen Arbeitseinsatz oder sonstige eigene Leistung bestimmt ist (vgl. BVerfGE 52, 1/32).

725   **Lösung Fall 78:** Allein wegen der Höhe der Sanierungskosten ist die Anordnung nicht rechtswidrig. Hier übersteigt der Kapitaleinsatz des B jedoch den Wert des Grundstücks nach Sanierung erheblich. Dies kann nur dann rechtmäßig sein, wenn besondere Umstände hinzutreten (Beispiel: B wusste von der Verseuchung oder er hat das Sanierungsrisiko bewusst in Kauf genommen).

b) Ausgleichspflichtige Inhalts- und Schrankenbestimmungen

726   **Fall 79** *(BGH, NJW 1994, 3283ff.):* K ist Eigentümer eines Grundstücks, welches durch eine Verordnung unter Naturschutz gestellt wird. Dem Antrag auf Genehmigung gewerblicher Nutzung wird nicht stattgegeben. K verlangt daraufhin unter Berufung auf § 75 Satz 1 NWLandschaftsG 775 000 DM Entschädigung. Nach § 75 Satz 1 NWLandschaftsG kann der Betroffene eine angemessene Entschädigung in Geld erhalten, wenn eine Maßnahme „enteignende Wirkung" hat.

727   In jedem Fall ist der Gesetzgeber verpflichtet, einen gerechten Ausgleich zwischen den öffentlichen und den privaten Interessen herzustellen. Unter Umständen ist die Verhältnismäßigkeit einer Maßnahme nur dann gewahrt, wenn der Eigentümer in Geld entschädigt wird. Man spricht daher von einer **ausgleichspflichtigen Inhalts- und Schrankenbestimmung.** Es handelt sich insoweit nicht um eine Enteignungsentschädigung nach Art. 14 Abs. 3 GG. Die Rechtswegzuweisung des Art. 14 Abs. 3 Satz 4 GG gilt deshalb nicht.

728   **Lösung Fall 79:** Die Terminologie des NWLandschaftsG beruht noch auf der alten, vom BGH geprägten Terminologie über den materiellen Enteig-

nungsbegriff (dazu näher unten § 28 III 5). Eingriffe in bereits verwirklichte
Nutzungen oder der Ausschluss von Nutzungsmöglichkeiten sind keine Enteignungen i. S. v. Art. 14 Abs. 3 GG. Es handelt sich vielmehr um Inhalts- und
Schrankenbestimmungen nach Art. 14 Abs. 1 Satz 2 GG. Insofern liegt eine
ausgleichspflichtige Inhalts- und Schrankenbestimmung vor. Soweit es zu einer
unzumutbaren Belastung kommt, ist deshalb ein Geldausgleich zu leisten. Dies
ist u. a. nach der Schwere des Eingriffs bzw. danach zu entscheiden, ob dem
Grundstückseigentümer ein „Sonderopfer" auferlegt wird (vgl. im Einzelnen
BGH, NJW 1993, 2095 ff., BVerfG, NJW 1998, 367 ff.). Siehe auch § 28
III 5. In neuerer Zeit hat das BVerfG ergänzend klargestellt, dass dem Grunde
nach bereits die Verwaltung über einen entsprechenden Entschädigungsan-
spruch entscheiden muss. Der Gesetzgeber muss die normativen Voraussetzungen hierfür schaffen (BVerfGE 100, 226 ff.).

2. Rechtmäßigkeit einer Enteignung

a) Anforderungen an das enteignende Gesetz. (1) Wohl **729**
der Allgemeinheit. Erste Voraussetzung an ein enteignendes oder
zu einer Enteignung ermächtigendes Gesetz ist es, dass die Enteignung nur zum Wohl der Allgemeinheit zulässig sein darf. Mit der
Enteignung muss ein konkretisierter öffentlicher Zweck verfolgt
werden. Fiskalische Interessen genügen nicht (BVerfGE 38, 175/
180). Unter Umständen kann die Enteignung auch zugunsten eines
privaten Vorhabenträgers vorgenommen werden. Der Gesetzgeber
muss dann aber sicherstellen, dass der im Allgemeininteresse liegende Zweck der Maßnahme erreicht und dauerhaft gesichert wird
(BVerfGE 74, 264/286 ff.).

Eingriffe im Wege der Enteignung stehen unter der strikten **730**
Geltung des Übermaßverbotes. Die Enteignung muss zum Wohl
der Allgemeinheit objektiv erforderlich, also unumgänglich sein
(BVerfGE 38, 175/180). Es darf kein milderes Mittel zur Erreichung des Zwecks geben. Reicht eine Teilbelastung aus, ist ein
vollständiger Entzug unzulässig.

(2) Junktimklausel. Das der Enteignung zugrunde liegende Ge- **731**
setz muss weiterhin der Junktimklausel des Art. 14 Abs. 3 Satz 2
GG entsprechen. Dies bedeutet, dass das förmliche Gesetz, das die
Enteignung vornimmt oder als Grundlage dazu dient, Art und
Ausmaß der Entschädigung regeln muss. Ansonsten ist das Enteig-
nungsgesetz nichtig (BVerfGE 58, 300/319). Dadurch wird der
Gesetzgeber dazu gezwungen, sich darüber Rechenschaft zu geben,

ob der zu regelnde Sachverhalt einen Enteignungstatbestand darstellt und dass in diesem Fall Entschädigung geleistet werden muss, die die öffentlichen Haushalte belastet (BVerfGE 46, 268/287). Ohne entsprechende gesetzliche Entschädigungsregelung hat ein betroffener Eigentümer keinen Anspruch auf Entschädigung. Er muss gegen den ihn belastenden Hoheitsakt vorgehen (Vorrang des Primärrechtsschutzes).

732   Eine sog. **salvatorische Entschädigungsklausel,** also eine Klausel, die allgemein für den Fall einer Enteignung Entschädigung zuspricht, ist unzulässig (BVerwGE 84, 361/364 ff.; anders bei ausgleichspflichtigen Inhalts- und Schrankenbestimmungen). Hingegen darf auf ein allgemeines Enteignungsgesetz verwiesen werden, in dem die Entschädigung für Enteignungen allgemein geregelt ist (BVerfGE 56, 249/264). In dem Gesetz muss Art und Höhe der Entschädigung geregelt sein.

733   Hinsichtlich der Art der Entschädigung kommt vor allem eine Geldentschädigung in Betracht, jedoch auch die Stellung von Ersatzgegenständen. Die Höhe der Entschädigung ist nach Art. 14 Abs. 2 Satz 3 GG unter gerechter Abwägung der Interessen der Allgemeinheit und der Beteiligten festzulegen. In der Regel ist eine Entschädigung zum Verkehrswert geboten. Der Gesetzgeber kann von diesem Grundsatz abweichen, wenn dies einer sachgerechten Interessenabwägung entspricht. Wichtig ist dies etwa für die Berücksichtigung von Bodenwertsteigerungen aufgrund von öffentlicher Planung.

b) Legal- und Administrativenteignung

734   **Fall 80** *(BVerfGE 24, 367 ff. – Hamburger Deichordnungsfall):* Nach der Flutkatastrophe des Jahres 1962 überführt das Land Hamburg alle Deichgrundstücke per Gesetz in öffentliches Eigentum. Damit erlischt das Eigentum einer Reihe von privaten Grundstückseigentümern. War die Legalenteignung zulässig?

735   Art. 14 Abs. 3 Satz 1 GG sieht sowohl die Legal- als auch die Administrativenteignung vor. Zwischen der Legalenteignung und der Administrativenteignung hat der Gesetzgeber gleichwohl nicht die freie Wahl. Nach Auffassung des BVerfG folgt aus den Grundrechten selbst ein Anspruch auf effektiven Rechtsschutz (BVerfGE 24, 367/401; 51, 150/156). Soweit eine Legalenteignung vorliegt,

ist der Rechtsschutz des Bürgers jedoch weitestgehend verkürzt. Er kann sich lediglich im Wege der Verfassungsbeschwerde an das Landesverfassungsgericht (bei Landesgesetzen) bzw. das Bundesverfassungsgericht wenden. Der verwaltungsgerichtliche Rechtsschutz ist ausgeschlossen, da kein Akt öffentlicher Gewalt i. S. v. Artikel 19 Abs. 4 Satz 1 GG vorliegt. Bei der Administrativenteignung hingegen ergeht ein Verwaltungsakt, der vor den Verwaltungsgerichten angefochten werden kann (§ 40 Abs. 1 Satz 1 VwGO). Nach Erschöpfung des Rechtsweges verbleibt dem Grundrechtsträger immer noch die Möglichkeit der Erhebung einer Verfassungsbeschwerde.

Die Legalenteignung bedarf wegen der Verkürzung des Rechts-   **736** schutzes der besonderen Rechtfertigung. Sie ist nur in Ausnahmefällen zulässig. Ein solcher Ausnahmefall ist vor allem dann anzuerkennen, wenn eine Enteignung besonders schnell und effektiv durchgeführt werden muss. Beispiele:

– Überführung der Deichgrundstücke in öffentliches Eigentum nach einer Flutkatastrophe (BVerfGE 24, 367 ff.).
– Verfahrensbeschleunigung zur Schaffung wichtiger Verkehrswege zur Schaffung der Deutschen Einheit (BVerfGE 95, 1 ff.).

Lösung Fall 80: Die Überführung des privaten in öffentliches Eigentum   **737** griff in die Grundrechte der Grundstückseigentümer ein. Es handelt sich um einen typischen Güterbeschaffungsvorgang und damit um eine Enteignung. Ein Verstoß gegen Art. 19 Abs. 1 Satz 1 GG (Verbot des Einzelfallgesetzes) lag nicht vor, denn Art. 14 Abs. 3 Satz 2 GG lässt eine Enteignung unmittelbar durch Gesetz ausdrücklich zu. Der Gesetzgeber ist allerdings grundsätzlich verpflichtet, zum Mittel der Administrativenteignung zu greifen, um den Rechtsschutz nicht zu verkürzen. Ausnahmsweise kann er jedoch hiervon abweichen. Ein solcher Ausnahmefall lag vor. Die Flutkatastrophe von 1962 hatte eine außergewöhnliche Situation geschaffen. Es musste sofort ein ausreichendes Deichsystem aufgebaut werden. Einzelenteignungen hätten durch die zu erwartenden Prozesse zu nicht hinnehmbaren Verzögerungen geführt. Die Legalenteignung war deshalb zulässig.

3. Anforderungen an den Exekutivakt

Soweit eine Administrativenteignung vorliegt, muss der Enteig-   **738** nungsbeschluss selbst dem Übermaßverbot genügen. Vor Erlass des Verwaltungsaktes ist noch einmal zu prüfen, ob als ultima ratio eine Enteignung notwendig und verhältnismäßig ist.

4. Besonderheiten beim Rechtsschutz

739 Gegen (gesetzliche) Inhalts- und Schrankenbestimmungen und Legalenteignungen ist grundsätzlich kein Rechtsweg gegeben. Als außerordentlicher Rechtsbehelf steht die Verfassungsbeschwerde (Art. 93 Abs. 1 Nr. 4a GG bzw. bei Landesgesetzen Verfassungsbeschwerde nach Landesverfassungsrecht) zur Verfügung. Die zur Konkretisierung der inhalts- und schrankenbestimmenden Gesetze dienenden Verwaltungsakte sowie die Enteignungsakte können vor dem Verwaltungsgericht angefochten werden. Es handelt sich um öffentlich-rechtliche Streitigkeiten i. S. v. § 40 Abs. 1 Satz 1 VwGO.

740 Eine Sonderregelung enthält Art. 14 Abs. 3 Satz 4 GG für die Höhe der Entschädigung. Hier eröffnet das Grundgesetz den Rechtsweg zu den ordentlichen Gerichten. Diese Verfassungsbestimmung ist eigentlich überholt, jedoch als geltendes Recht verbindlich.

5. Rückübertragungsanspruch

741 Soweit der Enteignungszweck nach Durchführung der Enteignung entfallen ist, hat der frühere Eigentümer einen Anspruch auf Rückübertragung (fälschlich als Rückübereignung bezeichnet, siehe BVerfGE 38, 175/180 f.). Der Rückübertragungsanspruch besteht nicht, wenn das enteignete Grundstück erheblich verändert worden ist (BVerwG, NVwZ 1987, 49). Der Anspruch besteht nur dann, wenn die Enteignung unter der Geltung des Grundgesetzes angeordnet und vollzogen worden ist, hinsichtlich in der früheren DDR enteigneten Eigentums gibt es deshalb keinen Rückübertragungsanspruch (BVerfG, NJW 1998, 1697 f.).

6. Enteignender und enteignungsgleicher Eingriff

742 **Fall 81:** Ein Panzer der Bundeswehr rammt durch Unachtsamkeit des Fahrers bei einem Manöver die Scheune des Bauern B. Hat Bauer B einen Anspruch auf Entschädigung aus Art. 14 Abs. 3 GG?

743 Aufgrund von Maßnahmen der öffentlichen Hand können Ansprüche aus enteignendem und enteignungsgleichem Eingriff entstehen. **Enteignender** und **enteignungsgleicher Eingriff** sind ursprünglich richterrechtlich aus Art. 14 GG entwickelt worden. Sie haben jedoch mittlerweile mit einer Enteignung i. S. v. Art. 14 Abs. 3 GG nichts mehr zu tun (seit BVerfGE 58, 300 ff.). Heute handelt es sich um Rechtsinstitute des einfachen Rechts, die gewohnheitsrechtlich anerkannt sind. Bezug genommen wird insoweit auch auf §§ 74, 75 Einl. ALR (Art. 74 Einl. ALR lautete: „Einzelne Rechte und Vortheile der Mitglieder des Staats müssen den Rechten und Pflichten zur Beförderung des gemeinschaftlichen Wohls, wenn zwischen beiden ein wirklicher Widerspruch (Collision) eintritt, nachstehn". Art. 75 Einl. ALR lautete: „Dagegen ist der Staat denjenigen, welcher seine besonderen Rechte und Vortheile dem Wohl des gemeinen Wesens aufzuopfern genötigt wird, zu entschädigen gehalten.“). Der Anspruch aus **enteignendem Eingriff** setzt Folgendes voraus:

(1) Atypische oder nicht vorhergesehene Nebenfolge einer rechtmäßigen Maßnahme.
(2) Beeinträchtigung einer Eigentumsposition nach Art. 14 GG.
(3) Eine Überschreitung der Opfergrenze bzw. die Auferlegung eines Sonderopfers (BGHZ 129, 124/134).

Soweit ein rechtswidriger Eingriff der öffentlichen Hand in **744** Art. 14 GG vorliegt, kommt ein Anspruch aus **enteignungsgleichem Eingriff** in Betracht. Dieser Anspruch setzt voraus:

(1) Eine hoheitliche Maßnahme, die aus einem positiven Handeln oder einem qualifizierten Unterlassen besteht und die kein förmliches Gesetz darstellt.
(2) Rechtswidrigkeit der Maßnahme (bedingt zwingend Überschreitung der Opfergrenze).
(3) Beeinträchtigung einer Eigentumsposition nach Art. 14 GG.
(4) Beeinträchtigung konnte nicht durch ein zumutbares Rechtsmittel abgewendet werden.

Lösung Fall 81: Ursprünglich wurde ein Anspruch in analoger Anwendung **745** von Art. 14 Abs. 3 GG vom BGH angenommen (Anspruch aus enteignungsgleichem Eingriff). Dies ist mittlerweile aufgegeben worden. Der Anspruch aus enteignungsgleichem Eingriff besteht jedoch als Institut des einfachen Staatshaftungsrechts fort. Er findet heute seine gewohnheitsrechtliche Grundlage in §§ 74, 75 Einl. ALR. Bauer B ist deshalb nach Enteignungsgrundsätzen zu entschädigen.

7. Überführung in Gemeinwirtschaft (Art. 15 GG)

746   Das Grundgesetz ist wirtschaftspolitisch nicht auf die sog. soziale Marktwirtschaft festgelegt. An verschiedenen Stellen finden sich Elemente, nach denen auch eine andere Wirtschaftsordnung verwirklicht werden könnte. Hierzu gehört Art. 15 GG. Er erlaubt es, bestimmte Güter in die Gemeinwirtschaft zu überführen. Ziel ist die Vergesellschaftung. Die Güter bzw. ihre Nutzung sollen nicht mehr dem individuellen Nutzen des Eigentumes dienen, sondern der Verfolgung von Gemeinwohlzielen. Die Vergesellschaftung ist nicht an die Voraussetzung des Art. 14 Abs. 3 GG gebunden. Sie muss jedoch auch durch Gesetz erfolgen und eine Entschädigungsregelung enthalten. Bei der Entschädigung muss ein gerechter Ausgleich von öffentlichen und privaten Interessen angestrebt werden. Eine Entschädigung zum Verkehrswert ist nicht erforderlich, da ansonsten eine Vergesellschaftung praktisch sinnlos wäre.

IV. Erbrechtsgarantie

747   **Fall 82** *(BVerfG 91, 341 ff.):* Nach zivilrechtlichen Bestimmungen können schreib- und sprechunfähige Personen kein Testament errichten. Ist dies mit Art. 14 GG vereinbar?

748   Art. 14 GG enthält neben der Eigentums- die Erbrechtsgarantie. Auch hierbei handelt es sich um eine Institutsgarantie. Die Erbrechtsgarantie ergänzt die Eigentumsgarantie und bildet zusammen mit dieser die Grundlage für die im Grundgesetz vorgesehene private Vermögensordnung (BVerfG, NJW 1975, 2977/2977). Der Gesetzgeber ist verpflichtet, erbrechtliche Normen zur Verfügung zu stellen, die dem bürgerlich-rechtlichen Bild des Erbrechts entsprechen. Die Privaterbfolge ist damit von Verfassungs wegen anerkannt (BVerfGE 67, 329/340). Gleichzeitig enthält Art. 14 GG eine Rechtstellungsgarantie für Erblasser und Erben.

749   Vom Schutzbereich her umfasst das Erbrecht zunächst die **Testierfreiheit,** also das Recht, die einer Person gehörenden Vermögensgegenstände bestimmten Personen zu vererben. Daneben schützt es auch das Recht des Erben, mit den ererbten Gegenständen als Eigentümer zu verfahren (BVerfGE 91, 346/360).

Das Erbrecht kann durch imperative oder durch faktische Re- **750**
gelungen beeinträchtigt werden. Abgaben, die auf einen Erbvor-
gang erhoben werden, werden dann als Eingriff angesehen, wenn
sie konfiskatorisch wirken oder doch von erheblichem Gewicht
sind (BVerfGE 63, 312/327). Insofern gelten die gleichen Grundsätze wie beim Eigentum.

Inhalt und Schranken des Erbrechts sind vom Gesetzgeber zu **751**
bestimmen. Der Gesetzgeber ist an das Übermaßverbot gebunden.
Er hat jedoch einen erheblichen Gestaltungsspielraum (BVerfGE
67, 329/341; 93, 165/174).

Lösung Fall 82: Die zivilrechtlichen Bestimmungen greifen in die Testier- **752**
freiheit der schreib- und sprechunfähigen Personen ein, die von der Erbrechtsgarantie des Art. 14 Abs. 1 GG geschützt ist. Zulässig ist es, dass der Gesetzgeber nur solchen Personen Testierfähigkeit zuerkennt, die einen selbstbestimm-
ten Willen artikulieren können. Soweit eine schreib- und sprechunfähige
Person sich jedoch durch Zeichen verständigen kann, ist ein Ausschluss von
der Testierfähigkeit ein unverhältnismäßiger Grundrechtseingriff.

Literatur zu § 28: *Burgi, Martin,* Die Enteignung durch „teilweisen" Rechts- **753**
entzug als Prüfstein für die Eigentumsdogmatik, NVwZ 1994, 527 ff.; *Osterloh,*
Lerke, Eigentumsschutz, Sozialbindung und Enteignung bei der Nutzung von
Boden und Umwelt, DVBl. 1991, 906 ff.; *Pabst, Heinz-Joachim,* Vererben und
Verschenken aus grundrechtlicher Sicht, JuS 2001, 1145 ff.; *Roller, Gerhard,*
Enteignung, ausgleichspflichtige Inhaltsbestimmung und salvatorische Klauseln,
NJW 2001, 1003 ff.; *Schoch, Friedrich,* Die Eigentumsgarantie des Art. 14 GG,
Jura 1989, 113 ff.

§ 29. Schutz vor Ausbürgerung und Auslieferung (Art. 16 GG)

Fall 83 *(BVerfG, NJW 1990, 2193):* B wurde 1945 als Kind deutscher El- **754**
tern in Unterfranken geboren. 1979 erhielt er antragsgemäß die Staatsbürger-
schaft der USA. 1989 wurde er wegen sexuellen Missbrauchs Minderjähriger
in den USA zu 13 Jahren Freiheitsstrafe verurteilt. Die Restfreiheitsstrafe wurde
zur Bewährung ausgesetzt. Nach dem Verstoß gegen Bewährungsauflagen
wurde die Strafaussetzung aufgehoben. Die USA verlangte daraufhin die Auslieferung des B von der Bundesrepublik Deutschland. Darf B an die USA ausgeliefert werden?

I. Schutzbereich

755   Art. 16 Abs. 1 GG schützt die deutsche Staatsangehörigkeit. Grundrechtsträger sind nur Deutsche mit deutscher Staatsangehörigkeit, nicht Deutsche aufgrund deutscher Volkszugehörigkeit (siehe zu dieser Unterscheidung Art. 116 Abs. 1 GG). Der Erwerb der deutschen Staatsangehörigkeit vollzieht sich nach den Regeln des einfachen Rechts (siehe das Staatsangehörigkeitsgesetz – StAG – vom 22. Juli 1913, RGBl. S. 583). Wer demgemäß die deutsche Staatsangehörigkeit hat, steht unter dem Schutz des Art. 16 Abs. 1 GG. Dies gilt auch für Personen, die neben ihrer deutschen Staatsangehörigkeit noch eine weitere Staatsangehörigkeit besitzen.

II. Eingriff

756   In das Grundrecht wird durch jede Maßnahme eingegriffen, die den Verlust der deutschen Staatsangehörigkeit bewirkt. Der Eingriff kann durch Einzelakt, durch Sammelverfügung oder durch Gesetz geschehen. Soweit eine Einbürgerung, die rechtmäßig erfolgt ist, nach § 49 VwVfG widerrufen werden soll, liegt ebenfalls ein Eingriff in das Grundrecht vor.

757   Umstritten ist die Behandlung der Aufhebung einer rechtswidrigen Einbürgerung (Rücknahme der Einbürgerungsentscheidung). Insofern liegt kein Eingriff in das Grundrecht vor. Art. 16 Abs. 1 GG bezweckt nicht den Schutz fehlerhafter Einbürgerungen.

III. Verfassungsrechtliche Rechtfertigung von Eingriffen

758   Hinsichtlich der verfassungsrechtlichen Rechtfertigung von Eingriffen enthält Art. 16 Abs. 1 GG eine sehr unübersichtliche und wohl widersprüchliche Regelung. Die **Entziehung** der Staatsangehörigkeit ist immer unzulässig (Abs. 1 Satz 1). Auf gesetzlicher Grundlage kann hingegen der **Verlust** der Staatsangehörigkeit angeordnet werden. **Gegen den Willen** des Betroffenen darf ein Verlust nur dann eintreten, wenn der Betroffene nicht staatenlos wird (Art. 16 Abs. 1 Satz 2 GG). Entscheidend für die Rechtfertigung eines Eingriffs ist deshalb die Unterscheidung von Entziehung und Verlust. Nach verbreiteter Auffassung ist Entziehung die durch einseitigen Staatsakt gegen oder ohne den Willen des Betroffenen erfolgte Wegnahme der Staatsangehörigkeit (vgl. *Kimminich*, BK Art. 16 Rdnr. 34). Die Entziehung kennzeichne sich dadurch, dass es zu einem unvermeidbaren Verlust der Staatsangehörigkeit komme, die der Betroffene nicht beeinflussen könne (BVerfG, NJW 1990, 2193; NVwZ 2001, 1393). Eine andere Auffassung möchte darauf abstellen, ob eine einzelaktmäßige oder allgemeinverfügungsartige Zwangsausbürgerung vorliegt. Dann liege eine Entziehung vor, die unzulässig sei (*Kokott*, in: Sachs, Art. 16 Rdnr. 14). Beide Auffassungen sind erheblichen Einwänden ausgesetzt. Die Definition der Entziehung mit dem Merkmal „ohne oder gegen den Willen" führt zu einem Widerspruch mit Art. 16 Abs. 1 Satz 2 GG, da dort der Verlust der Staatsangehörigkeit gegen den Willen des Betroffenen zugelassen wird. Entscheidend auf die Rechtsform abzustellen verbietet sich deshalb, weil der Staat im weiten Umfang die Rechtsform seines Handelns selbst bestimmen kann. Deshalb ist das Grundrecht im Wesentlichen historisch zu interpretieren. Zulässig sind solche Verlusttatbestände, die traditionell anerkannt sind, etwa der Verlust der deutschen Staatsangehörigkeit aufgrund der Annahme einer ausländischen Staatsangehörigkeit. Als weiteres Kriterium ist auf die Vermeidbarkeit abzustellen. Soweit der Staatsangehörige durch eigenes Verhalten die Ausbürgerung verhindern kann, spricht dies gegen den Tatbestand der Entziehung.

759 Der Verlust der Staatsangehörigkeit darf auch durch Gesetz angeordnet werden. Insofern handelt es sich in Art. 16 Abs. 1 Satz 2 GG um ein Redaktionsversehen, als dort der Eindruck erweckt wird, der Verlust dürfe nur aufgrund eines Gesetzes, also durch Verwaltungsakt, geschehen.

IV. Schutz vor Auslieferung (Art. 16 Abs. 2 GG)

760 Unter einer Auslieferung versteht man die zwangsweise Entfernung aus dem Hoheitsbereich der Bundesrepublik Deutschland, verbunden mit der Überführung in den Bereich einer ausländischen Macht auf deren Ersuchen. Keine Auslieferung ist die Ausweisung als das ohne Ersuchen eines ausländischen Staates ergehende Gebot, die Bundesrepublik Deutschland zu verlassen oder die Abschiebung als Vollzug der Ausweisung. Insoweit ist das Grundrecht der Freizügigkeit einschlägig. Grundrechtsträger sind nur Deutsche, und zwar sowohl Deutsche mit deutscher Staatsangehörigkeit als auch Volksdeutsche (siehe Art. 116 Abs. 1 GG).

761 **Lösung Fall 83:** Die Auslieferung verstößt gegen Art. 16 Abs. 2 GG, wenn B Deutscher ist. Die deutsche Staatsangehörigkeit könnte B gemäß § 25 Abs. 1 StAG verloren haben. Die Voraussetzungen von § 25 Abs. 1 StAG liegen vor. Die Vorschrift müsste ihrerseits jedoch mit Art. 16 Abs. 1 GG vereinbar sein. Ein Entzug der deutschen Staatsangehörigkeit liegt nicht vor. Die Annahme einer fremden Staatsangehörigkeit auf eigenen Antrag ist ein traditioneller Verlustgrund für die deutsche Staatsangehörigkeit. Der Verlust war auch vermeidbar, da die US-Staatsangehörigkeit von B selbst beantragt worden ist. B kann deshalb an die USA ausgeliefert werden.

762 **Literatur zu § 29:** *Lübbe-Wolff, Gertrude,* Entziehung und Verlust der deutschen Staatsangehörigkeit – Art. 16 I GG, Jura 1996, 57 ff.

§ 30. Asylrecht (Art. 16 a GG)

I. Überblick

763 **Fall 84:** Der verfassungsändernde Gesetzgeber hebt Art. 16 a GG auf und schafft das Asylrecht ab. Ist die Änderung verfassungsmäßig?

764 Das Grundgesetz in der Fassung von 1949 enthielt in Art. 16 Abs. 2 Satz 2 die Garantie: „Politisch Verfolgte genießen Asylrecht". Dieses subjektive Recht auf Asyl stand unter keinem Gesetzesvorbehalt. Es wurde von den Vätern und Müttern der Verfassung mit bewusst weitem Inhalt gewährt. Damit wurde auf die Erfahrungen im Dritten Reich reagiert. Viele Mitglieder des parlamentarischen Rates waren selbst nur durch Asylgewährung der Verfolgung durch das Hitlerregime entkommen. Zudem sollte eine historische Schuld mit abgetragen werden, die für Deutschland im Dritten Reich durch die Verfolgung von Juden und politisch Andersdenkenden entstanden war.

Das Asylrecht stand jedoch von vornherein unter Verfahrens- **765** vorbehalt. Nötig war ein konstitutiver Anerkennungsakt, d.h. Grundrechtsträger war derjenige, dessen Asylanspruch anerkannt worden war. Bis zur rechtskräftigen Entscheidung über das Asylgesuch bestand jedoch ein vorläufiges Bleiberecht mit einem regelmäßigen Abschiebungsverbot.

Die großzügige verfassungsrechtliche Gewährleistung und die **766** weltweiten Flüchtlingsströme führten in den ersten vier Jahrzehnten der Geltung des Grundgesetzes zu einem starken Ansteigen der Asylbewerberzahlen. Der Gesetzgeber reagierte durch eine Änderung der Verfassung durch Gesetz vom 28. 6. 1993 (BGBl. I S. 1002). Zwar wurde grundsätzlich daran festgehalten, dass jeder politisch Verfolgte in der Bundesrepublik Asyl erhalten können soll (Art. 16a Abs. 1 GG). In Abs. 2–4 folgen dann jedoch weitgehende Einschränkungen, die die weite Gewährleistung des Abs. 1 in vielen Punkten relativieren. Die Verfassung behält zwar die Vorstellung bei, dass ein Eingriff in den sachlichen Schutzbereich des Asylgrundrechts nicht zulässig ist. Stattdessen wird das Grundrecht von innen heraus beschränkt, indem größeren Personengruppen die Berufung auf das Asylrecht versagt wird. So wird das Asylrecht ausgeschlossen für Personen, die aus den europäischen Gemeinschaften oder einem anderen sicheren Drittstaat in die Bundesrepublik eingereist sind (Art. 16a Abs. 2 und Abs. 3 GG). Zudem wird es verfahrensrechtlich erleichtert, Asylbewerber vom Hoheitsgebiet der Bundesrepublik Deutschland zu entfernen. Diesem Zweck dienen die Regelungen des Art. 16a Abs. 2 Satz 3 und des Abs. 4 GG. Abs. 5 stellt schließlich das gesamte Asylrecht unter Völkervertragsvorbehalt. Angestrebt und zugelassen ist eine Europäisierung des Asylrechts. Dadurch ist es möglich, dass für Asylbewerber im Bereich der europäischen Gemeinschaften und auch im Bereich von Drittstaaten nur einmal über die Gewährung von Asyl entschieden wird und diese Entscheidung für alle Vertragsstaaten verbindlich ist.

Lösung Fall 84: Prüfungsmaßstab ist Art. 79 Abs. 3 GG. Danach ist das **767** Asylrecht einer Änderung oder Aufhebung nicht entzogen. Das Asylgrundrecht gehört auch nicht zum Gewährleistungsgehalt des Art. 1 Abs. 1 GG. Die Verfassungsänderung ist deshalb verfassungsmäßig (BVerfGE 94, 49/103 f.).

II. Die politische Verfolgung

768   **Fall 85** *(BVerfGE 81, 142 ff.)*: K war aktives Mitglied einer terroristischen Vereinigung in der Türkei, die sich für einen unabhängigen kurdischen Staat einsetzt. Zur Fortsetzung seiner terroristischen Aktivitäten ohne polizeilichen Verfolgungsdruck begibt er sich in die Bundesrepublik Deutschland. Hat K Anspruch auf Asyl?

769   Zum Begriff der politischen Verfolgung hat sich bereits zur alten Rechtslage eine umfangreiche Kasuistik entwickelt. Beide Begriffsbestandteile, also sowohl der Begriff der „Verfolgung" als auch der Begriff „politisch" lassen eine Fülle von Interpretationsproblemen entstehen.

1. Der Begriff „Verfolgung"

770   Auf das Asylrecht kann sich zunächst nur der berufen, der verfolgt wird. Der Begriff der Verfolgung wird eng interpretiert. Ein Eingriff in Rechte, der nach der Verfassungsordnung der Bundesrepublik Deutschland unzulässig wäre, reicht noch nicht aus, um von einer Verfolgung auszugehen. Erforderlich ist vielmehr, dass die Maßnahmen nach Art, Schwere und Intensität die Menschenwürde verletzen. Die Beeinträchtigung muss zudem über das hinausgehen, was die Bewohner des Heimatstaates aufgrund des dort herrschenden Systems allgemein hinzunehmen haben (BVerfGE 54, 341/357). Folgende Sachverhalte werden u. a. als Verfolgung i. S. v. Art. 16 a Abs. 1 GG anerkannt:
  − Nicht ganz unerhebliche Eingriffe in das Leben und die körperliche Unversehrtheit,
  − Beeinträchtigung des sog. religiösen Existenzminimums, also der Möglichkeit, sich jedenfalls im häuslich-privaten Bereich und dem nachbarschaftlich-kommunikativen Bereich zu seiner Religion zu bekennen,
  − Beseitigung des wirtschaftlichen Existenzminimums durch Eingriff in vermögenswerte Rechtsgüter.
  Keine Verfolgung liegt in folgenden Fällen vor:
  − Folgen von Armut, Hunger, Naturkatastrophen,
  − allgemeine Folgen von Unruhen, Revolutionen und Bürgerkriegen,

– drohende Todesstrafe oder Folter aus nichtpolitischen Gründen
(bei drohender Todesstrafe oder Folter darf allerdings nicht abgeschoben werden).

2. Der Begriff „politisch"

Des Weiteren ist nötig, dass derjenige, der Asyl begehrt, politisch verfolgt wird. Eine politische Verfolgung liegt nur dann vor,
wenn die Verfolgung an bestimmte asylrelevante Merkmale anknüpft. Diese Merkmale sind: Rasse, Religion, Nationalität, Zuge-
hörigkeit zu einer sozialen Gruppe oder politische Überzeugung.
Zur politischen Überzeugung gehört nicht nur die politische Ge-
sinnung als solche, sondern auch ihre Bekundung und ihre grundsätzlich gewaltfreie Betätigung (BVerfGE 81, 142/152 f.). Die
Merkmale werden in Anlehnung an die sog. Genfer Flüchtlingskonvention (GFK) herangezogen. Darüber hinaus können auch
andere irreversible bzw. wesensimmanente Merkmale relevant sein.
Politische Verfolgung ist deshalb auch anerkannt worden in folgende Fällen:

– Verfolgung wegen Homosexualität (BVerwGE 79, 143/146 f.),
– Verfolgung wegen Heirat eines Menschen mit einer anderen
Religion,
– Zwangsbeschneidung Wehrpflichtiger (BVerwGE 89, 162).

Politische Verfolgung wird im Grundsatz nur dann anerkannt,
wenn der Staat als Verfolger auftritt (BVerfGE 9, 174/180). Staatliche Verfolgung kann aber auch darin bestehen, dass Verfolgungs-
handlungen durch Dritte dem Staat zuzurechnen sind. Zurechen-
bar ist eine Verfolgungshandlung dann, wenn der Staat Einzelne
oder Gruppen zu Verfolgungsmaßnahmen anregt, derartige Handlungen unterstützt oder tatenlos hinnimmt und damit den Betroffenen den erforderlichen Schutz versagt, da er hierzu nicht willens
oder nicht in der Lage ist (BVerfGE 54, 341/358). Ist der Staat
hingegen prinzipiell und auf Dauer nicht zur Verhinderung von
Übergriffen in der Lage, ist also das staatliche Gewaltmonopol auf
Dauer aufgehoben, liegt keine staatliche Verfolgung vor. Konnte
hingegen eine Bevölkerungsgruppe eine selbständige Herrschafts-
ordnung etablieren und übt sie somit eine staatsähnliche Herr-

771

772

schaftsgewalt aus, so liegt eine quasistaatliche Verfolgung vor, die der staatlichen Verfolgung gleichgestellt ist (BVerwG, NVwZ 1986, 760).

3. Nachfluchtgründe

773   Grundsätzlich kann sich auf das Asylgrundrecht nur derjenige berufen, der wegen seiner politischen Verfolgung in das Gebiet der Bundesrepublik Deutschland gelangt ist. Regelmäßig muss deshalb eine sog. **Vorverfolgung** vorliegen.

774   Nachfluchtgründe, also Gründe, die erst nach Verlassen des Verfolgerstaates entstanden sind, werden nur ausnahmsweise anerkannt. Unterschieden werden insoweit objektive und subjektive Nachfluchtgründe. Objektive Nachfluchtgründe sind solche Gründe, die ohne eigenes Zutun des Betroffenen entstehen (z. B. Regierungswechsel). Subjektive Nachfluchtgründe schafft der Asylbewerber hingegen selbst. Objektive Nachfluchtgründe werden grundsätzlich anerkannt, subjektive Nachfluchtgründe hingegen nur dann, wenn sich die politische Betätigung als Ausdruck und Fortführung einer schon während des Aufenthalts im Heimatstaat vorhandenen oder erkennbar betätigten dauernden, die eigentliche Identität prägenden Überzeugung darstellt (siehe jetzt § 28 AsylVfG). Verfolgungsprovokationen am sicheren Ort sind deshalb nicht asylbegründend. Ob eine politische Verfolgung vorliegt, bedarf stets einer Prognose dahingehend, ob dem Asylbewerber bei einer Rückkehr in den Heimatstaat eine asylrelevante Beeinträchtigung droht. Es muss mit beachtlicher Wahrscheinlichkeit davon ausgegangen werden können, dass es zu einer Verfolgung kommt. Ist eine Vorverfolgung bereits nachweisbar, reicht dies als asylbegründendes Merkmal aus.

4. Eigene Verfolgung

775   Die Verfolgung muss stets in eigener Person stattgefunden haben oder in eigener Person drohen. Eine Verfolgung der Verwandten genügt nicht. Bei Ehegatten und minderjährigen Kindern ist anerkannt, dass deren Verfolgung stellvertretend wahrgenommen wird und somit eine Verfolgung vermutet wird. Ausreichend ist auch die Verfolgung aller Gruppenangehörigen, wenn die Einzelperson zu dieser Gruppe gehört.

Politische Verfolgung liegt nicht vor, wenn eine inländische **776** Fluchtalternative gegeben ist. Politische Verfolgung ist auch nicht gegeben, wenn der Ausländer bereits in einem Drittstaat vor politischer Verfolgung sicher war. Dann bestand für ihn objektiv keine Zwangslage mehr. Eine weitere Asylgewährung durch die Bundesrepublik Deutschland ist nicht erforderlich.

Lösung Fall 85: Fraglich ist, ob K politisch verfolgt ist. An einer politi- **777** schen Verfolgung fehlt es, wenn die Türkei Straftaten, die sich gegen Rechtsgüter anderer Bürger richtet, verfolgt. Dies gilt auch dann, wenn die Straftaten aus einer politischen Überzeugung heraus begangen werden. Politische Verfolgung kann allerdings zu bejahen sein, wenn der Betroffene wegen seiner politischen Überzeugung eine Behandlung erleidet oder zu erleiden droht, die härter ist als die sonst zur Verfolgung ähnlicher nicht politischer Straftaten von vergleichbarer Gefährlichkeit im Verfolgerstaat übliche Behandlung. Unabhängig davon kann Asyl nicht beanspruchen, wer terroristische Aktivitäten im Heimatland von der Bundesrepublik Deutschland aus in den hier möglichen Formen fortzuführen oder zu unterstützen trachtet. Er sucht nicht Schutz und Frieden, den das Asylrecht gewähren will. Das Asylrecht hat als Grundgedanken, demjenigen Zuflucht zu gewähren, der sich wegen ihm drohender politischer Verfolgung in einer für ihn ausweglosen Lage befindet. Dies bedeutet nicht, dass B jegliche politische Betätigung aufgeben muss. Zu terroristischer Betätigung ist er jedoch nicht berechtigt. Vor einer Abschiebung in die Türkei muss wegen Art. 3 GFK geprüft werden, ob dem Beschwerdeführer in der Türkei Folter oder eine sonstige unmenschliche oder erniedrigende Handlung droht.

III. Einreise aus sicheren Drittstaaten (Art. 16 a Abs. 2 GG)

Fall 86 *(BVerwG, DÖV 1998, 273 f.):* Asylsuchender A gelangt in einem **778** verplombten und von außen verschlossenen Laderaum eines LKW in die Bundesrepublik Deutschland. In sicheren Drittstaaten bestand keine Möglichkeit, den LKW zu verlassen. A war allerdings mit der Verschließung und Plombierung einverstanden gewesen. Hat A Anspruch auf Asyl?

1. Allgemeines

Auf das Asylgrundrecht kann sich nicht berufen, wer aus einem **779** Mitgliedstaat der Europäischen Gemeinschaft oder aus einem anderen sicheren Drittstaat einreist. Solche Asylanten werden aus dem

persönlichen Geltungsbereich des in Art. 16 a Abs. 1 GG garantierten Asylrechts herausgenommen.

780   „Aus" einem Staat reist ein, wer nach dortiger allgemeiner
Rechtspraxis dort hätte Schutz finden können (BVerfGE 94, 49/
94). Der sichere Drittstaat muss nicht die letzte Station vor der
Einreise des Ausländers nach Deutschland gewesen sein. Wer aus
einem sicheren Drittstaat kommt, ist also nicht Grundrechtsträger.

2. Einreise aus EU-Staaten

781   Bezüglich der Staaten der Europäischen Gemeinschaft beinhaltet
Abs. 2 eine unwiderlegliche Vermutung der Verfolgungssicherheit
nach Einreise aus einem solchen Staat. Dies beruht auf dem sog.
First-Country-Konzept. Derjenige Ausländer, der aus einem sicheren Drittstaat einreist, bedarf der grundrechtlichen Gewährleistung
des Abs. 1 nicht. Es wird ein gemeinsamer Asylraum Europa geschaffen (siehe BT-Drs. 12/498, S. 46). Vom Reiseweg des Ausländers wird auf seine mangelnde Schutzbedürftigkeit geschlossen.

3. Einreise aus sonstigen sicheren Drittstaaten

782   Die Möglichkeit der Berufung auf das Asylgrundrecht entfällt
auch dann, wenn die Einreise aus einem sicheren Drittstaat erfolgt
(Abs. 2 Satz 2). Diese Staaten werden durch Gesetz bestimmt (siehe
Anlage I zu § 26 a AsylVfG). Die vom Gesetzgeber getroffene Aus-
wahl muss vertretbar sein. Zu sicheren Drittstaaten gehören etwa
Norwegen, Polen, die Schweiz und die Tschechische Republik.
Damit sind alle Anrainerstaaten Deutschlands, die nicht Mitglied-
staaten der EU sind, sichere Drittstaaten.

783   Voraussetzung für die Benennung ist, dass die innerstaatliche
Anwendung des Abkommens über die Rechtstellung der Flücht-
linge (= Genfer Flüchtlingskonvention, GFK) und der Konvention
zum Schutz der Menschenrechte und Grundfreiheiten (EMRK)
sichergestellt ist. Dies ist bei den genannten Ländern der Fall. Zu
einem sicheren Drittstaat kann auch ein solcher Staat bestimmt
werden, der selbst eine Drittstaatenregelung hat. Die Abschiebung
in einen Viertstaat (Kettenabschiebung) darf jedoch nur dann statt-

finden, wenn in einem hinreichend formalisierten Verfahren geprüft worden ist, ob die Abschiebevoraussetzungen der genannten internationalen Vereinbarungen vorliegen und ein entsprechender Schutz gewährleistet ist. Das sog. Refoulement-Verbot der GFK verbietet neben der unmittelbaren Verbringung in den Verfolgerstaat auch eine Abschiebung oder Zurückweisung in solche Staaten, in denen eine Weiterschiebung in den Verfolgerstaat droht (BVerfGE 94, 49/93).

4. Rechtsfolgen bei Einreise aus einem sicheren Drittstaat

Liegt eine Einreise aus einem Land der Europäischen Gemeinschaften oder aus einem sicheren Drittstaat vor, treten die verfahrensrechtlichen Vorwirkungen des Asylrechts nicht ein. Der Betreffende kann an der Grenze zurückgewiesen werden, und es können aufenthaltsbeendende Maßnahmen gegen ihn durchgeführt werden. Ein Abschiebeschutz nach allgemeinem Ausländerrecht (§§ 51, 53 AuslG) wird nicht gewährt (BVerfGE 94, 49/95). Entscheidend ist, ob der Betroffene seine Reise objektiv in dem Staat hätte unterbrechen und den Schutz des Drittstaates in Anspruch nehmen können. Anders als bei Art. 16a Abs. 3 GG findet eine Prüfung der Sicherheit des Ausländers im Drittstaat nicht statt. **784**

Abs. 2 Satz 3 zieht für das Verwaltungsverfahren die Konsequenzen aus dem Drittstaatenkonzept. Aufenthaltsbeendende Maßnahmen können unabhängig von einem eingelegten Rechtsbehelf (Widerspruch oder Klage) vollzogen werden. Die Vorschrift wendet sich nicht nur an den Gesetzgeber, sondern auch unmittelbar an Behörden und Gerichte (BVerfGE 94, 49/100). Das BVerfG kann hingegen durch einstweilige Anordnung aufenthaltsbeendende Maßnahmen verhindern. Rechtsschutz kann vom Ausland aus betrieben werden (BT-Drs. 12/4152, S. 4). Abs. 2 Satz 3 steht aber unter dem Vorbehalt, dass keine Abschiebungshindernisse nach § 51 Abs. 1 oder § 53 AuslG vorliegen, die vom Gesetzgeber nicht berücksichtigt werden konnten. In solchen Sonderfällen ist eine Abweichung von der Aufhebung der aufschiebenden Wirkung angezeigt. **785**

786   **Lösung Fall 86:** Der Asylgewährung könnte Art. 16a Abs. 2 Satz 1 GG entgegenstehen. Der LKW kann nur bei Durchquerung eines sicheren Drittstaates in die Bundesrepublik Deutschland gelangt sein. Eine Einreise „aus" einem sicheren Drittstaat liegt allerdings nur dann vor, wenn A die Möglichkeit hatte, in dem sicheren Drittstaat Schutz zu suchen. Dies war aufgrund der Plombierung und Verschließung des Laderaums nicht der Fall. Ein Ausländer muss sich jedoch die in seine Handlungs- und Verantwortungssphäre fallende Hindernisse unabhängig von möglicherweise beschränkten Einflussmöglichkeiten im Einzelfall selbst zurechnen lassen. Da sich A mit der Plombierung und Versperrung des Laderaums einverstanden erklärt hat, ist er nicht asylberechtigt. Dies gilt auch dann, wenn nicht feststellbar ist, welchen Fluchtweg A genommen hat.

IV. Sichere Herkunftsstaaten (Art. 16a Abs. 3 GG)

787   Abs. 3 enthält eine Ermächtigung an den Bundesgesetzgeber, durch die Erstellung einer Liste von sicheren Herkunftsstaaten den Vollzug des Asylrechts zu vereinfachen. Nach § 29a AsylVfG i. V. m. Anlage II sind Staaten benannt, in denen nach Auffassung des Bundesgesetzgebers keine politische Verfolgung droht. Damit wird eine **widerlegliche Vermutung** aufgestellt. Die Bestimmung durch den Gesetzgeber erfolgt aufgrund einer abstrakt generellen Analyse. Die Behörden sind an die Festlegung gebunden. Soweit die Gerichte die Festlegung für unrichtig halten, müssen sie ein Verfahren aussetzen und gemäß Art. 100 Abs. 1 GG eine Entscheidung des BVerfG einholen.

788   Voraussetzung für die gesetzliche Bestimmung als sicherer Herkunftsstaat gemäß Abs. 3 sind:
- Aufgrund der Rechtslage muss dort politische Verfolgung ausgeschlossen sein.
- Aufgrund der praktischen Rechtsanwendung muss dort politische Verfolgung ausgeschlossen sein.
- Aufgrund der allgemeinen politischen Verhältnisse muss gewährleistet erscheinen, dass dort weder politische Verfolgung noch unmenschliche oder erniedrigende Bestrafung oder Behandlung stattfindet.

789   Behörden und Gerichte haben bei einem Asylantrag eines Asylbewerbers, der aus einem als sicher bestimmten Herkunftsstaat stammt, zu prüfen, ob der einzelne Asylbewerber hinreichende

Tatsachen vorträgt, die die gesetzliche Vermutung widerlegen. Die Beweislast liegt insoweit beim Asylbewerber. Die gesetzliche Vermutung ist widerlegt, wenn dem Ausländer der Nachweis gelingt, dass er politisch verfolgt wird. Er muss ein individuelles Verfolgungsschicksal nachweisen (BVerfGE 94, 115/147).

Abs. 3 hat auch prozessrechtliche Wirkungen. Gemäß Abs. 4 **790** erfolgt eine Aussetzung der Vollziehung bei aufenthaltsbeendenden Maßnahmen nur, wenn ernstliche Zweifel an der Rechtmäßigkeit der Maßnahme bestehen. Der Gesetzgeber wird ermächtigt, den Prüfungsumfang oder die Berücksichtigung verspäteten Vorbringens zu beschränken. Dies ist etwa durch § 36 Abs. 4 AsylVfG geschehen.

Literatur zu § 30: *Classen, Claus Dieter,* Sichere Drittstaaten – ein Beitrag **791** zur Bewältigung des Asylproblems, DVBl. 1993, 700 ff.; *Hailbronner, Kay,* Das Asylrecht nach den Entscheidungen des Bundesverfassungsgerichts, NVwZ 1996, 625 ff.; *Schoch, Friedrich,* Das neue Asylrecht gemäß Art. 16 a GG, DVBl. 1993, 1161 ff.; *Lübbe-Wolff, Gertrude,* Das Asylgrundrecht nach den Entscheidungen des Bundesverfassungsgerichts vom 14. Mai 1996, DVBl. 1996, 825 ff.

§ 31. Prozessgrundrechte und Petitionsrecht

I. Der Anspruch auf Justizgewähr
(Art. 19 Abs. 4 Satz 1 GG)

Fall 87 *(BVerfGE 96, 27 ff.):* B erwirbt 1988 einen Allbereichsempfänger. **792** Im Februar 1992 erlässt das Amtsgericht einen Durchsuchungs- und Beschlagnahmebeschluss wegen Verstoßes gegen das Fernmeldeanlagengesetz (FAG). Die Durchsuchung wurde im März 1992 durchgeführt. Am gleichen Tag legte B Beschwerde ein. Das Landgericht erklärte die Beschwerde für gegenstandslos, da die Sache erledigt sei. Hiergegen erhebt B Verfassungsbeschwerde.

Nach Art. 19 Abs. 4 Satz 1 GG hat jedermann, der durch die **793** öffentliche Gewalt in seinen Rechten verletzt wird, das Recht, Gerichte anzurufen. Dies bezeichnet man auch als „formelles Hauptgrundrecht". Art. 19 Abs. 4 Satz 1 GG ist ein Leistungsrecht, bei dem bestimmte Anspruchsvoraussetzungen vorliegen müssen. Hieraus folgt dann ein bestimmter Anspruchsinhalt.

794   Art. 19 Abs. 4 GG verleiht über das Recht, die Gerichte anzurufen, hinaus keine subjektiven Rechte. Sie werden vielmehr von
der Vorschrift vorausgesetzt (siehe § 31 I 1 c). Sonderregelungen hinsichtlich des Rechtsschutzes gelten nach Art. 10 Abs. 2 Satz 2 GG.

1. Anspruchsvoraussetzungen

795   **a) Grundrechtsträger.** Grundrechtsträger sind zunächst alle
natürlichen und inländischen juristischen Personen (Art. 19 Abs. 3
GG). Ausländer können sich auf Art. 19 Abs. 4 GG berufen, soweit sie Träger eines subjektiv-öffentlichen Rechts sind. Auch
ausländische juristische Personen fallen in den Schutzbereich von
Art. 19 Abs. 4 GG (h. M.). Ausgenommen vom Kreis der Grundrechtsträger sind hingegen juristische Personen des öffentlichen
Rechts. Dies folgt aus der engen Verbindung von Art. 19 Abs. 4 GG
mit der materiellen Grundrechtsdogmatik. Ausnahmen gelten für
solche juristische Personen des öffentlichen Rechts, die selbst Grundrechtsträger sind (Universitäten, Kirchen, Rundfunkanstalten).

796   **b) Begriff der „öffentlichen Gewalt".** Voraussetzung für die
Anwendbarkeit von Art. 19 Abs. 4 Satz 1 GG ist zunächst, dass ein
Akt der öffentliche Gewalt vorliegt. Der Begriff „öffentliche Gewalt" wird abweichend von Art. 1 Abs. 1, Abs. 3, 20 Abs. 2 und vor
allem Art. 93 Abs. 1 Nr. 4a GG vergleichsweise eng interpretiert.

797   (1) Exekutive. Nach überwiegender Auffassung umfasst Art. 19
Abs. 4 Satz 1 GG das Exekutivhandeln. Erfasst werden nicht nur
Verwaltungsakte, sondern auch Realakte, Rechtsverordnungen
und Satzungen (vgl. BVerfG, NVwZ 1998, 169: Die Verwaltungsgerichte müssen auch gegen eine Rechtsverordnung Rechtsschutz
gewähren).

798   Es kommt nicht darauf an, ob die Verwaltungsmaßnahmen im
allgemeinen Staat-Bürger-Verhältnis oder in einem „besonderen
Gewaltverhältnis" vorgenommen wird (z. B. gegenüber einem Beamten, Strafgefangenen oder Schüler). Erfasst ist auch das verwal-
tungsprivatrechtliche Handeln der öffentlichen Hand. Durch For-
menaustausch kann sich der Staat grundrechtlichen Bindungen
nicht entziehen. Begnadigungen sollen zwar Akte der öffentlichen
Gewalt sein, gleichwohl soll nach Art. 19 Abs. 4 GG kein Rechts-

weg eröffnet sein (BVerfGE 25, 352/362; zweifelhaft). Hingegen soll der Widerruf einer Gnadenentscheidung gleichwohl gemäß Art. 19 Abs. 4 GG einer gerichtlichen Kontrolle unterliegen (BVerfGE 30, 108).

(2) Judikative. Die Judikative wird nach h. M. von Art. 19 Abs. 4 **799** GG nicht erfasst, da es bei der Vorschrift um den Schutz durch, nicht gegen den Richter geht. Ansonsten würde man durch Art. 19 Abs. 4 GG zu einem unendlichen Rechtsschutz durch immer wieder neue Rechtswegeröffnung kommen. Das Institut der Rechtskraft, welches dem Rechtsfrieden und der Rechtssicherheit dient, würde in Frage gestellt.

Andererseits ist darauf zu achten, dass nur die richterliche Tätig- **800** keit im eigentlichen Sinne, also die streitentscheidende Tätigkeit von Art. 19 Abs. 4 GG nicht erfasst ist. Soweit die Justiz in den Vollzug von Exekutivmaßnahmen eingeschaltet ist, muss auch gegen solche Maßnahmen der Rechtsschutz gewährleistet sein. So sind verschiedene strafprozessuale Maßnahmen nur nach einer richterlichen Anordnung zulässig, z. B. die Überwachung und Aufzeichnung der Telekommunikation (§ 100b StPO) oder Beschlagnahmen (§§ 98, 100 StPO). In solchen Fällen werden die Richter vom Gesetzgeber zur Absicherung des grundrechtlichen Freiheitsgehaltes eingeschaltet. Sie kontrollieren in gewissem Rahmen die Exekutive, sind jedoch nicht streitentscheidend tätig. Deshalb muss gegen solche richterlichen Anordnungen nach Art. 19 Abs. 4 GG der Rechtsweg eröffnet sein (BVerfG, NJW 2003, 1924/1925).

Neben der Garantie des Art. 19 Abs. 4 GG enthält das Grund- **801** gesetz einen **allgemeinen Justizgewährleistungsanspruch** (BVerfG, NJW 2003, 1924ff.). Er dient der Einhaltung der prozessualen Garantien der Art. 101, 103 GG. Der Gesetzgeber muss dafür Sorge tragen, dass Verstöße gegen Prozessgrundrechte durch einen fachgerichtlichen Rechtsbehelf behoben werden können.

Beispiel: Im Rahmen eines zivilrechtlichen Berufungsverfahrens verletzt **802** ein Oberlandesgericht den Anspruch auf rechtliches Gehör nach Art. 103 Abs. 1 GG. Eine Revision zum BGH ist gesetzlich ausgeschlossen. Eine solche Verfahrensgestaltung verstößt nicht gegen Art. 19 Abs. 4 GG, da von dieser Vorschrift Rechtsschutz gegen den Richter nicht gewährt wird. Wohl aber wird der allgemeine Justizgewährleistungsanspruch verletzt. Der Gesetzgeber muss die Möglichkeit vorsehen, dass dieser Fehler behoben wird (sei es durch einen Rechtsbehelf, der erneut an das OLG geht, oder durch die Anrufung des BGH).

803 (3) Legislative. Nicht vom Begriff der öffentlichen Gewalt umfasst ist die Legislative. Insofern bestehen verfassungsrechtliche Rechtsschutzmöglichkeiten über die Verfassungsbeschwerde (Art. 93 Abs. 1 Nr. 4a GG). Dort wird der Begriff der öffentlichen Gewalt umfassend verstanden; erfasst sind Exekutive, Legislative und Judikative. Rechtschutz gegen Parlamentsgesetze erfolgt zudem im Wege der Inzidentprüfung durch die Gerichte (Verwerfungsrecht für verfassungswidrige vorkonstitutionelle Gesetze; bei nachkonstitutionellen Gesetzen: konkrete Normenkontrolle nach Art. 100 Abs. 1 GG).

804 **c) Mögliche Rechtsverletzung.** Eine weitere Anspruchsvoraussetzung ist das Vorliegen einer Rechtsverletzung. Ein Recht wird dann verletzt, wenn es rechtswidrig beeinträchtigt wird. Es reicht jedoch aus, wenn die konkrete Möglichkeit besteht, dass eine Rechtsverletzung vorliegt. Dies entspricht in etwa der in § 42 Abs. 2 VwGO für die Zulässigkeit einer verwaltungsgerichtlichen Anfechtungsklage erforderlichen Klagebefugnis. Damit wird die sog. Popularklage auf Bundesebene ausgeschlossen.

805 Das Recht, welches zu Art. 19 Abs. 4 GG beeinträchtigt sein muss, muss ein subjektiv öffentliches Recht sein. Es braucht sich nicht unbedingt um ein Grundrecht zu handeln! Soweit die öffentliche Gewalt in privatrechtliche Rechtspositionen eingreift, liegt in der Regel jedoch auch ein Grundrechtseingriff vor. Die Beeinträchtigung einer privaten Forderung oder des privaten Besitzes an einer Wohnung steht unter dem Schutz von Art. 14 Abs. 1 GG. Daher liegt beim Eingriff der öffentlichen Gewalt in private Rechtspositionen in der Regel auch ein Eingriff in subjektiv-öffentliche Rechtspositionen vor, so dass die Rechtsschutzgarantie des Art. 19 Abs. 4 Satz 1 GG einschlägig ist.

2. Anspruchsinhalt

806 Anspruchsinhalt des Art. 19 Abs. 4 Satz 1 GG ist die Gewährleistung eines effektiven Rechtsschutzes durch ein Gericht. Eine Stelle ist dann ein Gericht, wenn es den organisatorischen Anforderungen der Art. 92 und 97 GG genügt. Welche Gerichtsbarkeit zuständig ist (ordentliche Gerichte oder Verwaltungsgerichte) ist von dem Hintergrund von Art. 19 Abs. 4 Satz 1 GG irrelevant.

Ein bestimmter Instanzenzug ist von Art. 19 Abs. 4 Satz 1 GG **807** nicht gefordert. Im Grundsatz ist der Leistungsanspruch erfüllt, wenn einmalig die Möglichkeit besteht, ein Gericht anzurufen (BVerfGE 4, 74/94 f.; 83, 24/31 ff.).

Der Anspruch des Art. 19 Abs. 4 Satz 1 GG geht auf die Gewäh- **808** rung von effektivem Rechtsschutz. Die Sach- und Rechtslage muss umfassend geprüft werden. Gegebenenfalls muss vorläufiger Rechtsschutz gewährt werden. Effektiver Rechtsschutz verlangt auch Einsicht in die relevanten Akten und die wirkungsvolle Vollstreckung gerichtlicher Entscheidungen. Soweit bestimmte Vorgänge geheimhaltungsbedürftig sind, muss gleichwohl eine gerichtliche Überprüfung von grundrechtsrelevanten Vorgängen sichergestellt werden. Dies muss gegebenenfalls durch ein sog. in-camera-Verfahren erfolgen, d.h. das Gericht erhält die Akten, der Betroffene bekommt jedoch keine Einsicht (vgl. BVerfGE 101, 106/129 f.). Vgl. dazu auch unten § 31 III.

Effektiver Rechtsschutz muss auch gewährleistet sein bei der **809** Erledigung von staatlichen Maßnahmen. In solchen Fällen hat der Betroffene das Recht, bei tiefgreifenden, tatsächlich nicht mehr fortwirkenden Grundrechtseingriffen auch dann die Rechtmäßigkeit des Eingriffs gerichtlich klären zu lassen, wenn die direkte Belastung durch den angegriffenen Hoheitsakt sich nach dem typischen Verfahrensablauf auf eine Zeitspanne beschränkt, in welche der Betroffene die gerichtliche Entscheidung in der von der Prozessordnung gegebenen Instanz nicht erlangen kann (BVerfGE 96, 27 ff.).

Lösung Fall 87: Die Entscheidung des Landgerichts verstößt gegen Art. 19 **810** Abs. 4 Satz 1 GG. Der Einzelne hat einen Anspruch auf effektiven Rechtsschutz. Da das Prozessrecht durch die Einräumung einer Beschwerdemöglichkeit eine Instanz eröffnet, muss eine wirksame gerichtliche Kontrolle stattfinden (so das BVerfG). Zudem liegt keine streitentscheidende richterliche Tätigkeit vor, die vom Anwendungsbereich des Art. 19 Abs. 4 GG auszunehmen wäre. Ein Rechtsschutzinteresse lag vor. Es liegt ein tiefgreifender Grundrechtseingriff vor, die direkte Belastung durch den angegriffenen Hoheitsakt (Durchsuchung) beschränkt sich nach dem typischen Verfahrensablauf auf eine Zeitspanne, in der der Betroffene eine gerichtliche Entscheidung nicht erlangen kann. Das Landgericht hat deshalb gegen Art. 19 Abs. 4 Satz 1 GG verstoßen.

811 **Literatur zu § 31:** *Herzog, Roman,* Verfassung und Verwaltungsgerichte – zurück zu mehr Kontrolldichte?, NJW 1992, 2601 ff.; *Redeker, Konrad,* Verfassungsrechtliche Vorgaben zur Kontrolldichte verwaltungsgerichtlicher Rechtsprechung, NVwZ 1992, 305 ff.; *Schenke, Wolf-Rüdiger,* Die Bedeutung der verfassungsrechtlichen Rechtsschutzgarantie des Art. 19 Abs. 4 GG, JZ 1988, 317 ff.

II. Recht auf den gesetzlichen Richter
(Art. 101 Abs. 1 Satz 2 GG)

1. Inhalt der Gewährleistung

812 Das Recht auf den gesetzlichen Richter nach Art. 101 Abs. 1 Satz 2 GG ist ein grundrechtsgleiches Recht. Es ist im Verfassungsbeschwerdeverfahren nach Art. 93 Abs. 1 Nr. 4a GG rügefähig.

813 Voraussetzung für die Anwendbarkeit des Grundrechts ist zunächst, dass ein Richter zu einer Entscheidung berufen ist. Richter i. S. d. Vorschrift ist jeder staatliche Richter. Es kommt nicht darauf an, ob es sich um einen Berufs- oder Laienrichter oder einen Richter in niedrigerer oder höherer Instanz handelt. Zum gesetzlichen Richter gehört auch ein Richter beim Gerichtshof der Europäischen Gemeinschaften (BVerfGE 73, 339/366 ff.; 82, 159/192). Das Grundrecht verlangt, dass die Zuständigkeit des Richters abstrakt generell bestimmt wird. Es soll vermieden werden, dass durch eine auf den Einzelfall bezogene Auswahl der zur Entscheidung berufenen Richter hierauf Einfluss genommen werden kann. Die Möglichkeit einer Manipulation genügt, um einen Verfassungsverstoß anzunehmen. Der bzw. die zur Entscheidung gerufenen Richter müssen deshalb im Voraus durch generelle, jeden möglichen Einzelfall erfassende Regelung so eindeutig wie möglich festgelegt werden (BVerfGE 95, 322/328 ff.).

814 Der Gesetzgeber muss die wesentlichen Zuständigkeitsfragen selbst regeln. Das hat er durch den Erlass des Gerichtsverfassungsgesetzes – GVG – getan. Die sich für den Einzelfall ergebende Zuständigkeit ergibt sich zulässigerweise aus den gerichtlichen Geschäftsverteilungsplänen, die auf dem GVG beruhen.

2. Unzulässigkeit eines Eingriffs

Ein Eingriff in das Recht auf den gesetzlichen Richter ist stets **815**
unzulässig. Auch die Geschäftsverteilungspläne der Gerichte müssen sich an den Anforderungen des Art. 101 Abs. 1 Satz 2 GG messen lassen.

3. Eingeschränkte Prüfungskompetenz des BVerfG

Im Grundsatz ist jede falsche Anwendung einer gerichtlichen **816**
Zuständigkeitsregelung ein Verstoß gegen den Grundsatz des gesetzlichen Richters. Eine Verfassungsbeschwerde hat gleichwohl
nur unter besonderen Voraussetzungen Erfolg. Das BVerfG ist
nicht dafür zuständig, Einzelheiten in der Anwendung des einfachen Rechts und der Geschäftsverteilungspläne mit letzter Autorität zu entscheiden. Es muss sich vielmehr auf die Verletzung
von spezifischem Verfassungsrecht beschränken. Der Verstoß gegen
den gesetzlichen Richter muss deshalb willkürlich sein, damit das
BVerfG einschreitet. Dies ist dann der Fall, wenn etwa der Ge-
schäftsverteilungsplan bewusst außer Acht gelassen wird. Vom
BVerfG aufzuheben ist auch eine unter keinem Gesichtspunkt vertretbare Abweichung eines Oberlandesgerichts von einer Entscheidung des BGH (BVerfGE 42, 237/241 f.) oder die Nichtvorlage an
den EuGH, wenn sie nicht in Erwägung gezogen wird, obwohl
hierzu ein Anlass bestand oder wenn ein Gericht bewusst von der
Rechtsprechung des EuGH abweicht (BVerfGE 82, 159/195 f.).

4. Verbot von Ausnahmegerichten (Art. 101 Abs. 1 Satz 2 GG)

Ein Unterfall des Rechts auf den gesetzlichen Richter ist das **817**
Verbot von Ausnahmegerichten (Art. 101 Abs. 1 Satz 1 GG). Aus-
nahmegerichte sind solche Gerichte, die in Abweichung von der
gesetzlichen Zuständigkeit besonders gebildet werden und zur
Entscheidung einzelner, konkret und individuell bestimmter Fälle
berufen sind (BVerfGE 3, 213/223).

III. Anspruch auf rechtliches Gehör (Art. 103 Abs. 1 GG)

818 Auch Art. 103 Abs. 1 GG enthält ein grundrechtsgleiches Recht, das mit der Verfassungsbeschwerde geltend gemacht werden kann. Auch hier ist zu unterscheiden zwischen dem verfassungsrechtlichen Verpflichtungsinhalt und der Prüfungsintensität durch das BVerfG.

819 Art. 103 Abs. 1 GG richtet sich gegen Gerichte. Es muss sich um staatliche Gerichte handeln. Die Vorschrift gilt für alle Gerichtsbarkeiten und für alle Instanzen. Sie gilt hingegen nicht für Verwaltungsverfahren. Dort wird allerdings das Recht auf Anhörung direkt aus den Grundrechten bzw. aus dem Rechtsstaatsprinzip abgeleitet.

820 Der Anspruch geht auf die Gewährung von rechtlichem Gehör. Gehör bedeutet, dass die Verfahrensbeteiligten Gelegenheit haben, sich zum Verfahrensstoff zu äußern. Dazu gehört die Information über die Rechtsauffassung des Gerichts und die Äußerungen der Gegenseite. Das Gericht darf nur solche Tatsachen der Entscheidung zugrunde legen, zu denen sich die Beteiligten äußern konnten (BVerfGE 86, 133/144 f.). Wie dies im Einzelnen zu geschehen hat, ist in den Prozessordnungen zu regeln. Der Gesetzgeber muss jedoch dafür sorgen, dass bei Verstößen gegen das Grundrecht Rechtsschutz durch die Fachgerichte gewährt wird (allgemeiner Justizgewährleistungsanspruch, BVerfG, NJW 2003, 1924 ff.).

821 Nur ausnahmsweise kann der Anspruch aus Art. 103 Abs. 1 GG auf vollständige Kenntnis des Akteninhalts eingeschränkt werden. In Betracht kommt dies vor allem bei geheimhaltungsbedürftigen Vorgängen, in denen nur das Gericht bestimmte Informationen erhält (siehe im Einzelnen § 99 Abs. 2 VwGO).

822 Das BVerfG ist nicht das oberste Prozessgericht der Republik. Es kann nur dann eingreifen, wenn spezifisches Verfassungsrecht verletzt wird. Die Trennung zwischen einfacher Gesetzeswidrigkeit und spezifischem Verfassungsverstoß ist nur schwer zu treffen. Eine Verfassungsbeschwerde hat in der Regel nur dann Erfolg, wenn der Verstoß offensichtlich ist, ein besonders intensiver Grundrechtsverstoß vorliegt oder die Bedeutung des Prozessgrundrechts grundsätzlich verkannt worden ist.

Literatur zu § 31 III: *Gusy, Christoph,* Rechtliches Gehör durch abwesende **823** Richter? – BVerwG, NJW 1986, 3154, in: JuS 1990, 712 ff.; *Schumann, Ekkehard,* Die Wahrung des Grundsatzes des rechtlichen Gehörs – Dauerauftrag für das BVerfG?, NJW 1985, 1134 ff.; *Voßkuhle, Andreas,* Bruch mit einem Dogma: Die Verfassung garantiert Rechtsschutz gegen den Richter, NJW 2003, 2193 ff.

IV. Nulla poena sine lege (Art. 103 Abs. 2 GG)

Fall 88 *(BVerfGE 87, 209 ff.):* D verbreitet eine Videokassette des Films **824** „The Evil Dead". Darin werden Gewaltszenen gegen menschenähnliche Wesen („Zombies") dargestellt. Kann B wegen Verstoßes gegen § 131 Abs. 1 Nr. 1 StGB verurteilt werden?

Der Grundsatz „nulla poena sine lege" verbietet eine Bestrafung, **825** wenn die Tat nicht vor Begehung unter Strafe gestellt worden ist, und zwar durch Gesetz. Unter Bestrafung versteht man jede staatliche Maßnahme, die eine missbilligende hoheitliche Reaktion auf ein schuldhaftes Verhalten enthält (BVerfGE 26, 186/204). Hierunter fallen auch Ordnungswidrigkeiten (BVerfGE 87, 399/411). Maßregeln der Besserung und Sicherung (§§ 61 ff. StGB) werden hingegen nicht erfasst.

Aus Art. 103 Abs. 2 GG ergibt sich inzident, dass die Strafbarkeit **826** **hinreichend bestimmt** sein muss. Der Normadressat muss vorausehen können, ob sein Verhalten strafbar ist. Der Gesetzgeber muss die Strafbarkeit deshalb so konkret umschreiben, dass Tragweite und Anwendungsbereich der Straftatbestände zu erkennen sind oder sich durch Auslegung ermitteln lassen (BVerfGE 87, 209/ 223 f.). Sonst würde der Grundsatz nulla poena sine lege leer laufen. Dies schließt die Verwendung von unbestimmten Rechtsbegriffen nicht aus. Unzulässig ist jedoch die Bildung von strafrechtlichem Gewohnheitsrecht und die strafrechtliche Analogie zu Lasten des Täters (BVerfGE 71, 108/114 ff.).

Übermäßig strenge Anforderungen stellt das Verfassungsgericht **827** an die Bestimmtheit von Normen nicht. Immerhin wurde jedoch die Rechtsprechung der Strafgerichte zum Nötigungstatbestand des § 240 StGB korrigiert. Die Strafgerichte gingen nach der sog. Laepple-Entscheidung davon aus, auch rein psychisch vermittelte Zwangswirkung ohne nennenswerte Kraftentfaltung falle unter den

Nötigungstatbestand (Blockieren von Straßenbahnschienen durch Sitzdemonstrationen, siehe BGHSt 23, 46/54). Eine derart weite Auslegung des Gewaltbegriffs verstößt jedoch gegen das Bestimmtheitsgebot des Art. 103 Abs. 2 GG (BVerfGE 92, 1 ff.). Hingegen bestehen keine verfassungsrechtlichen Bedenken dagegen, wenn die Strafgerichte davon ausgehen, dass in Fällen, in denen Demonstranten zusätzlich eine physische Barriere schaffen (Anketten, Hindernisse bereiten), der Gewalttatbestand bejaht wird (BVerfGE 104, 92 ff.).

828   Das Bestimmtheitserfordernis bezieht sich auch auf die Strafandrohung. Auch sie muss vom parlamentarischen Gesetzgeber hinreichend genau bestimmt werden. So hat das BVerfG die strafrechtliche Bestimmung über eine Vermögensstrafe für verfassungswidrig erklärt (BVerfGE 105, 135 ff.). Danach konnte bei bestimmten Delikten (etwa Betäubungsmittelstraftaten) neben Freiheits- oder Geldstrafe auf eine Vermögensstrafe bis zur Höhe des Vermögens des Täters erkannt werden. Dem Gesetzgeber war es nicht gelungen, hinreichend vorherzustimmen, wann und in welcher Weise diese Sanktion zu verhängen war.

Aus Art. 103 Abs. 2 GG ergibt sich das strafrechtliche **Rückwirkungsverbot** (vgl. auch § 1 StGB).

829   Art. 103 Abs. 2 GG ist vorbehaltlos gewährleistet. Jeder Eingriff ist unzulässig. Das BVerfG hat insoweit allerdings eine schwerwiegende Ausnahme zugelassen (BVerfGE 95, 96 ff. – Mauerschützen): Das strikte Rückwirkungsverbot des Art. 103 Abs. 2 GG finde seine rechtsstaatliche Rechtfertigung in der besonderen Vertrauensgrundlage, welche die Strafgesetze tragen, wenn sie von einem an die Grundrechte gebundenen demokratischen Gesetzgeber erlassen werden. An einer solchen besonderen Vertrauensgrundlage fehle es, wenn der Träger der Staatsmacht (etwa die frühere DDR) für den Bereich schwersten kriminellen Unrechts die Strafbarkeit durch Rechtfertigungsgründe ausschließt, in dem er über die geschriebenen Normen hinaus zu solchem Unrecht auffordert, es begünstigt und so die in der Völkerrechtsgemeinschaft allgemein anerkannten Menschenrechte in schwerwiegender Weise missachtet; dann müsste der strikte Vertrauensschutz des Art. 103 Abs. 2 GG zurücktreten (zweifelhaft).

Lösung Fall 88: „Zombies" sind keine „Menschen" und unterscheiden **830** sich von diesen deutlich. Gewaltszenen gegen Zombies können deshalb i. S. v. § 131 Abs. 1 Nr. 1 StGB nicht als unmenschliche Gewalttätigkeiten gegen Menschen verstanden werden Eine entsprechende erweiternde Auslegung verstößt gegen Art. 103 Abs. 2 GG.

Literatur zu § 31 IV: *Classen, Claus Dieter,* Art. 103 Abs. 2 GG – ein **831** Grundrecht unter Vorbehalt?, GA 1998, 215 ff.; *Kaufmann, Arthur,* Die Radbruch'sche Formel vom gesetzlichen Unrecht und vom übergesetzlichen Recht in der Diskussion um das im Namen der DDR begangene Unrecht, NJW 1995, 81 ff.

V. Ne bis in idem (Art. 103 Abs. 3 GG)

Der Grundsatz ne bis in idem verbietet eine Doppelbestrafung **832** wegen derselben Tat. Unter einer Tat versteht man einen geschichtlichen Vorgang, auf welchen Anklage und Eröffnungsbeschluss hinweisen und innerhalb dessen der Angeklagte als Täter oder Teilnehmer einen Straftatbestand verwirklicht haben soll (BVerfGE 23, 191/202). Zugrunde gelegt wird also der jeweilige Lebensvorgang.

Ausgeschlossen ist nur eine Doppelbestrafung aufgrund der all- **833** gemeinen Strafgesetze. Erfasst ist somit das Kriminalstrafrecht. Ein Nebeneinander von Kriminalstrafen sowie Disziplinar- oder Berufsstrafen ist nicht ausgeschlossen. So kann etwa ein Beamter, ein Soldat oder ein Angehöriger eines freien Berufes sowohl von den Strafgerichten als auch disziplinarisch bzw. berufsrechtlich belangt werden.

VI. Petitionsrecht (Art. 17 GG)

Art. 17 GG gehört zu den wenigen Grundrechten, die einen **834** Anspruch auf eine staatliche Leistung einräumen. Jedermann hat das Recht, sich einzeln und in Gemeinschaft mit anderen schriftlich mit Bitten oder Beschwerden an die zuständigen Stellen oder an die Volksvertretung zu richten.

1. Anspruchsvoraussetzungen

835   Erste Anspruchsvoraussetzung des Art. 17 GG ist das Vorliegen einer Petition. Hierbei unterscheidet der Verfassungstext die *Bitte,* die sich auf ein künftiges Verhalten richtet, von der *Beschwerde,* die sich auf ein vergangenes Verhalten bezieht. Die Petition muss zudem schriftlich erfolgen.

836   Eine Petition darf nicht anonym gestellt werden. Ansonsten kann sie ihre Funktion nicht erfüllen, nämlich zum einen die zuständigen Stellen über bestimmte Vorgänge zu informieren, zum anderen gegebenenfalls eine Überprüfung zu veranlassen und hierbei auch die Interessen des Petenten zu wahren. Eine Petition darf zwar von ihrem Inhalt her auf etwas Rechtswidriges gerichtet sein (z.B. auf die Erteilung einer Baugenehmigung, für die die baurechtlichen Voraussetzungen nicht vorliegen). Sie darf aber nicht selbst rechtswidrig sein, darf also beispielsweise keine strafbaren Handlungen nach §§ 185 ff. StGB enthalten.

837   Die Petition muss weiterhin an die zuständigen Stellen oder an die Volksvertretung gerichtet werden. Zur Volksvertretung zählen Bundestag, Landtag und Kommunalparlamente sowie die Mitglieder dieser Gremien. Die Volksvertretung ist dann zuständig, wenn eine entsprechende Befassungskompetenz des Verbandes besteht. Sonstige staatliche oder kommunale Einrichtungen sind dann zuständige Stellen, wenn sie nach der gesetzlichen Zuständigkeitsordnung für die Sache zuständig sind.

2. Anspruchsinhalt

838   Die in Art. 17 GG genannten Stellen sind verpflichtet, die Petition entgegenzunehmen und sie zu erledigen. Eine Erledigung in diesem Sinne liegt dann vor, wenn der Inhalt der Petition geprüft worden ist. Hierüber muss der Antragsteller in der Sache beschieden werden. Ihm muss mitgeteilt werden, dass vom Inhalt der Petition Kenntnis genommen worden ist. Weiterhin muss die Art der Erledigung angegeben werden. Eine besondere Begründung ist hingegen nicht erforderlich (BVerfGE 2, 225/230).

839   Die von Art. 17 GG genannten Stellen sind nicht verpflichtet, den in der Petition vorgetragenen Sachverhalt zu überprüfen.

Hierzu sind sie schon angesichts der Vielzahl von Eingaben gar nicht in der Lage. Damit liegt die Erledigung jenseits der angegebenen Mindestvoraussetzungen weitgehend im Ermessen der zuständigen Stelle.

Literatur zu § 31 VI: *Siegfried, Matthias,* Begründungspflicht bei Petitions- **840** bescheiden, DÖV 1990, 279 ff.; *Ruehl, Ulli,* Der Umfang der Begründungspflicht von Petitionsbescheiden, DVBl. 1993, 14 ff.

Teil IV. Gleichheitsrechte

§ 32. Allgemeines zu den Gleichheitsrechten

I. Übersicht über die Gleichheitsrechte des Grundgesetzes

841   Im Grundgesetz finden sich verschiedene Gleichheitsrechte:
- Art. 3 Abs. 1 GG enthält den allgemeinen Gleichheitssatz.
- Art. 3 Abs. 2 GG verlangt die Gleichbehandlung von Männern und Frauen.
- Art. 3 Abs. 3 GG verbietet Bevorzugungen oder Benachteiligungen wegen bestimmter Merkmale wie Geschlecht, Abstammung oder Rasse.
- Art. 6 Abs. 5 GG verlangt eine Gleichstellung von ehelichen und nichtehelichen Kindern.
- Art. 33 Abs. 1–3 GG garantieren die staatsbürgerliche Gleichheit.
- Art. 38 Abs. 1 Satz 1 GG enthält die Wahlrechtsgleichheit.
- Art. 21 Abs. 1 GG garantiert i.V.m. Art. 3 Abs. 1 GG die Chancengleichheit der politischen Parteien.
- Das Staatskirchenrecht verlangt in Art. 140 GG i.V.m. Art. 136 Abs. 1 und Abs. 2 WRV die weltanschauliche Neutralität des Staates und verbietet damit Diskriminierungen aufgrund des religiösen Bekenntnisses.

II. Bindung des Gesetzgebers an den Gleichheitssatz

842   Art. 3 Abs. 1 GG spricht von einer Gleichheit „vor" dem Gesetz. Dies betrifft die Rechtsanwendungsgleichheit. Wegen Art. 1 Abs. 3 GG sind sich jedoch Rechtsprechung und Lehre darüber einig, dass auch der Gesetzgeber an den Gleichheitssatz (Rechtsetzungsgleichheit) gebunden ist. Die Gleichheitssätze betreffen also auch die Gleichheit vor der Gesetzgebung bzw. die Gleichheit „im" Gesetz (auch als Gleichheit „nach" dem Gesetz bezeichnet).

III. Ge- und Verbote in Gleichheitssätzen

Bei Gleichheitssätzen geht es vor allem darum, eine Ungleichbe- **843** handlung durch die öffentliche Gewalt zu unterbinden oder solche Ungleichbehandlungen nur unter bestimmten Voraussetzungen zuzulassen. Gleichheitssätze sind deshalb absolute oder relative **Ungleichbehandlungsverbote.**

Die Gleichheitssätze enthalten jedoch teilweise auch **Gleichbe- 844 handlungsgebote.** Das beste Beispiel hierfür ist Art. 6 Abs. 5 GG. Bestimmte Differenzierungen wie die zwischen ehelichen und nichtehelichen Kindern dürfen gesetzgeberischen Maßnahmen nicht zugrundegelegt werden.

Aus dem allgemeinen Gleichheitssatz kann sich ein **Gleichbe- 845 handlungsverbot** bzw. ein **Ungleichbehandlungsgebot** ergeben. So darf etwa der Titel „Diplomingenieur" zwar an die Absolventen auch von Fachhochschulen verliehen werden (siehe BVerfGE 55, 261/269 ff.), nicht jedoch an die Absolventen von technischen Berufsschulen. Dies wäre ein Verstoß gegen ein dem Gleichheitssatz des Art. 3 Abs. 1 GG entnommenes Gebot, wesentlich Ungleiches nicht willkürlich gleich zu behandeln. Meistens steht jedoch bei Grundrechtsprüfungen das Verbot der Ungleichbehandlung im Vordergrund.

IV. Prüfungsaufbau bei Gleichheitssätzen

Bei Gleichheitsrechten wird nicht zwischen Schutzbereich, Ein- **846** griff und verfassungsrechtlicher Rechtfertigung unterschieden. Vielmehr wird eine Zweiteilung vorgenommen. In einem ersten Schritt wird gefragt, ob eine **Beeinträchtigung** des allgemeinen Gleichheitsgebotes vorliegt. Dies ist dann der Fall, wenn eine rechtlich relevante Ungleichbehandlung gegeben ist. Sie liegt vor, wenn Personen, Personengruppen oder Sachverhalte verschieden behandelt werden und die verschieden behandelten Personen, Personengruppen oder Sachverhalte unter einen gemeinsamen Oberbegriff gefasst werden können. So können etwa Hunde- und Katzenhalter unter den gemeinsamen Oberbegriff „Tierhalter" subsumiert werden. Es ist deshalb eine Beeinträchtigung des verfassungsrechtlichen Gleichheitsgebotes, wenn allein Hundebesitzer steuerpflichtig sind, Katzenhalter hingegen nicht. Lässt sich hingegen kein sinnvoller gemeinsamer Oberbegriff bilden, liegt eine rechtlich relevante Ungleichbehandlung nicht vor. So muss sich derjenige anschnallen, der Auto fährt, derjenige, der zu Hause auf dem Sofa vor dem Fernseher sitzt, hingegen nicht. Diese Differenzierung ist einsichtig und nicht rechtfertigungsbedürftig.

847   Liegt eine Beeinträchtigung des allgemeinen Gleichheitssatzes vor, ist bei entsprechendem Anlass zu fragen, ob ein Verstoß gegen einen besonderen Gleichheitssatz vorliegt. In Betracht kommen vor allem die Differenzierungsverbote des Art. 3 Abs. 3 GG, des Art. 3 Abs. 2 GG, des Art. 6 Abs. 5 GG oder ein sonstiges aus der Verfassung abgeleitetes Gleichheitsgebot. Ist ein solches Gleichheitsgebot einschlägig, ist die Beeinträchtigung des allgemeinen Gleichheitsgebotes gleichzeitig eine Verletzung des entsprechenden speziellen Gleichheitssatzes. Gegebenenfalls kann es auch angebracht sein, spezielle Gleichheitsrechte ohne allgemeine Einkleidung, also „direkt" anzusprechen. Unmittelbar geprüft werden können vor allem die dem Staatsorganisationsrecht zuzuordnenden Gleichheitsgebote (Art. 21 und 38 GG).

848   Besteht kein Anlass für eine Prüfung eines besonderen Gleichheitssatzes oder liegt eine Verletzung eines besonderen Gleichheitssatzes nicht vor, ist der allgemeine Gleichheitssatz des Art. 3 Abs. 1 GG heranzuziehen. Insoweit ist zunächst eine **Willkürprüfung** vorzunehmen (§ 34 I). Art. 3 Abs. 1 GG wird verletzt, wenn der Staat willkürlich handelt. Im Anschluss daran findet zusätzlich eine **Verhältnismäßigkeitsprüfung** statt (§ 34 II). Geprüft wird, ob die Unterschiede zwischen den Normadressaten die Ungleichbehandlung rechtfertigen.

849   Ausgeschlossen ist ein Rückgriff auf den allgemeinen Gleichheitssatz im Bereich der speziellen wahlrechtlichen Gleichheitssätze der Art. 28 Abs. 1 Satz 2, 38 Abs. 1 Satz 1 GG (BVerfGE 99, 1 ff.).

Gleichheitsverstöße bei Wahlen zu den Volksvertretungen der Länder können deshalb nur vor dem zuständigen Landesverfassungsgericht gerügt werden (Art. 38 Abs. 1 Satz 1 GG gilt nur für die Wahlen zum Bundestag!). Die Ungleichbehandlung von Dachverbänden kommunaler Wählervereinigungen im Vergleich zu den Dachverbänden von Parteien und deren Untergliederungen durch bundesrechtliche (!) Bestimmungen des Körperschafts- und Vermögenssteuerrechts verstößt hingegen gegen Art. 3 Abs. 1 i.V.m. Art. 9 Abs. 1 und Art. 28 Abs. 1 Satz 2 GG (BVerfGE 99, 69 ff.; gegen bundesrechtliche Bestimmungen kann das Landesverfassungsrecht keinen Rechtsschutz gewähren).

§ 33. Die speziellen Gleichheitsrechte des Art. 3 GG

I. Art. 3 Abs. 3 GG

1. Allgemeines

Fall 89 *(BVerfGE 102, 41 ff.):* B erleidet 1943 an der Ostfront als deutscher **850** Soldat eine Kriegsverletzung, die zur Amputation des linken Beines führte. Später nahm er seinen Wohnsitz in der damaligen DDR. Ab dem 1. 1. 1991 erhält er nach bundesdeutschem Recht eine Beschädigtenrente, die jedoch deutlich niedriger ist als die Rente für Beschädigte mit Wohnsitz in den alten Bundesländern. Liegt ein Verstoß gegen Art. 3 Abs. 3 S. 1 GG vor?

a) Art der Anknüpfung. Art. 3 Abs. 3 GG verbietet Unter- **851** scheidungen wegen der dort genannten Merkmale. Strittig ist, ob *„wegen"* eine kausale oder eine finale Anknüpfung der staatlichen Maßnahme an die dort genannten Merkmalen verlangt. Richtigerweise reicht eine kausale Anknüpfung aus. Es braucht der staatlichen Gewalt also nicht darauf anzukommen, jemanden wegen seiner Rasse, wegen seiner Herkunft oder eines anderen in Art. 3 Abs. 2 GG genannten Kriteriums zu benachteiligen. Es genügt, wenn an das entsprechende Merkmal angeknüpft wird (vgl. auch BVerfGE 85, 191/206) bzw. wenn es ein Motiv für die Regelung war.

Die einzelnen Merkmale des Art. 3 Abs. 3 S. 2 GG sind wie **852** folgt zu definieren:

Geschlecht	= die Tatsache, ob jemand männlich oder weiblich ist
Abstammung	= die natürliche biologische Beziehung eines Menschen zu seinen Vorfahren (BVerfGE 9, 124/128)
Rasse	= Zugehörigkeit zu einer Gruppe mit realen oder vermeintlichen vererbbaren Merkmalen
Heimat	= örtliche Herkunft nach Geburt oder Ansässigkeit im Sinne der emotionalen Beziehung zu einem geographisch begrenzten, den Einzelnen mitprägenden Raum (BVerfGE 48, 281/288),
Sprache	= gemeint ist die Muttersprache
„Glauben" und „religiöse Anschauungen"	= entspricht dem Glaubensbegriff in Art. 4 Abs. 1 GG
politische Anschauungen	= Überzeugungen zu Vorgängen im staatlichen oder gesellschaftlichen Bereich

853   **Lösung Fall 89:** Es könnte eine unzulässige Anknüpfung an das Merkmal „Heimat" vorliegen. Unter Heimat versteht man die örtliche Herkunft nach Geburt oder Ansässigkeit im Sinne einer emotionalen Beziehung zu einem Raum. Dies ist nicht mit dem Wohnsitz identisch. Die Rentenberechnung stellt somit nicht auf die Heimat ab. Ein Verstoß gegen Art. 3 Abs. 3 S. 1 GG liegt nicht vor.

854   **b) Das Problem mittelbarer Diskriminierung.** Strittig ist, ob eine mittelbare Diskriminierung ausreicht, um einen Verstoß gegen Art. 3 Abs. 3 GG anzunehmen. Eine mittelbare Diskriminierung ist dann gegeben, wenn sich eine staatliche Maßnahme vor allem zu Gunsten oder zu Lasten einer bestimmten Gruppe auswirkt, deren Privilegierung oder Diskriminierung durch Art. 3 Abs. 3 GG verboten ist (dies wird auch als indirekte Diskriminierung bezeichnet). Vor allem im Arbeits- und Sozialrecht sind Regelungen anzutreffen, die vorwiegend Frauen betreffen (bzw. treffen).

855   Im Rahmen von Art. 141 EG werden auch mittelbare Diskriminierungen als Verstoß gegen den Gleichheitssatz angesehen. Der Begriff der „mittelbaren" Diskriminierung ist aber sehr unscharf.

Eine Regelung, die beispielsweise überwiegend Frauen betrifft, betrifft eben auch Männer. Schwer festzustellen ist, welchen Anteil die Frauen haben müssen, um von einer „mittelbaren" Diskriminierung auszugehen. Bezieht man auch mittelbare Diskriminierungen in den Anwendungsbereich des Art. 3 Abs. 3 GG mit ein, droht schnell eine uferlose Ausweitung des Diskriminierungsverbotes. Einen Verstoß gegen Art. 3 Abs. 3 S. 1 GG kann man deshalb nur bei eindeutig feststellbaren Benachteiligungen von erheblichem Gewicht annehmen.

2. Bevorzugung oder Benachteiligung wegen des Geschlechts

Fall 90 *(BVerfGE 85, 191ff.):* Nach § 19 Abs. 2 AZO durften Arbeiterin-   **856**
nen nicht in der Nachtzeit von 20.00 bis 6.00 Uhr und an den Tagen vor
Sonn- und Feiertagen nicht nach 17.00 Uhr beschäftigt werden. War diese
Regelung gleichheitsgemäß?

Besondere Fragen wirft das Verbot der Benachteiligung wegen   **857**
des Geschlechts auf. Es ergibt sich nicht nur aus Art. 3 Abs. 2 GG,
sondern auch aus Art. 3 Abs. 3 GG. Art. 3 Abs. 2 GG hat allerdings
primär die Funktion, ein Gleichberechtigungsgebot für die gesellschaftliche Wirklichkeit aufzustellen (BVerfGE 85, 191/207; siehe
dazu § 33 II).

Differenzierende gesetzliche Regelungen zwischen Männern   **858**
und Frauen sind nur ausnahmsweise zulässig. Ein solcher Ausnahmefall ist die Berücksichtigung von **biologischen Unterschieden**
(z. B. der Folgen der Schwangerschaft). Häufig wurde bisher angenommen, auch **funktionale Unterschiede,** also die herkömmliche Rollenverteilung zwischen Männern und Frauen, könnten
eine unterschiedliche Behandlung rechtfertigen. Dies ist nach der
neueren Rechtsprechung jedoch überholt (siehe BVerfGE 85,
191 ff.). An das Geschlecht anknüpfende differenzierende Regelungen sind mit Art. 3 Abs. 3 GG nur vereinbar, wenn sie zur Lösung
von Problemen, die ihrer Natur nach entweder nur bei Männern
oder nur bei Frauen auftreten können, zwingend erforderlich sind
(BVerfG, DVBl. 1995, 613/613). Die herkömmliche Arbeitstei-
lung zwischen Männern und Frauen darf zu keinen rechtlichen
Ungleichbehandlungen führen, auch dann nicht, wenn dies zu

Gunsten der Frauen wirkt. So sind unterschiedliche Altersgrenzen beim Rentenbezug (Frauen 60 Jahre, Männer 65 Jahre) mit Art. 3 Abs. 3 GG nicht vereinbar (anders noch BVerfGE 74, 163 ff.).

859   **Lösung Fall 90:** Es stellen sich zwei Gleichheitsprobleme. Zum einen verstößt die Regelung deshalb gegen Art. 3 Abs. 1 GG, weil Arbeiterinnen ohne Grund anders behandelt werden als Angestellte. Aber auch die unterschiedliche Behandlung von Arbeitern und Arbeiterinnen ist nicht zu rechtfertigen. Es gibt keine biologischen Unterschiede, die eine Einschränkung der Nachtarbeit bei Frauen fordern, bei Männern jedoch nicht. Auf funktionale Unterschiede darf nicht zurückgegriffen werden. Zwar haben Frauen oft eine Doppelbelastung durch Erwerbstätigkeit und Haushalt sowie Kinderbetreuung. Es gibt jedoch auch Männer, die eine solche Doppelbelastung haben. Zudem würde mit einer Anerkennung funktionaler Unterschiede die herkömmliche Rollenverteilung zwischen Männern und Frauen fortgeschrieben.

3. Benachteiligung wegen einer Behinderung (Art. 3 Abs. 3 Satz 2 GG)

860   **Fall 91** *(BVerfGE 96, 288 ff.):* K wurde 1984 mit einer Fehlbildung des Rückenmarks geboren. Er leidet an einer Verlangsamung der Motorik und des Sprechens sowie an anderen körperlichen Defekten. K wird von einer integrierten Gesamtschule auf eine sonderpädagogische Schule überwiesen, da die erforderlichen Fördermaßnahmen an der integrierten Gesamtschule nicht geleistet werden konnten. Verstößt die Überweisung gegen Art. 3 Abs 3 Satz 2 GG?

861   Unzulässig ist die Benachteiligung wegen einer Behinderung (Art. 3 Abs. 3 Satz 2 GG). Behinderung ist die Auswirkung einer nicht nur vorübergehenden Funktionsbeeinträchtigung, die auf einem regelwidrigen körperlichen, geistigen oder seelischen Zustand beruht.

862   Eine Benachteiligung Behinderter liegt beispielsweise dann vor, wenn die Lebenssituation Behinderter im Vergleich zu derjenigen nicht behinderter Menschen durch gesetzliche Regelungen verschlechtert wird, die ihnen Entfaltungs- oder Betätigungsmöglichkeiten vorenthalten, welche anderen offen stehen (BVerfGE 96, 288/302 f.). Hierzu gehört beispielsweise auch der Ausschluss Sprech- und Schreibunfähiger von der Errichtung eines Testamentes (BVerfG, NJW 1999, 1853 ff.).

863   Eine Benachteiligung kann allerdings verfassungsrechtlich gerechtfertigt werden. Das Benachteiligungsverbot gilt nicht ohne jede Einschränkung. Fehlen einer behinderten Person aufgrund ihrer Behinderung bestimmte geistige oder körperliche Fähigkeiten, die unerlässliche Voraussetzung für die Wahrnehmung eines Rechts sind, liegt in der Verweigerung dieses Rechts kein Verstoß gegen das Benachteiligungsverbot (BVerfG, NJW 1999, 1853/1855). Die rechtliche Schlechterstellung ist allerdings nur dann zulässig, wenn zwingende Gründe dafür vorliegen. Die nachteiligen Auswirkungen müssen unerlässlich sein, um behinderungsbezogenen Besonderheiten Rechnung zu tragen.

Lösung Fall 91: Der Staat ist nach Art. 2 Abs. 1, Art. 6 Abs. 2 Satz 1 **864** i. V. m. Art. 3 Abs. 3 Satz 2 GG grundsätzlich gehalten, für behinderte Kinder und Jugendliche schulische Einrichtungen bereitzuhalten, die auch ihnen eine sachgerechte schulische Erziehung, Bildung und Ausbildung ermöglichen. Dabei ist nach den gegenwärtigen pädagogischen Erkenntnissen ein genereller Ausschluss der gemeinsamen Erziehung und Unterrichtung von behinderten Schülern mit Nichtbehinderten verfassungsrechtlich derzeit nicht zu rechtfertigen. Die gemeinsame Erziehung steht jedoch unter dem Vorbehalt des organisatorisch, personell und sachlich Machbaren. Der Staat kann seine Aufgabe, ein begabungsgerechtes Schulwesen bereitzustellen, nur im Rahmen seiner finanziellen und organisatorischen Möglichkeiten erfüllen. Aus diesen Gründen war gegen die Überweisung wegen des besonderen sonderpädagogischen Förderaufwandes verfassungsrechtlich nichts einzuwenden.

II. Gleichberechtigung von Männern und Frauen (Art. 3 Abs. 2 GG)

Art. 3 Abs. 2 Satz 1 GG normiert zunächst wie Art. 3 Abs. 3 GG **865** ein Ungleichbehandlungsverbot für Männer und Frauen. Der im Wege der Verfassungsreform angefügte Art. 3 Abs. 2 Satz 2 GG enthält dann eine Staatszielbestimmung im Hinblick auf die gesellschaftliche Durchsetzung der Gleichstellung von Männern und Frauen. Nach Auffassung des BVerfG ist der Gesetzgeber berechtigt, faktische Nachteile, die überwiegend Frauen treffen, durch begünstigende Regelungen auszugleichen (BVerfG, DVBl. 1995, 613/613).

Strittig ist, ob unter Berufung auf Art. 3 Abs. 2 Satz 2 GG auch **866** **Quotenregelungen** etwa im öffentlichen Dienst eingeführt werden können. Pauschal lässt sich dies nicht beantworten, da es auf die konkrete Ausgestaltung der Regelung ankommt. Es darf jedenfalls nicht zu einem Verstoß gegen Art. 33 Abs. 2 GG kommen. Bei gleicher Eignung, Befähigung und fachlicher Leistung einer Bewerberin mit anderen Bewerbern kommt eine Bevorzugung der weiblichen Bewerberin auf gesetzlicher Grundlage in Betracht. Es muss jedoch die Möglichkeit bestehen, sonstige Belange (etwa soziale Gesichtspunkte) zu berücksichtigen.

867   Fragen der Gleichberechtigung werden mittlerweile vielfach durch europäisches Recht entschieden. So sind nach Art. 2 Abs. 1 und 4 der Richtlinie 76/207/EWG vom 9. 2. 1976 Männer und Frauen beim Zugang zu Beschäftigung und zur Berufsbildung im beruflichen Alltag sowie in Bezug auf die Arbeitsbedingungen gleichberechtigt. Hieraus hat das sog. *Kalanke-Urteil* des EuGH die Konsequenz gezogen, dass Quotenregelungen im öffentlichen Dienst zugunsten von Frauen verfassungswidrig sind (Slg. 1995, I-3051), es sei denn, dass die entsprechende nationale Regelung eine Öffnungsklausel für Fälle vorsieht, in denen überwiegende Gründe beispielsweise die Beförderung eines Mannes nahe legen (sog. *Marschall-Urteil,* EuGH, NJW 1997, 3429; NJW 2000, 1549 ff.).

868   Nach einer Entscheidung des Europäischen Gerichtshofes für Menschenrechte ist eine Feuerwehrabgabe, die nur Männer trifft, als Verstoß gegen Art. 14 i. V. m. Art. 4 Abs. 3 lit. d EMRK gewertet worden (EGMR, NVwZ 1995, 365 f.; ebenso BVerfG, DVBl. 1995, 613 ff.).

869   **Literatur zu § 33 II:** *Classen, Claus Dieter,* Wie viele Wege führen zur Gleichberechtigung von Männern und Frauen?, JZ 1996, 921 ff.; *Holznagel, Bernd / Schlünder, Irene,* Zulässigkeit leistungsabhängiger Förderquoten, Jura 1996, 519 ff.; *König, Doris,* Die Grundgesetzänderung in Art. 3 Abs. 2 GG, – Ein Fortschritt auf dem Weg zu tatsächlicher Gleichberechtigung? –, DÖV 1995, 837 ff.

§ 34. Der allgemeine Gleichheitssatz (Art. 3 Abs. 1 GG)

I. Willkürprüfung

870   Eine Verletzung des verfassungsrechtlichen Gleichheitsgebotes liegt zunächst dann vor, wenn der Staat willkürlich handelt. Dies ist der Fall, wenn wesentlich Gleiches willkürlich ungleich oder we-

sentlich Ungleiches willkürlich gleich behandelt wird (BVerfGE 78, 104/121).

Willkürlich ist ein Handeln der öffentlichen Hand vor allem **871** dann, wenn sich kein Differenzierungskriterium finden lässt. Hierzu gehören auch die Fälle der willkürlichen Rechtsanwendung, wenn also etwa ein Urteil gefällt wird, das unter keinem denkbaren rechtlichen Aspekt vertretbar ist (BVerfGE 86, 59/63). Es muss also eine krasse Fehlentscheidung vorliegen (BVerfGE 89, 1/14).

Auch der Gesetzgeber kann willkürlich handeln. Dies ist jedoch **872** nur in extremen Ausnahmefällen anzunehmen. Der Gesetzgeber muss die äußeren Grenzen der gesetzgeberischen Freiheit überschritten haben. Für die gesetzliche Regelung darf sich also kein sachlicher Grund finden, so dass sie als willkürlich bezeichnet werden muss (BVerfGE 91, 118/123). Hierbei ist auf eine objektive Beurteilung abzustellen. Es ist unerheblich, welche Erwägungen vom Gesetzgeber angestellt wurden (BVerfGE 51, 1/26 ff.).

II. Verhältnismäßigkeitsprüfung

Fall 92 *(BVerfGE 82, 126 ff.):* Nach § 622 Abs. 2 BGB a. F. gelten für Ar- **873** beiter kürzere Kündigungsfristen (2 bis 4 Wochen zum Monatsende) als für Angestellte (6 Wochen zum Quartalsende). War § 622 Abs. 2 BGB a. F. mit Art. 3 Abs. 1 GG vereinbar?

1. Prüfungsaufbau

Über die Willkürprüfung hinaus findet bei manchen Sachver- **874** halten eine eher strenge Verhältnismäßigkeitsprüfung statt. Man spricht insoweit auch von einer **„neuen Formel"**, die das BVerfG zur Prüfung des Gleichheitssatzes heranzieht. Sie lautet: „Der Gleichheitssatz ist verletzt, wenn der Staat eine Gruppe von Normadressaten im Vergleich zu anderen Normadressaten anders behandelt, obwohl zwischen beiden Gruppen keine Unterschiede von solcher Art und solchem Gewicht bestehen, dass sie die ungleiche Behandlung rechtfertigen könnten" (BVerfGE 55, 72/88; 82, 60/86).

875   Anders als bei Freiheitsrechten geht es jedoch nicht um die Verhältnismäßigkeit eines Grundrechtseingriffs (im Vergleich zu den
für den Eingriff angeführten öffentlichen Interessen), sondern um
die Verhältnismäßigkeit einer Ungleichbehandlung. Hierbei ist danach zu fragen, welche Ziele mit einer Ungleichbehandlung verfolgt werden. Die entsprechende Zielsetzung muss legitim sein.
Sie darf insbesondere nicht gegen Art. 3 Abs. 2 oder Art. 3 Abs. 3
GG verstoßen (siehe dazu § 33). Sie muss weiterhin geeignet, erforderlich und verhältnismäßig sein. Es ist deshalb Folgendes zu
prüfen:

a) Es muss eine legitime Zwecksetzung vorliegen. Eine Differenzierung darf nur dann vorgenommen werden, wenn mit ihr ein
   legitimer Zweck verfolgt wird.

b) Geeignetheit: Die Ungleichbehandlung muss zur Erreichung des
   vom Gesetzgeber verfolgten Zwecks geeignet sein, sie muss also
   den angestrebten Zweck fördern.

c) Die Ungleichbehandlung muss erforderlich sein, es darf also kein
   milderes Mittel geben, mit dem sich gleichermaßen effektiv der
   Zweck erreichen ließe.

d) Verhältnismäßigkeit: Es muss abgewogen werden zwischen der
   Bedeutung der Unterschiede und der Bedeutung der Verschiedenbehandlung. Maß und Gewicht der tatsächlichen Ungleich-
   heit bzw. des mit der Ungleichbehandlung verfolgten Ziels
   müssen in einem angemessen Verhältnis zum Maß und Gewicht
   der rechtlichen Ungleichbehandlung stehen.

2. Prüfungsintensität bei der Verhältnismäßigkeitsprüfung

876   Die Anforderungen an den Gesetzgeber hinsichtlich der Verhältnismäßigkeit (und auch die Überprüfung durch das BVerfG)
sind abgestuft. Eine eher strenge Prüfung wird dann vorgenommen, wenn eine **Ungleichbehandlung von Personengruppen**
vorliegt, wenn also auf personenbezogene Merkmale abgestellt
wird. In solchen Fällen können die Benachteiligten den begüns-
tigten Sachverhalt in ihrer Person nicht oder nur schwer erfüllen
(z.B. Differenzierungen zwischen Verheirateten und Geschiede-

nen, Differenzierungen zwischen Arbeitern und Angestellten). Die
Bindungen des Gesetzgebers werden umso enger, je mehr sich die
personenbezogenen Merkmale den in Art. 3 Abs. 3 GG genannten
annähern und je größer deshalb die Gefahr ist, dass eine an sie anknüpfende Ungleichbehandlung zur Diskriminierung einer Min-
derheit führt (BVerfGE 88, 87/96).

Liegt hingegen eine **Ungleichbehandlung von Sachverhalten** 877
vor, ist eine großzügigere Prüfung geboten (BVerfGE 93, 99/111).
So können etwa vor unterschiedlichen Gerichtsbarkeiten unterschiedliche Gebühren für Rechtsanwälte anfallen (BVerfGE 83,
1/22 f.). Die Gestaltungsfreiheit des Gesetzgebers ist um so größer,
je eher sich die Betroffenen auf die Regelungen einstellen oder
nachteiligen Auswirkungen durch eigenes Verhalten begegnen
können. Weiterhin hängt die Bindung an den Verhältnismäßigkeitsgrundsatz davon ab, inwieweit sich die Ungleichbehandlung
von Personen oder Sachverhalten auf die Ausübung grundrechtlich
geschützter Freiheiten nachteilig auswirken kann (BVerfG, NJW
1999, 1535/1536).

Einen vergleichsweise großen Gestaltungsspielraum hat der Ge- 878
setzgeber im Bereich des **Steuerrechts,** insbesondere bei der Bestimmung des Steuergegenstandes (Was wird besteuert?) und des
Steuersatzes. Die so getroffene Belastungsentscheidung muss dann
aber folgerichtig i. S. v. Belastungsgleichheit umgesetzt werden
(BVerfGE 99, 88/95; 105, 73/112). Die Belastungsgleichheit muss
in rechtlicher und tatsächlicher Hinsicht hergestellt werden. Erlässt
der Gesetzgeber Steuerrechtsnormen, von denen nicht erwartet
werden kann, dass sie zu annähernd gleicher tatsächlicher Belastung
führen, führt dies zur Verfassungswidrigkeit des Gesetzes (vgl.
BVerfGE 84, 239 ff.: Verfassungswidrigkeit der ungleichmäßigen
Besteuerung von Zinseinkünften).

Lösung Fall 92: Es liegt eine Ungleichbehandlung nach den Merkmalen 879
„Arbeiter" oder „Angestellter" vor. Eine Beeinträchtigung des allgemeinen
Gleichheitssatzes liegt somit vor. Ein Verstoß gegen ein besonderes Diskri-
nierungsverbot aus Art. 3 Abs. 3 GG ist nicht gegeben. Die Gruppen der Arbeiter und Angestellten sind vom Tatsächlichen her zu unterscheiden. Eine
willkürliche Ungleichbehandlung lässt sich nicht annehmen. Fraglich ist allerdings, ob sich entsprechend der sog. neuen Formel Unterschiede zwischen den
beiden Gruppen ermitteln lassen, die die unterschiedlich langen Kündigungs-

fristen rechtfertigen. Da eine personenbezogene Differenzierung vorliegt, müssen besonders gewichtige Gründe vorliegen, um die Ungleichbehandlung zu rechtfertigen.

880   Als Grund für die Differenzierung der Kündigungsfristen bei Arbeitern und Angestellten wurde angeführt, die Angestellten benötigten eine längere vorberufliche Ausbildung und träten deshalb später ins Erwerbsleben ein. Dieses Argument war jedoch vom Tatsächlichen her nicht anzuerkennen. Es ist keineswegs so, dass alle Angestellten signifikant längere Ausbildungszeiten haben als Arbeiter. Des Weiteren wurde vorgebracht, Angestellte seien durchschnittlich länger arbeitslos. Dies ist jedoch nur in geringfügigem Maße nachweisbar und betrifft nicht alle Angestellten, sondern nur die Gruppe der Höherqualifizierten. Weiterhin wurde angeführt, dass die Unternehmer in der Lage sein müssten, im produktiven Bereich schneller Personal zu entlassen (z. B. Konjunktureinbrüche). Jedoch sind nur zwei Drittel der Arbeiter heute noch in der Produktion beschäftigt, ein Drittel hingegen im Dienstleistungsbereich. Die angegebenen tatsächlichen Unterschiede lagen deshalb nicht vor.

881   Ein weiterer Unterschied zwischen Angestellten und Arbeitern wurde darin gesehen, dass diese überwiegend geistige, jene überwiegend körperliche Tätigkeit verrichten. Es ist jedoch nicht ersichtlich, warum einem „Kopfarbeiter" mehr Kündigungsschutz zukommen soll als einem „Handarbeiter" (keine legitime Zwecksetzung). Ein angebliches Bewusstsein der beteiligten Kreise über die Verfassungsmäßigkeit der Regelung reicht ebenfalls nicht aus, um die Differenzierung zu rechtfertigen (ebenfalls keine legitime Zwecksetzung).

882   Als weiterer Grund wurde angegeben, den Arbeitern soll ein Leistungsansporn gegeben werden, selbst Angestellter zu werden. Ein Arbeiter kann jedoch im Allgemeinen nur nach einer Änderung seines Tätigkeitsbereiches und nicht durch bessere Leistung Angestellter werden. Zwischen beiden Arbeitnehmergruppen bestehen nur geringe Durchlässigkeiten (keine geeignete Differenzierung). Zudem würde nach Auffassung des BVerfG angesichts der gleichartigen Schutzbedürftigkeit beider Gruppen der Gesichtspunkt des Leistungsanreizes die Differenzierung nicht rechtfertigen (fehlende Verhältnismäßigkeit).

Ergebnis: Es liegt eine Verletzung des allgemeinen Gleichheitssatzes vor.

3. Mittlerer Maßstab

883   Um die Dinge nicht zu einfach werden zu lassen, hat das BVerfG noch eine dritte Kategorie zwischen dem Willkürverbot und der neuen Formel entwickelt. Ein Gleichheitsverstoß liegt dann nicht vor, wenn eine differenzierende Regelung auf hinreichend sachbezogenen, nach Art und Gewicht vertretbaren Gründen beruht. Dieser Maßstab kommt nur dann zur Anwendung, wenn eine Regelung weder eindeutig sach- noch eindeutig personenbezogen ist.

Beispiel: Die M-AG unterlag bisher der sog. Montanmitbestimmung (weit- **884** gehende Mitbestimmung durch die Arbeitnehmer). Der Bundesgesetzgeber will ein Herausfallen der M-AG aus der Montanmitbestimmung verhindern und ändert die entsprechenden gesetzlichen Vorschriften.

Im Grundsatz handelt es sich um eine personenbezogene Regelung. Der **885** personale Bezug tritt jedoch bei einer Kapitalgesellschaft stark zurück. Daher: Anwendung eines mittleren Maßstabes.

III. Besondere Wirkungen des Gleichheitssatzes

Fall 93 *(BVerfGE 52, 369 ff.):* Nach § 1 des nordrhein-westfälischen Haus- **886** arbeitstaggesetzes (HATG) erhalten Frauen mit eigenem Hausstand pro Monat einen bezahlten arbeitsfreien Hausarbeitstag. Nach Auffassung des BVerfG ist die Vorenthaltung des Hausarbeitstages für Männer verfassungswidrig. Kann das BVerfG die Begünstigung auch auf die Männer erstrecken?

Soweit ein Verstoß gegen ein Freiheitsrecht vorliegt, muss die **887** staatliche Maßnahme unterbleiben. Sie ist rechtswidrig bzw. nichtig. Gesetze werden vom Bundesverfassungsgericht für nichtig oder unvereinbar mit dem Grundgesetz erklärt.

Beim Gleichheitssatz ergeben sich hingegen spezifische Prob- **888** leme. Dies betrifft insbesondere das Verhältnis zwischen dem BVerfG und dem Gesetzgeber. Der Gesetzgeber hat i. d. R. einen Gestaltungsspielraum bei der Verfolgung von Zielen, die er durch seine Gesetzgebung zu erreichen sucht. Kommt es hierbei zu einem Verstoß gegen den Gleichheitssatz, stellt sich die Frage, welche Folgen sich hierfür für das Gesetz ergeben. I. d. R. bestehen mehrere Möglichkeiten, einen Gleichheitsverstoß zu beheben. Angenommen, Gruppe A und Gruppe B wären verfassungswidrig ungleich behandelt, dann kann der Verfassungsverstoß dadurch beseitigt werden, dass Gruppe A wie Gruppe B, Gruppe B wie Gruppe A oder Gruppe A und B auf eine dritte Weise gleichbehandelt werden. Dabei kann man bei belastenden Regelungen dem BVerfG das Recht zugestehen, die Belastung aufzuheben. Wie bei Freiheitsrechten wird die entsprechende Regelung i. d. R. für nichtig erklärt.

Schwieriger ist die verfassungswidrige Vorenthaltung von Be- **889** günstigungen. Es ist nicht Aufgabe des BVerfG, Begünstigungen auf andere Personengruppen zu erstrecken. Etwas anderes gilt zunächst dann, wenn ein definitiver Verfassungsauftrag hierzu besteht. Des Weiteren darf das BVerfG die Begünstigung erstrecken, wenn davon ausgegangen werden kann, dass der Gesetzgeber bei Kenntnis des verfassungsrechtlichen Mangels die entsprechende Erstreckung vorgenommen hätte. Davon kann ausgegangen werden, wenn der finanzielle Mehraufwand sich in einem angemessenen Rahmen hält und die Ausdehnung der Begünstigung erforderlich ist, um die Stimmigkeit eines Regelungssystems zu wahren, an dem der Gesetzgeber erkennbar festhalten will.

890   Ansonsten muss jedoch der Gesetzgeber selber entscheiden, ob die finanzielle Belastung durch die Ausweitung der Begünstigung tragbar ist oder nicht. In solchen Fällen kann das BVerfG ein Gesetz für nicht anwendbar erklären, solange der Gesetzgeber keine gleichheitsgemäße Regelung geschaffen hat. In neuerer Zeit scheint das BVerfG jedoch seinen Gestaltungsspielraum zu Lasten des Gesetzgebers zu erweitern.

891   **Lösung Fall 93:** Das BVerfG sah sich nicht in der Lage, die begünstigende Regelung auf die Männer auszudehnen. Dies hätte eine erhebliche Belastung der Arbeitgeber bewirkt, die letztlich nur vom Parlament verantwortet werden kann. Die Regelung wurde jedoch auch nicht für nichtig erklärt, sondern das BVerfG stellte lediglich die Verfassungswidrigkeit fest. Der Gesetzgeber hat verschiedene Möglichkeiten, den Gleichheitsverstoß zu erheben (etwa ein monatlicher Hausarbeitstag für alle oder ein zweimonatlicher Hausarbeitstag für alle). Bis zur Neuregelung waren deshalb Prozesse, in denen Männer den Hausarbeitstag eingeklagt hatten, auszusetzen (bei Nichtigerklärung der Gesamtregelung wären die Klagen abzuweisen gewesen). Auch Frauen können bis zur Neuregelung nicht in den Genuss des Hausarbeitstages kommen.

892   **Literatur zu § 34:** *Jarass, Hans D.,* Folgerungen aus der neueren Rechtsprechung des BVerfG für die Prüfung von Verstößen gegen Art. 3 I GG, Ein systematisches Konzept zur Feststellung unzulässiger Ungleichbehandlung, NJW 1997, 2545 ff.; *Koenig, Christian,* Die gesetzgeberische Bindung an den allgemeinen Gleichheitssatz – Eine Darstellung des Prüfungsaufbaus zur Rechtsetzungsgleichheit, JuS 1995, 313 ff.; *Sachs, Michael,* Die Maßstäbe des allgemeinen Gleichheitssatzes – Willkürverbot und sog. neue Formel, JuS 1997, 124 ff.

Teil V. Anhang

§ 35. Grundinformationen zur Verfassungsbeschwerde und sonstigen Verfahren

Grundrechtliche Prüfungsarbeiten werden meist prozessual ein- **893** gekleidet. In der überwiegenden Zahl der Fälle ist eine Verfassungssbeschwerde (Art. 93 Abs. 1 Nr. 4a GG, §§ 90 ff. BVerfGG) zu prüfen.

I. Zulässigkeitsprüfung der Verfassungsbeschwerde

1. Ordnungsgemäßer Antrag

Das BVerfG entscheidet nur dann, wenn ein entsprechender **894** Antrag vorliegt. Er muss schriftlich gestellt werden (§ 23 Abs. 1 Satz 1 BVerfGG). Weiterhin muss die Verfassungsbeschwerde begründet werden (§ 23 Abs. 1 Satz 2, § 92 BVerfGG). In der Verfassungspraxis spielt die Begründung der Beschwerde eine sehr viel größere Rolle als in Prüfungsarbeiten, wo im Regelfall davon ausgegangen werden kann, dass alle möglicherweise verletzten Grundrechte gerügt worden sind. Auch soweit dies nicht der Fall ist, ist der Prüfungsumfang nicht zu beschränken.

2. Beteiligtenfähigkeit (§ 90 Abs. 1 BVerfGG)

Beteiligtenfähigkeit liegt dann vor, wenn der Beschwerdeführer **895** Träger eines als verletzt gerügten Grundrechts ist. Die Grundrechtsträgerschaft muss im Hinblick auf ein als verletzt in Betracht kommendes Grundrecht angenommen werden können. Es reicht hingegen nicht aus, wenn der Beschwerdeführer Träger irgendeines Grundrechts ist. Denn jedenfalls die Prozessgrundrechte stehen auch juristischen Personen des öffentlichen Rechts zu, so dass man fast immer zu einer Beteiligtenfähigkeit käme.

896   Soweit ein Minderjähriger, eine juristische Person oder ein Ausländer eine Verfassungsbeschwerde erheben, ist auf die Frage der Beteiligtenfähigkeit näher einzugehen.

897   **Literatur zu § 35 I 2:** *Floßdorf, Uta,* Die Beteiligtenfähigkeit im Rahmen der Verfassungsbeschwerde oder der „Jedermann" des Art. 93 Abs. 1 Nr. 4a GG, JuS 1993, L 49 ff.

3. Prozessfähigkeit

898   Unter Prozessfähigkeit versteht man die Fähigkeit, Prozesshandlungen selbst oder durch selbstbestimmte Bevollmächtigte vorzunehmen. Hiervon kann i. d. R. ausgegangen werden, wenn eine natürliche Person Verfassungsbeschwerde erhebt, die weder minderjährig noch in ihrer Geschäftsfähigkeit beschränkt ist. Bei einem Minderjährigen kommt es darauf an, ob er grundrechtsmündig ist. Die Grundrechtsmündigkeit wird dann angenommen, wenn er über eine hinreichende Einsichtsfähigkeit zur Ausübung des Grundrechts verfügt. Gegebenenfalls kann die Grundrechtsmündigkeit in den einfachen Gesetzen konkretisiert sein. So kann ein Minderjähriger eine Verletzung des Eigentumsgrundrechts erst mit 18 Jahren geltend machen (vgl. §§ 104 ff. BGB), eine Verletzung des Grundrechts aus Art. 4 GG hingegen schon dann, wenn die entsprechenden Grenzen des Gesetzes über religiöse Kindererziehung (ReKErzG) erreicht sind (vgl. oben § 4 I).

4. Beschwerdegegenstand

899   Gegenstand der Verfassungsbeschwerde kann nur ein Akt der öffentlichen Gewalt sein (§ 90 Abs. 1 BVerfGG). Hierzu zählen alle drei inländischen Gewalten, also Legislative, Exekutive und Judikative. Nähere Begründungen sind erforderlich, wenn gegen einen Akt der Europäischen Gemeinschaften vorgegangen werden soll. Hier sind Ausführungen zum Kooperationsverhältnis zwischen BVerfG und EuGH (vgl. § 5 I) angebracht.

5. Beschwerdebefugnis

a) Möglichkeit einer Grundrechtsverletzung. Die Verfas- 900
sungsbeschwerde ist nur dann zulässig, wenn die Verletzung eines
Grundrechts möglich ist. Es darf also nicht von vornherein ausgeschlossen werden können, dass eine Grundrechtsverletzung durch
den angegriffenen Akt der öffentlichen Gewalt vorliegt. I.d.R.
sind hierzu keine näheren Darlegungen erforderlich. Ausnahmen
gelten für den Bereich der Drittwirkung. Bei Drittwirkungsfragen,
also bei der Anfechtung von zivilgerichtlichen Urteilen, ist darauf
hinzuweisen, inwieweit eine Grundrechtsverletzung in Betracht
kommt. Zunächst ist festzustellen, dass die Grundrechte i.d.R.
keine unmittelbare Drittwirkung gegenüber Privaten haben. Sie
enthalten gleichwohl Wertentscheidungen, die auch im Privatrecht
zu beachten sind. Es kann zudem ein Verstoß gegen Schutzpflichten oder eine Eingriffssituation vorliegen (siehe oben § 5 III).

b) Qualifizierte Betroffenheit. In Wege der Verfassungsfort- 901
bildung hat das BVerfG speziell für die Verfassungsbeschwerde gegen Gesetze das Erfordernis aufgestellt, dass der Beschwerdeführer
selbst, gegenwärtig und unmittelbar betroffen sein muss. Oft werden die entsprechenden Voraussetzungen bei Urteilsverfassungsbe-
schwerden mitgeprüft.

(1) Selbstbetroffenheit. Selbstbetroffenheit bedeutet, dass der Be- 902
schwerdeführer in eigenen Grundrechten betroffen sein muss. Eine
Prozessstandschaft, also die Geltendmachung von fremden Grundrechten im eigenen Namen, ist ausgeschlossen. Organisationen
können deshalb keine Rechte ihrer Mitglieder geltend machen,
sondern nur ihre eigenen Rechte. Gegen die Verletzung der
Grundrechte eines Mitglieds muss dieses selbst vorgehen.

(2) Gegenwärtige Betroffenheit. Gegenwärtige Betroffenheit liegt 903
dann vor, wenn der Beschwerdeführer schon und noch betroffen
ist. Es muss sich also um eine „aktuelle", nicht um eine „virtuelle"
Betroffenheit handeln. Die gegenwärtige Betroffenheit liegt auch
dann vor, wenn ein Gesetz den Normadressaten zu später nicht
mehr korrigierbaren Entscheidungen oder Dispositionen veranlasst.

904 (3) Unmittelbare Betroffenheit. Unmittelbare Betroffenheit ist dann nicht gegeben, wenn ein weiterer Vollzugsakt ergehen muss oder üblicherweise ergeht, der erst die eigentliche Grundrechtsbeeinträchtigung herbeiführt. Deshalb fehlt es an der unmittelbaren Betroffenheit bei Normen, die zum Erlass eines Verwaltungsaktes, einer Satzung oder Verordnung ermächtigen. Das Abwarten des Vollzugsaktes muss allerdings zumutbar sein. Bei Straf- und Ordnungswidrigkeitstatbeständen liegt unmittelbare Betroffenheit vor, auch wenn später noch ein Strafbefehl, ein Strafurteil oder ein Bußgeldbescheid ergehen muss. Dem Grundrechtsträger kann nicht zugemutet werden, sich der Gefahr der Bestrafung auszusetzen. Er kann deshalb unmittelbar gegen die Straf- oder Ordnungswidrigkeitsvorschrift Verfassungsbeschwerde erheben.

905 Die Mitwirkung der Bundesregierung am Erlass einer Richtlinie des Ministerrates auf EG-Ebene führt noch nicht zu unmittelbarer Betroffenheit, da die Richtlinie noch in nationales Recht umgesetzt werden muss (BVerfG, NJW 1990, 974).

6. Erschöpfung des Rechtsweges, Subsidiarität der Verfassungsbeschwerde (§ 90 Abs. 2 BVerfGG)

906 **a) Rechtswegerschöpfung.** Gemäß § 90 Abs. 2 Satz 1 BVerfGG muss vor Erhebung der Verfassungsbeschwerde der Rechtsweg erschöpft werden. Dies bezieht sich auf Akte der Exekutive und der Judikative. Der Beschwerdeführer muss alles Zumutbare tun, um die Grundrechtsverletzung vor den entsprechenden Fachgerichten abzuwehren. Ausnahmefälle ergeben sich aus § 90 Abs. 2 Satz 2 BVerfGG. Versäumt der Betroffene eine Frist zur Einlegung eines statthaften Rechtsbehelfes, ist der Rechtsweg nicht erschöpft und die Verfassungsbeschwerde unzulässig.

907 Problematisch ist das Verhältnis von vorläufigem Rechtsschutz und Hauptsacheverfahren. Das BVerfG geht insoweit davon aus, dass das Hauptsacheverfahren keinen „Rechtsweg" gegen die Entscheidung im vorläufigen Rechtsschutz darstellt. Die Verfassungsbeschwerde kann deshalb erhoben werden, sobald der vorläufige Rechtsschutz letztinstanzlich versagt wurde. Allerdings kann der Grundsatz der Subsidiarität (dazu gleich) der Einlegung einer Verfassungsbeschwerde gegen eine Entscheidung im einstweiligen Rechtsschutz entgegenstehen.

b) Subsidiarität

Fall 94 *(BVerfGE 69, 122 ff.):* Durch eine Änderung des Krankenversiche-   **908** rungsrechts wurde die Beitrittsmöglichkeit Schwerbehinderter in die gesetzlichen Krankenkassen eingeschränkt. Hiergegen erhebt S unmittelbar Verfassungsbeschwerde.

Gegen formelle Gesetze steht kein Rechtsweg zur Verfügung.   **909** Hier gilt zunächst das Erfordernis der unmittelbaren Betroffenheit. Aber auch bei Gesetzen, die keines Vollzugsaktes bedürfen, versucht das BVerfG eine Zurückdrängung der Verfassungsbeschwerde zugunsten des fachgerichtlichen Rechtsschutzes. So werden Beschwerdeführer verpflichtet, offensichtlich aussichtslose Anträge zu stellen und hiergegen den Rechtsweg zu beschreiten. Teilweise wird eine Normübertretung verlangt, um auf diese Weise fachgerichtlichen Rechtsschutz zu provozieren (allerdings nur, soweit der Verstoß nicht straf- oder bußgeldbewehrt ist, siehe BVerfGE 68, 319/325). Weiterhin ist ggf. Feststellungsklage zu erheben, auch wenn ihre Zulässigkeit zweifelhaft ist (BVerfGE 71, 305/347; 74, 69/76).

Erreicht werden soll, dass zunächst auf fachgerichtlichem Wege   **910** versucht wird, der Grundrechtsverletzung abzuhelfen. In welchen Fällen das BVerfG etwa die Erhebung einer verwaltungsgerichtlichen Feststellungsklage (§ 43 VwGO) verlangt, ist abstrakt schwer zu beschreiben. Ein wichtiger Aspekt ist, ob durch die Inanspruchnahme der Fachgerichte eine Konkretisierung des Normengehaltes zu erwarten ist, die dem BVerfG die verfassungsrechtliche Beurteilung ermöglicht bzw. erleichtert. § 90 Abs. 2 Satz 2 BVerfGG ist allerdings analog anwendbar. Daher kann trotz grundsätzlicher Subsidiarität unter den dort genannten Voraussetzungen über die Verfassungsbeschwerde entschieden werden.

Der Grundsatz der Subsidiarität kommt auch für das Verhältnis   **911** von einstweiligem Rechtsschutz und Hauptsacheverfahren zur Anwendung. Die endgültige Ablehnung vorläufigen Rechtsschutzes ist selbständig mit der Verfassungsbeschwerde angreifbar, vor allem wenn die Verletzung von Grundrechten gerade durch die Eilent-

scheidung gerügt wird. Das Hauptsacheverfahren ist kein Rechtsweg gegen die Entscheidung im vorläufigen Rechtsschutz. Die
Erschöpfung des Rechtsweges im Eilverfahren reicht jedoch nicht,
wenn das Verfahren in der Hauptsache hinreichende Möglichkeiten bietet, der Grundrechtsverletzung abzuhelfen und dieser Weg
dem Beschwerdeführer auch zumutbar ist. Das ist regelmäßig dann
der Fall, wenn ausschließlich Grundrechtsverletzungen gerügt werden, die sich auf die Hauptsache beziehen.

912   **Lösung Fall 94:** Das BVerfG wies die Verfassungsbeschwerde ab. Der Be-
schwerdeführer war zwar selbst, unmittelbar und gegenwärtig betroffen. Das
Gericht verlangte jedoch, er müsse einen (eindeutig aussichtslosen) Antrag auf
Aufnahme in die gewünschte Krankenkasse stellen und dann Rechtsschutz vor
dem Sozialgericht suchen. Das Sozialgericht müsste dann gegebenenfalls ein
Normenkontrollverfahren nach Art. 100 Abs. 1 GG einleiten (sehr zweifelhafte
Entscheidung).

913   **c) Bundesverfassungsgericht und Landesverfassungsge-
richte.** Nach dem Verfassungs- und Verfassungsprozessrecht vieler
Länder kann neben oder an die Stelle der Anrufung des Bundesverfassungsgerichts die Einlegung einer Landesverfassungsbeschwerde
treten. Aus der Sicht des Bundesrechts kann die Landesverfassungsbeschwerde vor, gleichzeitig oder nach der Bundesverfassungsbeschwerde eingelegt werden (sog. zweispuriger verfassungsrechtlicher Grundrechtsschutz, siehe § 90 Abs. 3 BVerfGG). Daraus
ergibt sich:

(1) Die Landesverfassungsbeschwerde ist kein Rechtsweg i. S. v.
§ 90 Abs. 2 BVerfGG.

(2) Die Einlegung der Bundesverfassungsbeschwerde ist gegenüber
landesverfassungsrechtlichen Rechtsbehelfen nicht subsidiär.

7. Rechtsschutzbedürfnis

914   In Sonderfällen ist auch das Rechtsschutzbedürfnis zu prüfen.
Es fehlt, wenn das Ziel des Verfahrens anders erreicht werden
kann oder wenn die Beschwer zwischenzeitlich weggefallen ist. Im
letzteren Fall kann das Rechtsschutzbedürfnis allerdings trotzdem
bestehen bleiben, wenn eine Wiederholung der angegriffenen
Maßnahme zu besorgen ist oder wenn die aufgehobene oder gegenstandslos gewordene Maßnahme den Beschwerdeführer noch

weiter beeinträchtigt oder wenn der gerügte Grundrechtseingriff besonders belastend erscheint (vgl. BVerfGE 91, 125/133). Bei besonders belastenden Grundrechtseingriffen ist weiterhin erforderlich, dass die Klärung einer verfassungsrechtlichen Frage von grundsätzlicher Bedeutung andernfalls unterbliebe oder dass die direkte Belastung durch den angegriffenen Hoheitsakt sich auf eine Zeitspanne beschränkt, in der der Betroffene nach dem regelmäßigen Geschäftsgang eine Entscheidung des BVerfG kaum erlangen könnte (BVerfGE 81, 138/140f.).

8. Frist (§ 93 BVerfGG)

Die Verfassungsbeschwerde ist fristgebunden. Urteilsverfassungs-   **915**
beschwerden sind gemäß § 93 Abs. 1 BVerfGG innerhalb eines Monats ab Zustellung des Urteils zu erheben und zu begründen. Verfassungsbeschwerden gegen ein Gesetz sind innerhalb eines Jahres nach Inkrafttreten dieses Gesetzes zu erheben (§ 93 Abs. 3 BVerfGG).

Im Falle eines gesetzgeberischen Unterlassens läuft die Frist so-   **916**
lange nicht, wie die Untätigkeit des Gesetzgebers andauert. Unterlässt es der Gesetzgeber im Sinne eines bloß unechten Unterlassens aber lediglich, bei einer Normierung bestimmter Fälle eine bestimmte Regelung mitaufzunehmen, so muss der Betroffene die Jahresfrist gegen die letztlich negativ entscheidende Norm wahren (BVerfGE 13, 284/287f.; 15, 126/132).

Literatur zu § 35 I: *von den Hövel, Markus,* Die Urteils-Verfassungsbe-   **917**
schwerde als einzig erforderliche Verfassungsbeschwerde in der Rechtspraxis?, NVwZ 1993, 549ff.; *Robbers, Gerhard,* Verfassungsprozessuale Probleme in der öffentlichrechtlichen Arbeit, 2. Teil. Die Verfassungsbeschwerde, JuS 1993, 1022ff.

II. Begründetheitsprüfung der Verfassungsbeschwerde

Fall 95 *(BVerfGE 85, 360ff.):* Art. 38 Abs. 3 Satz 1 EV lautet: „Die Arbeits-   **918**
verhältnisse der bei den Forschungseinrichtungen in der Akademie der Wissenschaften der Deutschen Demokratischen Republik beschäftigten Arbeitnehmer bestehen bis zum 31. Dezember 1991 als befristete Arbeitsverträge mit den Ländern fort". Von Beschäftigten dieser Institute und Einrichtungen wird

Verfassungsbeschwerde erhoben. In welcher Reihenfolge sind mögliche
Grundrechtsverstöße zu prüfen?

1. Einleitungssatz und Prüfungsreihenfolge

919   Die Verfassungsbeschwerde ist dann begründet, wenn ein rechtswidriger Grundrechtseingriff vorliegt. Die einzelnen Grundrechte
sind nacheinander durchzuprüfen. Hierbei ist folgende Reihenfolge
empfehlenswert:

1. Verletzung von speziellen Freiheitsgrundrechten
2. Für die Reihenfolge der Prüfung der einzelnen Freiheitsrechte
   gibt es keine festen Regeln. Jedes Grundrecht ist dann nach fol-
   gendem Schema zu prüfen:
   a) Schutzbereich
      – Persönlicher Schutzbereich
      – Sachlicher Schutzbereich
   b) Eingriff
   c) verfassungsrechtliche Rechtfertigung des Eingriffs
      – Einschränkbarkeit des Grundrechts
      – Vorliegen eines formellen Gesetzes
      – formelle Rechtmäßigkeit des Gesetzes
      – materielle Rechtmäßigkeit des Gesetzes
      – Einhaltung des qualifizierten Gesetzesvorbehaltes
      – Einhaltung des Übermaßverbotes
      – Verfassungsmäßigkeit der Rechtsanwendung

2. Verletzung der allgemeinen Handlungsfreiheit (Art. 2 Abs. 1 GG)

920   Art. 2 Abs. 1 GG ist nur dann zu prüfen, wenn kein Eingriff in
ein Spezialgrundrecht vorliegt.

3. Verletzung von Gleichheitsrechten

921   a) Beeinträchtigung des allgemeinen Gleichheitsgebotes
          (Liegt eine rechtlich relevante Ungleichbehandlung vor?)
       b) Verstoß gegen einen speziellen Gleichheitssatz?

c) Vereinbarkeit mit dem allgemeinen Gleichheitssatz (Art. 3 Abs. 1 GG).

4. Verletzung der Garantie der Menschenwürde (Art. 1 Abs. 1 GG)

Liegt eine Verletzung der übrigen Grundrechte nicht vor, kann 922 bei einem entsprechend schweren Eingriff eine Verletzung der Menschenwürdegarantie geprüft werden.

Lösung Fall 95: Das BVerfG prüft in seiner Entscheidung die Grundrechte 923 in folgender Reihenfolge:
– Die Einbeziehung von werdenden Müttern in die Befristungsregelung verstieß gegen Art. 12 Abs. 1 Satz 1 GG i. V. m. Art. 6 Abs. 4 GG.
– Im Übrigen war die Befristung mit Art. 12 Abs. 1 Satz 1 GG vereinbar soweit rechtzeitig bekannt gegeben wurde, dass keine Weiterbeschäftigung erfolge.
– Ein Verstoß gegen die Wissenschaftsfreiheit (Art. 5 Abs. 3 Satz 1 GG) kam nicht in Betracht, da Art. 12 Abs. 1 GG das „sachnähere" Grundrecht war. Art. 5 Abs. 3 GG wurde aber bei der Prüfung der Verhältnismäßigkeit im engeren Sinne (Zumutbarkeit) mitberücksichtigt. Auch Art. 14 Abs. 1 GG war nach Auffassung des BVerfG nicht verletzt, da es um den Schutz der Erwerbsmöglichkeiten, nicht um den Schutz des Erworbenen ging (in Übungsarbeiten wäre es vertretbar gewesen, Art. 5 Abs. 3 GG selbstständig zu prüfen). Das BVerfG scheute sich vor der Frage, welches kollidierende Verfassungsrecht die Einschränkung rechtfertigen könnte. Richtigerweise ging es um die Funktionsfähigkeit der Wissenschaft. Art. 5 Abs. 3 Satz 1 GG wurde also zum Schutz von Art. 5 Abs. 3 Satz 1 GG eingeschränkt.
– Ein Verstoß gegen Art. 3 Abs. 1 GG lag jedenfalls nicht vor. Im Vergleich zu anderen Arbeitnehmergruppen des öffentlichen Dienstes rechtfertigte sich die Sonderbehandlung der im wissenschaftlichen Bereich tätigen Arbeitnehmer dadurch, dass die Einrichtungen der Akademie der Wissenschaften grundlegend umstrukturiert werden mussten, im Vergleich zu westdeutschen Forschern dadurch, dass dort eine Umstrukturierung nicht erforderlich war.
– Schließlich wurde ein Verstoß gegen Art. 1 Abs. 1 GG verneint.

III. Sonstige Verfahrensarten

Grundrechtsverstöße können auch in sonstigen Verfahrensarten, 924 vor allem bei der abstrakten Normenkontrolle (Art. 93 Abs. 1 Nr. 2 GG) und der konkreten Normenkontrolle (Art. 100 GG) eine Rolle spielen. Nach Erörterung der Zulässigkeitsvoraussetzungen ist in diesen Fällen die Grundrechtsprüfung in die Prüfung der materiellen Rechtmäßigkeit zu integrieren. Daraus ergibt sich folgender Prüfungsaufbau:

– hier u. a.: Grundrechtsverstöße, erneut nach den Prüfungspunkten Schutzbereich/Eingriff/verfassungsrechtliche Rechtfertigung. Zu beachten ist, dass die formelle Rechtmäßigkeit des Gesetzes bereits vorweggeprüft worden ist.

IV. Einstweilige Anordnungen

925   **Fall 96** *(BVerfGE 104, 51ff.):* Der Bundesgesetzgeber beschließt das sog. Lebenspartnerschaftsgesetz, dass am 1. August 2001 in Kraft treten soll. Die Bayerische und die Sächsische Staatsregierung stellen daraufhin einen abstrakten Normenkontrollantrag an das Bundesverfassungsgericht und beantragen im Juli 2001, das angegriffene Gesetz im Wege der einstweiligen Anordnung bis zur Entscheidung im Hauptsacheverfahren nicht in Kraft treten zu lassen. Wie ist über den Antrag auf einstweilige Anordnung zu entscheiden?

1. Allgemeines

926   Die Befugnis zum Erlass einstweiliger Anordnungen ergibt sich aus § 32 BVerfGG. Das Bundesverfassungsgericht kann insoweit auch von Amts wegen entscheiden, soweit ein Hauptsacheverfahren anhängig ist. In der Regel erfolgt aber eine Entscheidung auf Antrag von Beteiligten.

Trotz Verwendung des Wortes „kann" steht der Erlass einer einstweiligen Anordnung nicht im Ermessen des Bundesverfassungsgerichts. Vielmehr muss eine Anordnung ergehen, wenn die Voraussetzungen vorliegen.

2. Zulässigkeitsprüfung

927   **a)** Soweit ein Antrag gestellt wird, muss der Antragsteller antragsberechtigt sein. Die Antragsberechtigung richtet sich nach den gleichen Regeln wie im Hauptverfahren.

928   **b)** Für den Antrag muss ein Rechtsschutzbedürfnis bestehen. Die beantragte Maßnahme darf zur Rechtswahrung nicht ungeeignet sein. Die einstweilige Anordnung durch das Bundesverfassungsgericht ist zudem eine Art ultima ratio. Es darf für den Antragsteller kein einfacherer Weg bestehen, seine Rechte wahrzunehmen.

3. Begründetheitsprüfung

Ausgangspunkt für die Begründetheitsprüfung ist der Wortlaut **929** des § 32 Abs. 1 BVerfGG. Es gibt drei Anordnungsgründe, von denen einer vorliegen muss:
- Abwehr schwerer Nachteile,
- Verhinderung drohender Gewalt,
- anderer wichtiger Grund.

Bei allen drei Anordnungsgründen (nicht nur beim letzten!) **930** muss hinzu kommen, dass die Anordnung „zum gemeinen Wohl dringend geboten" ist. In der Entscheidungspraxis des Bundesverfassungsgerichts wird im Regelfall geprüft, ob die einstweilige Anordnung zur Abwehr schwerer Nachteile zum gemeinen Wohl dringend geboten ist.

Der Antrag auf einstweilige Anordnung ist unbegründet, wenn **931** der Hauptantrag unzulässig oder offensichtlich unbegründet ist. Lässt sich eine solche Feststellung nicht treffen, wendet das Gericht die folgenorientierte Doppelhypothese an (siehe bereits oben Rdnr. 526 ff.):
Welche Nachteile überwiegen?
- Die einstweilige Anordnung ergeht nicht, der Antrag hat aber in der Hauptsache Erfolg?
oder
- Die einstweilige Anordnung ergeht, der Antrag hat aber in der Hauptsache keinen Erfolg?

Ein strenger Maßstab an die Prüfung ist insbesondere dann an- **932** zulegen, wenn ein beschlossenes formelles Gesetz außer Vollzug gesetzt werden soll. Der Respekt vor der Gestaltungsfreiheit des formellen Gesetzgebers gebietet es, ein formelles Gesetz nur dann vorläufig außer Kraft zu setzen, wenn die Nachteile, die mit In-Kraft-Treten bei späterer Feststellung der Verfassungswidrigkeit verbunden wären, in Ausmaß und Schwere die Nachteile deutlich

überwiegen, die im Fall der vorläufigen Verhinderung eines sich
später als verfassungsmäßig erweisenden Gesetzes eintreten würden
(BVerfGE 104, 51/55).

933   **Lösung Fall 96:** Bedenken gegen die Zulässigkeit des Antrags bestehen
keine. Die einstweilige Anordnung könnte zur Abwehr schwerer Nachteile
dringend erforderlich sein.
　　1. Schritt: Welche Nachteile treten ein, wenn die einstweilige Anordnung
nicht ergeht, das Gesetz sich aber im Nachhinein als verfassungswidrig erweist?
　　Die geschlossenen Lebenspartnerschaften wären mangels gesetzlicher Grundlage unwirksam. Eventuell eingetretene privatrechtliche Folgen müssten rückabgewickelt werden.
　　2. Schritt: Welche Nachteile treten ein, wenn die einstweilige Anordnung
ergeht, das Gesetz sich aber im Nachhinein als verfassungsmäßig erweist?
　　Es würde beim alten Rechtszustand bleiben. „Bindungswillige" Paare müssten bis zur Entscheidung in der Hauptsache warten, um eine eingetragene Lebenspartnerschaft zu begründen.
　　Eigentlich liegt ein eindeutiger Fall vor. Die Nachteile, die Entstehen, wenn
zunächst eingetragene Lebenspartnerschaften eingegangen und später wieder
rückabgewickelt werden müssen, überwiegen eindeutig. Die Senatsmehrheit
kam gleichwohl zum gegenteiligen Ergebnis und lehnte den Erlass einer einstweiligen Anordnung ab.

Stichwortverzeichnis

(Die Zahlen verweisen auf die Randnummern des Buches)